Veronika Deffner/Ulli Meisel (Hg.) – StadtQuartiere

KLARTEXT

Veronika Deffner/Ulli Meisel (Hg.)

StadtQuartiere

Sozialwissenschaftliche, ökonomische und städtebaulich-architektonische Perspektiven

1. Auflage März 2013
Satz: Griebsch & Rochol Druck GmbH & Co. KG, Hamm
Umschlagabbildungen: Ulli Meisel
Umschlaggestaltung: Volker Pecher, Essen
Druck und Bindung: winterwork, Borsdorf
© Klartext Verlag, Essen 2013
ISBN 978-3-8375-0508-5

Alle Rechte der Verbreitung, einschließlich der Bearbeitung für Film, Funk, Fernsehen, CD-ROM, der Übersetzung, Fotokopie und des auszugsweisen Nachdrucks und Gebrauchs im In- und Ausland sind geschützt.

www.klartext-verlag.de

Inhalt

Veronika Deffner/Ulli Meisel
Quartiere in der Stadt   7
Eine Einordnung theoretischer und praktischer Zugänge

1 Das Quartier im interdisziplinären Dialog

Olaf Schnur
Quartiersforschung revisited   17
Konzepte und Perspektiven eines stadtgeographischen Forschungsfeldes

Ulli Meisel
**Beiträge von Städtebau und Architektur zu einer
multiperspektivischen Erforschung von Stadtquartieren**   41

2 Das Quartier aus sozialwissenschaftlicher Perspektive

Monika Alisch
Sozialräume im Stadtquartier   71
Analyse und Praxis von Prozessen der Sozialraumorganisation

Veronika Deffner
Quartiere als soziale Räume   83
Sozialgeographische Reflektionen

Anne Vogelpohl
Das Quartier als ein Raum des städtischen Alltages   99

Andreas Farwick
Städtische Wohnquartiere als Orte sozialer Benachteiligung   113

Tobias Mettenberger
Stadtsoziologische Zugänge zum Sozialraum Quartier   131

3 Das Quartier aus ökonomischer Perspektive

Guido Spars
Stadtquartiere als Investitionsobjekte 151
Ökonomische Perspektiven

Sabine Weck
Ökonomische Revitalisierung erneuerungsbedürftiger Stadtquartiere als Politik- und Forschungsfeld 163

4 Das Quartier aus städtebaulich-architektonischer Perspektive

Michael Neitzel
Gebaute Quartiere 179
Beziehungen zwischen wohnungswirtschaftlichen und städtebaulichen Zugängen

Christa Reicher
Das (Stadt)Quartier 197
Vom Umgang mit dem gebauten Raum und seinen dynamischen Parametern

Günther Fischer
Quartiersentwicklung und Architekturtheorie 211
Überlegungen zu theoretischen und methodischen Schnittstellen

Carmella Pfaffenbach/Ralf Zimmer-Hegmann
Quartiere in der Stadt im Spannungsfeld von sozialen Interessen, wissenschaftlichen Ansprüchen und planungspolitischer Praxis 227

Autorenverzeichnis 235

Veronika Deffner/Ulli Meisel

Quartiere in der Stadt
Eine Einordnung theoretischer und praktischer Zugänge

1. Quartiere im Fokus von Politik, Organisationen und Wissenschaft

Quartiere sind zum aktuellen Kristallisationspunkt der Auseinandersetzung mit Städten und Urbanität geworden. Zahlreiche wissenschaftliche Disziplinen setzen sich aus verschiedensten Perspektiven mit Stadtquartieren, ihrer Gestalt, ihren Funktionen oder ihrer Bedeutung für das städtische Alltags-Leben auseinander. Auch auf der Ebene der Stadt und den mit ihrer Entwicklung befassten Organisationen und Einrichtungen wie kommunale Ämter, Stadtplanungs- und Architekturbüros oder der Wohnungswirtschaft ist der Begriff des Quartiers den Akteuren geläufig.

Seit mehr als einer Dekade stehen Quartiere im Fokus politischer Programme, wie sich nicht zuletzt an den zahlreichen Forschungsfeldern mit Quartiersbezug im Rahmen des experimentellen Wohnungs- und Städtebaus (ExWoSt) des Bundesministeriums für Verkehr, Bau und Stadtentwicklung (BMVBS) zeigt: Von 1983–1994 fokussierte es westdeutsche Großsiedlungen, von 1988–1993 ältere Menschen und ihr Wohnquartier, von 1991–1996 ostdeutsche Plattenbausiedlungen, von 1995–2000 die Entwicklung nutzungsgemischter Stadtquartiere, von 2005–2006 attraktive Stadtquartiere für das Leben im Alter, von 2005–2009 Innovationen für familien- und altengerechte Stadtquartiere, neue Wege zur Stärkung der lokalen Wirtschaft auf Quartiersebene und Verkehrsvernetzung von städtischen Quartieren, seit 2009 Jugendliche im Stadtquartier, Integration und Stadtteilpolitik und schließlich ab 2011 Orte der Integration im Quartier (BMVBS 2011).

Im politischen, wissenschaftlichen und alltäglichen Diskurs gilt der Begriff Quartier als eher neutral und nicht negativ besetzt. Er weckt vielmehr Assoziationen von Nachbarschaft, von Nähe und Identität, die im günstigen Fall vorhanden sein oder angestrebt werden können, und die seine Verwendung attraktiv erscheinen lassen. Die konnotative Offenheit des Begriffes erlaubt es auch, verschiedene Perspektiven der Wissenschaft, der Politik und der alltäglichen Praxis darunter zu versammeln. Zentrales Anliegen dieses Sammelbandes ist es angesichts dieser zu konstatierenden Vielfältigkeit des Quartiersbegriffes, die verschiedenen Auseinandersetzungen mit dem Quartier als Forschungsgegenstand und Betrachtungseinheit zu dokumentieren.

Betrachtet man allerdings die Heterogenität der Erkenntnisziele, der methodischen Herangehensweisen und der Paradigmen in den verschiedenen Disziplinen so wird deutlich, dass ein bloßes Nebeneinanderstellen der verschiedenen Perspektiven zu dem Ziel einer Verständigung nicht wesentlich beiträgt. Im Sinne des von dem Sozialgeographen Peter Weichhart (2008: 395 ff.) formulierten Komplementaritäts-Prinzips, bei dem verschiedene paradigmenspezifische Modelle der Realität miteinander in Beziehung gesetzt werden, kann aber eine Zusammenschau derartiger verschiedener Perspektiven einen Schritt in Richtung einer umfassenderen Darstellung des betrachteten Gegenstandes Stadtquartier bedeuten.

Die Herausforderung, eine gemeinsame Sprache zu finden, beginnt allerdings auch schon auf der Ebene von Institutionen, Organisationen und Einrichtungen. Hier wird der Begriff „Stadtquartier" bereits – je nach Zuständigkeitsbereich – entweder sozialräumlich als Nachbarschaft verstanden, als Wirtschaftsraum oder auch als Planungsraum, und es werden meist relativ scharfe Trennlinien zwischen diesen verschiedenen Perspektiven gezogen.

Aus wissenschaftlicher Perspektive hat der Quartiersbegriff nicht zuletzt auch deswegen stärkere Aufmerksamkeit erfahren, weil infolge der zunehmenden Komplexität unserer Stadtwelten das Lokale und die Quartiers- und Haushaltsebene an Bedeutung gewonnen haben. Wie für die Institutionen-Ebene gilt aber auch für die Wissenschaftssphäre, dass verschiedene Disziplinen und deren Teildisziplinen unterschiedliche Paradigmen, Fachsprachen und Erkenntnisinteressen mit dem Thema Quartier verbinden. Es wird auch deutlich, dass zum Begriff und seiner Bedeutung zahlreiche Deutungsmöglichkeiten existieren, die sich jeweils verschiedenen Wissensbereichen und Disziplinen zuordnen lassen.

So können Quartiere als Sozialraum, Ort sozialer Prozesse oder Lebensraum erforscht werden, es kann ihre physische Struktur im Mittelpunkt des Interesses verschiedener Disziplinen stehen oder ihre Kultur, Geschichte, Bedeutung und Symbolik Gegenstand wissenschaftlicher Auseinandersetzungen sein. Aus ökonomischer Sicht werden Wirtschaftsstrukturen und -prozesse in Quartieren erforscht oder das Interesse richtet sich auf Quartiere als Gegenstand von Aktivitäten politischer Institutionen und Governance. Im sozialwissenschaftlichen Feld kann die terminologische „Funktion" des Begriffes Quartier noch erweitert werden um die Beschreibung einer sozialen Einheit der städtischen Gesellschaft. Danach wird das Quartier als das Miteinander unterschiedlicher Individuen und kleinerer Akteurs-Gruppen verstanden.

Nach fast fünfzehn Jahren auf Stadtquartiere gerichteter politischer Aktivitäten und wissenschaftlicher Auseinandersetzungen mit dem Quartier lohnt es aus Sicht der Herausgeber dieses Sammelbandes, innezuhalten und den Forschungsgegenstand interdisziplinär zu betrachten. Damit ist vor allem gemeint, die von Disziplin zu Disziplin variierenden Bedeutungen, die mit dem Begriff Quartier verbunden sind, zu beschreiben und detaillierter zu erfassen, ebenso wie die Erwartungen bzw. Erkenntnisinteressen und die methodischen Ansätze.

Die Intention dieses Sammelbandes ist es daher, auf den ersten Blick disziplinär nicht verbundene Perspektiven auf einen gemeinsam fokussierten – oder unter dem gleichen Terminus erfassten – Gegenstand „Stadtquartier" in ihrer Zusammenschau zu erfassen. Erwartet werden dabei Erkenntnisse, die dem einzelnen disziplinären Blick verborgen bleiben. Disziplinäre Perspektive verstehen wir dabei vor allem als Ensemble aus der Terminologie, den Methoden und der Orientierung des Erkenntnisgewinns für Quartiere als Forschungsgegenstand.

Die Fragestellung, die diesem Sammelband zugrundeliegt, lautet also: Was können wir bezogen auf den Gegenstand „Quartier" voneinander lernen und wo liegen die Schnittstellen unserer Interessen? Ein langfristiges Ziel einer solchen ersten Zusammenschau ist die Entwicklung eines „Kommunikationstools", um die verschiedenen Verständniszusammenhänge rund um die Beschäftigung mit dem Quartier begreifbar zu machen. Den in diesem Buch versammelten Autoren ist gemeinsam, dass sie in ihrer jeweiligen Disziplin in der universitären und/oder der außeruniversitären Forschung arbeiten und das Phänomen „Stadtquartier" in ihrer Arbeit für relevant erachten – auch wenn sie dieses nicht unbedingt dezidiert als ihren zentralen Forschungsschwerpunkt deklarieren.

Betrachtet man den Gegenstand „Quartier", so weisen einige Disziplinen mehr Berührungspunkte miteinander auf, wie z. B. die Humangeographie mit der Soziologie oder die Architektur mit der Ökonomie. Eine theoretisch-methodische Verständigung wird in diesen Fällen auf der wissenschaftlichen Ebene, ebenso wie auf der Ebene von Institutionen und Organisationen sowie der Ebene der Bewohnerinnen und Bewohner von Quartieren erleichtert. Gerade letztere ist entscheidend für eine „verstehende Kommunikation", da die Orientierung des Erkenntnisgewinns, ob direkt oder indirekt anwendungsorientiert oder stärker analysierend, häufig entscheidend ist für die Bereitschaft zum Austausch und den daraus entstehenden Gewinn.

2. Disziplinäre wissenschaftliche Perspektiven auf Stadtquartiere

Eine der großen Herausforderungen von Interdisziplinarität ist es, die verschiedenen Perspektiven auf das Phänomen „Stadtquartier" zu gruppieren. Die Zuordnung der einzelnen Beiträge zu den Kapiteln mit sozialräumlicher, ökonomischer oder städtebaulich-architektonischer Perspektive in diesem Sammelband orientiert sich an der Nähe der jeweiligen Fragestellungen in den Beiträgen zu diesen verschiedenen Sichtweisen. Der Sammelband liefert also die ersten Ergebnisse einer interdisziplinären Diskussion auf dem Weg zu weiteren gemeinsam zu erarbeitenden Positionen.

Das Buch basiert auf einem von den ILS-Forschungsfeldern „Sozialraum Stadt" und „Gebaute Stadt" gemeinsam bearbeiteten Projekt zur multiperspektivischen Quartiersforschung. In diesem Rahmen wurden 2010 in Dortmund mehrere Kolloquien veranstaltet und jeweils von einer Referentin oder einem Referenten eine spezifische disziplinäre Perspektive auf das Quartier zur Diskussion gestellt. Mit einem Symposium in Kooperation mit dem Lehr- und Forschungsgebiet Kulturgeographie der RWTH Aachen wurde im Anschluss der Versuch unternommen, über weitere fachspezifische „Innensichten" den interdisziplinären Austausch fortzuführen.

Die Beiträge in diesem Buch wurden im Wesentlichen auf der Basis der jeweils bei diesen Veranstaltungen gehaltenen Vorträge formuliert. Als Leitfragen wurde allen Autorinnen und Autoren mit auf den Weg gegeben:
- Was ist das Quartier?
- Inwieweit ist das Quartier Gegenstand der Forschung?
- Welche methodischen Zugänge werden gewählt?
- Welche Berührungspunkte bestehen zu anderen Disziplinen?

Die Beiträge sollten also über die Darstellung jeweils aktueller Arbeitsschwerpunkte der Autorinnen und Autoren hinausgehen und sich auch auf die Kommunikation zwischen den verschiedenen Disziplinen aus unterschiedlichen disziplinären Blickwinkeln richten, um hierüber das Potential des interdisziplinären Austausches und ggf. die Notwendigkeit eines interdisziplinären „Verständigungs-Tools" zu eruieren.

Die inhaltliche Ausrichtung des Sammelbandes ist wegen der beteiligten, unterschiedlichen Disziplinen und der dadurch bereits bedingten Komplexität im Wesentlichen auf Deutschland beschränkt. Dennoch wurden insbesondere die im englischsprachigen Raum seit den 1920er Jahren erfolgten Forschungen zu Nachbarschaften und Quartieren beim Stand der Forschung berücksichtigt.

Gemeinsam ist allen Beiträgen, dass sie ein Problembewusstsein für den Gegenstand „Quartier" haben und dass sie einen Beitrag zur Lösung dieser mit Quartieren verbundenen Probleme leisten wollen – seien es Probleme methodologischer, konzeptioneller oder operationeller Art. Dieser Sammelband kann damit als erste Ideensammlung und Grundlage verstanden werden für die Intensivierung und Strukturierung eines weiterzuentwickelnden multiperspektivischen Blickes auf das Quartier auch mit dem Ziel, bisherige Trennlinien zwischen Disziplinen zugunsten erweiterter Bearbeitungsspektren im Rahmen der bisherigen Erforschung von Quartieren aufzulösen.

Der multiperspektivische Blick auf Quartiere enthüllt z. B. neben ihrer sozialräumlichen oder wirtschaftlichen Bedeutung auch die baulich-physische Struktur als relevant für ihre Bewohnerinnen und Bewohner mit ihren Bedürfnissen nach Nähe und

Distanz, nach Öffentlichkeit und Privatheit, nach Schutz und Offenheit, nach Gemeinsamkeit und Individualität und nach Teilhabe und Kommunikation. Quartiere als Bestandteile von Stadt sind ständig sich verändernden sozio-kulturellen, ökonomischen, raumstrukturellen und politischen Einflüssen ausgesetzt, die ihre symbolische Bedeutung, ihren funktionellen Nutzen für die Bewohnerinnen und Bewohner und ihren ökonomischen Wert über den Zeitverlauf verändern können. Die Problemsicht auf derartige Entwicklungen ist dabei je nach wissenschaftlicher Disziplin sehr unterschiedlich.

Die raumstrukturelle Aufwertung von Quartieren durch die Wohnungswirtschaft wird z. B. aus ökonomischer Perspektive als ein konstruktiver, komplexer Vorgang zur Verbesserung städtischer Lebensverhältnisse wahrgenommen, der jedoch auch angemessene Erträge liefert. Derartige Aufwertungen verändern soziale Strukturen durch Wegzug und Zuzug von Bewohnerinnen und Bewohnern, was sozialwissenschaftlich als Chance zur Beseitigung von Ungleichheit oder aber als Gefahr der Verdrängung begriffen werden kann. Erkenntnisse darüber, wie und nach welchen Zukunftskriterien raumstrukturelle Veränderungen in Quartieren konkret erfolgen sollen, um soziale und ökonomische Ziele miteinander zu vereinbaren, werden von Städtebau und Architektur erwartet.

Geht man also von Quartieren als ständig in Bewegung und Weiterentwicklung befindlichen Phänomenen aus, so erweitert eine Zusammenschau der verschiedenen wissenschaftlichen Perspektiven den Gesamt-Horizont. Dabei sind insbesondere die sozialräumliche, die ökonomische und die städtebaulich-architektonische Dimension in ihren Interdependenzen und Komplementaritäten von Bedeutung. Ein gemeinsames Verständnis von mit Quartieren verbundenen möglichen disziplinären Problemstellungen und daran orientiertem Erkenntnisinteresse ist Voraussetzung eines konstruktiven interdisziplinären Austausches.

Stadtquartiere werden aber in diesem Buch nicht nur als ein wissenschaftliches Phänomen betrachtet. Es wird vielmehr eine dreigliedrige Struktur von für Stadtquartiere relevanten Ebenen vorgeschlagen, um die Ausrichtung der Beiträge in diesem Buch weiter zu verdeutlichen:

- Quartiere als Handlungsebene ihrer Bewohnerinnen und Bewohner,
- Quartiere als Gegenstand der Aktivitäten von Institutionen und Organisationen,
- Quartiere als Untersuchungsgegenstand der Wissenschaft.

Weitere Hinweise zu der vorgeschlagenen dreigliedrigen Ebenen-Struktur finden sich auch im Beitrag ab Seite 41. Die Beiträge der in diesem Buch versammelten Autorinnen und Autoren, deren Arbeits- und Forschungsgebiete den Disziplinen der Humangeographie, der Raumplanung, der Soziologie, der Ökonomie, dem Städtebau oder der Architektur zuzuordnen sind, haben diese verschiedenen Ebenen jeweils im Blick, behandeln sie jedoch in unterschiedlichem Umfang.

3. Die Beiträge in diesem Sammelband

Im ersten Teil dieses Sammelbandes werden in zwei Beiträgen im Sinne eines einleitenden Überblicks Stadtquartiere als Gegenstand eines interdisziplinären Dialogs auf der Ebene der Wissenschaft und von Institutionen und Organisationen behandelt. **Olaf Schnur** gibt einen profund recherchierten Rückblick und Ausblick auf Konzepte und Perspektiven von Stadtquartieren als Forschungsfeld. Der Beitrag liefert eine Übersicht über theoretische und konzeptionelle stadtgeographische Zugänge zur Quartiersforschung und begründet die Aktualität der interdisziplinären Auseinandersetzung mit Quartieren. Er trägt zur Systematisierung Programm- oder praxisorientierter Debatten und wissenschaftlicher Diskurslinien bei und bietet als Diskussionsgrundlage ein „Fuzzy Concept" als Quartiersdefinition an. Für die interdisziplinäre Weiterentwicklung des Forschungsfeldes „Stadtquartiere" werden verschiedene Forschungsansätze zur Entwicklung der theoretischen Grundlagen, der Verbreiterung der empirischen Forschungsbasis und zur Evaluation politischer Programme vorgeschlagen. **Ulli Meisel** setzt sich mit den Beiträgen von Städtebau und Architektur zu einer multiperspektivischen Quartiersforschung auseinander. Er identifiziert fünf komplementäre Wissensbereiche für Stadtquartiere, die jeweils von mehreren unterschiedlichen Disziplinen mit verschiedenen Erkenntniszielen und Paradigmen bearbeitet werden. Zur Systematisierung dieser multidisziplinären Forschung wird ein Drei-Ebenen-Modell vorgeschlagen, das zwischen einer Handlungsebene von Bewohnerinnen und Bewohnern, einer Ebene quartiersrelevanter Institutionen und Organisationen und einer wissenschaftlichen Ebene differenziert. Es werden die Problemsicht von Städtebau und Architektur auf Quartiere beschrieben, ihre theoretisch-methodischen Bezüge zu sozialwissenschaftlichen Zugängen dargestellt und die Notwendigkeit einer komplementären Zusammenführung begründet.

Der zweite Teil des Sammelbandes vereint in fünf Einzelbeiträgen die sozialwissenschaftliche Perspektive für die Untersuchung städtischer Quartiere. In der Gesamtschau wird deutlich, dass mit dem Quartier als Forschungsgegenstand und Teilbereich des Städtischen immer auch – z.T. disziplinhistorisch naheliegend – die implizit oder explizit formulierte Auffassung vom Quartier als sozialem Raum im Sinne eines lokalen Kontextes der Alltagswelt oder der sozialen Interaktion verbunden ist. Gemeinsam ist allen hier vereinten Perspektiven die forschungsleitende Grundannahme, dass der Raum seine spezifische Wirksamkeit erst über die gesellschaftlichen Verhältnisse bzw. Prozesse erlangt.

Die zwei ersten Beiträge gehen von einer konzeptionellen Begriffsschärfung in Bezug auf das Quartier als sozialem Raum aus: **Monika Alisch** nimmt eine begriffliche Differenzierung zwischen Sozialraum und Stadtquartier vor, um die Dynamiken der Quartiersentwicklung für die anwendungsorientierte Sozialraumanalyse besser greifbar zu machen. Ausgehend von einem kritischen Blick auf die politischen und planerischen Diskussionen zu Stadtentwicklung und Sozialraumorganisation der vergangenen zwei Jahrzehnte, in deren Rahmen das Quartier zunehmend selbstverständlich als sozialer (Interventions-)Raum gedacht wurde, wird deutlich, wie relevant diese terminologische Präzisierung für sozial nachhaltige Interventionsmaßnahmen ist. Entsprechend widmet sie sich einer Entschlüsselung des Quartierskonzepts und setzt daran anschließend für eine Systematisierung die Konzepte von Quartier, Community und Sozialraum zueinander in Beziehung. Abschließend resümiert sie die Bedeutung dieser Auseinandersetzungen für die Praxis der Sozialraumorganisation, und bietet für den interdisziplinären Dialog zielführende „Prinzipien sozialraumbezogenen professionellen Handelns" an. **Veronika Deffner** widmet sich ebenfalls einer genaueren Betrachtung des häufig für das Quartier verwendeten Begriffes des sozialen Raumes, allerdings aus einer sozialgeographischen Stadtforschungs-Perspektive. Basierend auf Bourdieus Praxistheorie reflektiert sie die Chancen und Schwierigkeiten, die sich in Bezug auf dessen Konzeption des sozialen Raumes vor dem Hintergrund eines gewandelten Raumverständnisses und Gesellschafts-Raum-Verhältnisses in der Sozialgeographie ergeben. Für das Bemühen, das Quartier sowohl in seiner topographischen Realität als auch als alltägliche Lebenswirklichkeit und soziale Sphäre des Urbanen zu begreifen, reflektiert sie die Konsequenzen, die sich daraus für eine relationale, d. h. differenzierte Betrachtungsweise der verschiedenen sozialen Felder im Quartier ergeben. **Anne Vogelpohl** verfolgt in ihrem Beitrag ebenfalls eine Perspektive sozialgeographischer Stadtforschung, die das Räumliche als Produkt und Konstrukt sozialer Alltagspraxis begreift. Sie fragt im speziellen danach, wie städtische Quartiere in ihrer Prozesshaftigkeit verstanden werden können. Dabei betrachtet sie nicht nur das Quartier als Prozess, sondern auch den Prozess, wie das Quartier zum Untersuchungsgegenstand gemacht wird, d. h. sie reflektiert das Quartier „als Methode". Sie geht hierbei nicht von einem gegebenen Raum aus, sondern vom Raum als einem sozial, politisch und wirtschaftlich hergestellten Produkt, das zudem emotionale Aufladungen erfährt und somit ganz unterschiedlich als Raum städtischen Alltags gelebt wird. Dies zeigt sich auch in ihrem Vorschlag für das interdisziplinäre Arbeiten mit dem „Quartier", wonach von einem gemeinsam betrachteten Prozess oder „Thema" auszugehen und anschließend zu analysieren sei, wie Quartiere dabei spezifisch erzeugt werden.

Diese Perspektive wird sehr anschaulich ergänzt durch eine weitere Möglichkeit, das Quartier aus sozialgeographischer Perspektive zu betrachten: **Andreas Farwick** geht vom Quartier in seiner Funktion als Ort des Wohnens und der sozialen Begegnung aus. Er begreift es primär als eine Projektionsfläche sozialer Prozesse und Verhältnisse. So geht es ihm bei der Betrachtung der sozialen Strukturen von Wohnquartieren darum, zu zeigen welche Effekte und Auswirkungen spezifisch geprägte Wohnumgebungen (z. B. durch Armut oder die räumliche Konzentration von Zuwanderern) auf das soziale Handeln sowie die Lebens- und Integrationschancen haben. Nach einem theoretischen Überblick zu diesem Forschungsfeld im nationalen und internationalen Kontext skizziert er, basierend auf eigenen multivariaten Analysen, die Ergebnisse zum Einfluss ethnischer Strukturen von Wohnquartieren auf deren strukturelle Eingliederung, wobei sich die nähere Nachbarschaft als signifikante Einflussgröße für das Ausmaß interethnischer Beziehungen herauskristallisiert. **Tobias Mettenberger** widmet sich in seinem Beitrag ebenfalls der problemzentrierten Fragestellung der Quartiers- bzw. Gebietseffekte, wie sie als Konsequenzen sozialer Ungleichheit im Zentrum stadtsoziologischen Forschungsinteresses stehen. Mit einem systematischen Überblick diskutiert er die theoretischen Vorstellungen von Konzentrations- bzw. Nachbarschaftseffekten auf die alltäglichen Lebensbedingungen von Bewohnerinnen und Bewohnern in städtischen Quartieren. Im Anschluss daran analysiert er die Möglichkeiten des empirischen Zugangs zu den Wirkungen von Quartieren auf struktureller sowie auf akteurs-zentrierter Ebene durch Alltagspraxis. Mit Überlegungen zur Bedeutung von architektonischen und städtebaulichen Strukturen bietet er abschließend interdisziplinäre Anschlussstellen für die Diskussion um die Wirkung von Quartieren an.

Im dritten Teil des Sammelbandes repräsentieren zwei Beiträge die ökonomische Perspektive auf Stadtquartiere und deren Erforschung: **Guido Spars** stellt in seinem Beitrag zunächst Besonderheiten des Quartiers aus ökonomischer Sicht dar. Er hält eine Bezeichnung von Quartieren als Nukleus der gesamten Volkswirtschaft für vertretbar, weil fast alle volkswirtschaftlichen Prozesse in Stadtquartieren ihren Niederschlag finden. Aus ökonomischer Perspektive ist das Quartier für ihn aufgrund der Agglomerationsvorteile unterschiedlicher Nutzungen ein Ort von sozialen und ökonomischen Austauschprozessen. Eng verwoben mit dieser Frage sind die Themen „Stadtrendite und Quartier" sowie Stadtwert beziehungsweise Quartierswert, deren Grundlagen erläutert werden. In einem Fazit werden die Wohlfahrtstheorie in ihrer Anwendung auf lokale Märkte und ihre Verknüpfung mit der Stadtrendite, sowie die Neue Institutionenökonomik als wichtige theoretische Hintergründe und Bezugspunkte auch zu anderen Disziplinen beschrieben. Daran anschließend beschreibt **Sabine Weck** gebietsbezogene Strategien und integrierte Quartiersansätze, die neben den sozialen und physischen Problemen auch die ökonomischen Netzwerke, Probleme und Potentiale in den Blick nehmen, als Antwort auf sozialräumlich konzentrierte Armut und Ausgrenzung. Für sie schärft ein quartiersbezogener Ansatz den Blick für lokale Absatzmärkte, spezifische ortsgebundene Potentiale und Leistungen, inklusive der Einbeziehung der Initiative des privaten und bürgerschaftlichen Sektors. Gerade in strukturschwachen Quartieren erscheint es wichtig, sich die soziale Einbettung ökonomischen Handelns bewusst zu machen und Unternehmerschaft, Innovation und Kreativität in einen sozialen Kontext der Unternehmensgründung und -entwicklung zu setzen. Als aus wissenschaftlicher Perspektive noch wenig erforscht betrachtet sie die Verbindungen zwischen formeller und informeller

Ökonomie, sozialer Kohäsion und wirtschaftlicher Innovationsdynamik im Quartierskontext.

Im vierten Teil dieses Sammelbandes sind drei Beiträge vereint, die sich mit theoretischen Hintergründen und Methoden für die planerische und städtebaulich-architektonische Veränderung von Stadtquartieren auseinandersetzen. **Michael Neitzel** fokussiert Grundlagen, Ziele und Methoden der Analyse und der strategischen Bestandsentwicklung von Wohnungen durch bestandshaltende Wohnungsunternehmen. Er bildet damit eine Brücke zur ökonomischen Betrachtung von Quartieren. Professionell agierende Vermieter treffen Investitionsentscheidungen unter Rendite-, Risiko- und Nachhaltigkeitsgesichtspunkten auf der Basis des eigenen Wohnungsbestandes, der zur Verfügung stehenden Handlungsalternativen und der jeweiligen Marktkonstellation. Neben Normstrategien für ihre Gebäudebestände entwickeln die Unternehmen zunehmend auch aktiv-vorausschauende Strategien für die Entwicklung ganzer Quartiere. Diese berücksichtigen Änderungen der Sozialstruktur und veränderte Anforderungen der Bewohnerinnen und Bewohner an das Wohnen, das Wohnumfeld, die Freizeit- und Infrastruktureinrichtungen. **Christa Reicher** beschreibt die Prägung der physischen Struktur von Stadtquartieren durch verschiedene dynamische Parameter. Sie identifiziert für städtebaulich-architektonische Quartiersplanungen fünf besonders relevante Phänomene: die demographischen Veränderungen, eine „Verdorfung" von Städten, die Internationalisierung des Immobiliensektors, konkurrierende Image- und Branding-Strategien sowie Energieeffizienz und Klimawandel. Künftig auszutarierende und auch interdisziplinär zu erforschende Herausforderungen für Stadtquartiere sind danach: Aneignungsmöglichkeiten versus ästhetische Qualität, soziale Nachbarschaften versus abgeschottete Idylle, Dauerhaftes versus Temporäres, Alltagsqualität versus Leuchtturmprojekt und Urbanität versus Wohnanspruch. Sie verdeutlicht die These, dass Forschung ein differenziertes Verständnis von Urbanität entwickeln sollte, das sich nicht nur auf den gebauten Raum bezieht, sondern sich auch mit der Vielzahl seiner dynamischen Parameter auseinandersetzt. **Günther Fischer** untersucht in seinem Beitrag zum Abschluss der städtebaulich-architektonischen Perspektive theoretische und methodische Grundlagen von Architektur und ihre Relevanz für die Entwicklung von Stadtquartieren. Er beschreibt, dass Wohnungsbau erst in den 1920er Jahren zum Element von Stadtplanung und Gegenstand architekturtheoretischer Diskurse wurde, was vorher nur für Herrschafts- und Repräsentationsarchitektur galt, mit der sich die Kunsttheorie beschäftigte. Gleichzeitig wurden aber auch die bis dahin geltenden Prinzipien urbaner Raumgestaltung zugunsten freistehender Baukörper in der Landschaft aufgegeben. Er bezeichnet Architektur in Wohnquartieren heute als Gestaltung – nicht nur Herstellung – von Orten menschlicher Lebenspraxis. Architektur umhüllt demnach Innenräume und definiert Außenräume, sie wird ganzheitlich von den Menschen wahrgenommen und erlebt, und von ihren Benutzern in deren Alltagspraxis als

Lebensraum angeeignet. Gebäude in Quartieren sind seiner Definition nach keine Kunstobjekte, sondern schützende, gestaltete, ganzheitlich wahrgenommene Hüllen für die Vielfalt menschlicher Lebensvollzüge.

Im letzten Kapitel geben **Carmella Pfaffenbach und Ralf Zimmer-Hegmann** einen Ausblick auf Quartiere in der Stadt im Spannungsfeld von sozialen Interessen, wissenschaftlichen Ansprüchen und planungspolitischer Praxis.

Literatur

- BMVBS – Bundesministerium für Verkehr, Bauen und Stadtentwicklung (2011): Zugriff am 9.11.2011, http://www.bbsr.bund.de/cln_032/nn_1.1.5084/BBSR/DE/Stadtentwicklung/StadtentwicklungDeutschland/GuteBeispiele/ReFoProjekte
- Weichhart, Peter (2008): Entwicklungslinien der Sozialgeographie. Von Hans Bobek bis Benno Werlen. Stuttgart.

Olaf Schnur

Quartiersforschung revisited
Konzepte und Perspektiven eines stadtgeographischen Forschungsfeldes

Die Quartiersforschung kann auf eine lange Tradition zurückblicken, die bis ins 19. Jahrhundert zurückreicht. Immer schon waren Forscherinnen und Forscher fasziniert von der enormen Dynamik, die in Quartieren oft anzutreffen war und die die Viertel zu einem ertragreichen Untersuchungsgegenstand machten. Auch auf Zeiten der Stagnation kann in einem Quartier abrupt, oft ausgelöst durch externe Faktoren, eine turbulente Zukunft folgen. Der permanente Wandel – egal ob plötzlich oder stetig – ist systemimmanent, denn Quartiere konstituieren sich vor allem durch ihre Bewohner und deren Wertesysteme, deren lokale und translokale soziale Vernetzung, deren Lebenszyklen, -lagen und -stile und die damit verbundenen Wohnstandort- bzw. Umzugsentscheidungen. Dieses Fluidum aus Kommen, Bleiben und Gehen – in der Wohnungswirtschaft treffend Fluktuation genannt – und die damit verbundenen Veränderungen im Quartier waren von Anfang an der Fundus für nachbarschaftliche Zaungespräche – und gleichzeitig Schwerpunkte der Quartiersforschung.

1. Quartiersforschung: Neue Aktualität

Nicht nur in der Wissenschaft, sondern auch in der Öffentlichkeit werden sozialräumliche städtische Substrukturen seit einiger Zeit wieder zunehmend beachtet, diskutiert und häufig problematisiert. Dies hängt mit einer seit den 1980er/1990er Jahren in Europa stark angewachsenen sozialräumlichen Polarisierung in den „Kiezen" der Großstädte zusammen und hat zum einen Unmengen an Zeitungsartikeln, zum anderen auch diverse planungspolitische Programme im Rahmen neuer „Area Based Policies" hervorgebracht. Auch im Bereich kritischer Sozialwissenschaften ist eine Vielzahl an Veröffentlichungen aus verschiedensten Perspektiven erschienen (stellvertretend seien Ronneberger 1997 und Wehrheim 1999 genannt). Die aktuellen Diskurslinien gruppieren sich um
- programmorientierte Fachdebatten (z. B. „Soziale Stadt" und Begleitprogramme, Stadtumbau, Housing Improvement Districts),

- praxisorientierte Debatten wie etwa die Abgrenzungs- und Sozialraumdiskussion, das Thema Quartierszertifizierung und immobilienökonomische Debatten (wie z. B. Stadtrendite, das Quartier als „unique selling proposition" [USP]),
- das Ungleichheitsthema (Segregation, Gentrification, Lebensstile, Exklusion, Recht auf Stadt),
- das Thema Identität (u. a. Lebensstile, Ortsbindung, Integration, Neighbourhood Branding),
- Macht- und Steuerungsdebatten (z. B. kleinräumige Skalierungen als „Governance"- und Macht-Instrument, Debatte über Bürgeraktivierung und „Strong Democracy", Fachdebatten über lokale Netzwerke und Sozialkapital) sowie
- raumtheoretische Überlegungen (Quartier als Container, System- versus Lebenswelt Quartier, Quartierseffekte, Glokalisierung)

Mit der Zeit hat sich ein weites, interdisziplinäres, heterogenes und zersplittertes Forschungsfeld rund um Stadtteile und Nachbarschaften, Kieze und Quartiere, entwickelt. Dabei wurde Quartiersforschung in größerem Maßstab seitens der Geographie, Soziologie, im Bereich der Politik- und Investorenberatung, der Ökonomie, aber auch in den Politikwissenschaften und anderen Disziplinen betrieben, ohne dass dabei jedoch ein gemeinsamer definitorischer und konzeptioneller Kontext entstanden wäre.

Inzwischen gibt es erste Anstrengungen in der deutschsprachigen Literatur, die Vielfalt der Quartiersforschung aufzugreifen, zu einem strukturierteren, systematischeren Überblick sowie zu klareren Begriffsvorstellungen zu gelangen. So wurde mit der Gründung eines Arbeitskreises zur Quartiersforschung in der Deutschen Gesellschaft für Geographie, einem ersten programmatischen Sammelband sowie mit der Herausgabe einer wissenschaftlichen Buchreihe die Quartiersforschung erstmals institutionalisiert (vgl. Schnur 2008a).

Dieser Text basiert auf einer früheren Veröffentlichung (Schnur 2008b), deren Inhalte für den vorliegenden Band gekürzt, ergänzt und aktualisiert wurden. Der Beitrag soll a) einen knappen Überblick über die unterschiedlichsten Zugänge zur Quartiersforschung ermöglichen, b) damit zu einer Systematisierung beitragen und zu deren Weiterentwicklung auffordern und c) eine Quartiersdefinition als Diskussionsgrundlage anbieten. Um dorthin zu kommen, soll zunächst kurz erörtert werden, welche klassischen und neueren Konzeptualisierungen hinter dem Konstrukt Quartier stehen könnten und wo deren Potenziale und Defizite liegen.

Es versteht sich daher von selbst, dass in diesem Rahmen nicht der Anspruch auf Vollständigkeit erhoben werden kann. Entsprechende Auslassungen beruhen auf subjektiven Entscheidungen und Präferenzen des Autors und sind selbstverständlich diskutabel. Alle vorgestellten Konzepte können hier auch nur angerissen werden. Eine Langfassung dieses Textes mit ausführlicheren Diskussionen zu den einzelnen

Quartiersforschungsparadigmen ist in Schnur 2008c publiziert. Darin sind auch kritische Betrachtungen zu einzelnen Paradigmen enthalten, auf die hier ebenfalls aus Platzgründen verzichtet wurde.

2. Theoretische und konzeptionelle Zugänge zum Quartier

Um die unterschiedlichen Modellvorstellungen und Konzeptualisierungen von Quartieren zu gliedern, wurden acht verschiedene mögliche Zugänge etwas genauer unter die Lupe genommen (vgl. Abbildung 1).

Abb. 1: Acht konzeptionelle Zugänge zum Quartier („Quartiers-Portale"). Quelle: eigene Abbildung

Dabei spiegeln manche dieser Portale breit rezipierte Forschungsparadigmen wider, die auch in einer entsprechend großen, unübersichtlichen Vielfalt an Studien und Veröffentlichungen rund um das Quartier mündeten. Andere hier angeführte Forschungsperspektiven, die bislang noch keine große Verbreitung in der Quartiersforschung fanden, könnten darüber hinaus inspirierend für weitere Forschungen im Quartierskontext sein. Es ist auffällig, wie die Anzahl der Schulen und Paradigmen in der Moderne noch recht begrenzt war und sich mit dem Aufkommen der Postmoderne oder zweiten Moderne – de facto seit den 1970er Jahren – stark ausdifferenziert hat. Viele der Strömungen existieren heute parallel (vgl. Peet 1999: 9 f.), weshalb die folgenden Ausführungen nicht als Chronologie missverstanden werden dürfen, sondern eher den Charakter einer Exkursion zu den „Hotspots" der Quartiersforschung haben.

Sozialökologie
Als eine der frühesten und gleichzeitig einflussreichsten Denkschulen der Quartiersforschung kann die Sozialökologie, insbesondere die Chicagoer Schule der Sozialökologie gelten (Park/Burgess 1925). Auf der Basis der darwinistischen Evolutionstheorie, des Konkurrenzverhaltens und der Vorstellungen von Zyklen-Abfolgen und Gleichgewichtsbildung wurden „Natural Areas" formuliert – also quasi-natürliche, segregierte sozialräumliche Quartiere in der Stadt. Neben den bekannten Stadtmodellen wurden auch Modelle des Wohngebietswandels formuliert, die auf ökologischen Zyklen-Abfolgen basieren – z. B. dem Invasions-Sukzessions-Zyklus nach Duncan & Duncan oder „Neighborhood Life Cycle" nach Hoover & Vernon (vgl. Bourne 1981). Der Aspekt der Zyklen-Abfolgen wird auch in neueren Quartiersmodellen wieder verstärkt aufgegriffen (Schnur 2010b; Bizer et al. 2009).

Neoklassische Ökonomie
Die neoklassische Ökonomie hat ebenfalls kleinräumige Theorieansätze hervorgebracht, die in die Quartiersforschung eingeflossen sind. Drei Modelle sind hier insbesondere zu nennen: das „Filtering"-Modell, das „Arbitrage"-Modell sowie das „Vacancy Chain"-Modell. Unter „Filtering" versteht man das Nachrücken von einkommensschwächeren Haushalten in – durch neubaubedingte Umzugsketten freiwerdende – höherwertige Wohnungen, das heißt im Endeffekt ein qualitatives „Upscaling" des Wohnungsbestands (Westphal 1978). Dieses Modell, welches durch empirische Forschung als widerlegt und überholt gilt (Glasauer 1986), erfreut sich als Argument für hochpreisigen Neubau in Stadtquartieren (z. B. „Townhouse"-Quartiere) dennoch einer ungebrochenen Popularität. Während das „Vacancy-Chain"-Modell quasi das Modellpendant für „wandernde Leerstände" in städtischen Wohnungsbeständen darstellt, befasst sich das Arbitrage-Modell mit Dynamiken von Mikromärkten, die durch die unmittelbare Nachbarschaft von sozioökonomisch besser und schlechter gestellten Quartieren entstehen (Bourne 1981).

Demographie
In den Bevölkerungswissenschaften spielt das Quartier eine eher untergeordnete Rolle, die vorhandenen Ansätze mit Quartiersbezug sind jedoch besonders bedeu-

Quartiersforschung revisited

tend. So hat das Modell der Bevölkerungswelle (Lösch 1936; Peisert 1959) heute einen hohen Erklärungswert gerade für die zunehmende Zahl von homogen gealterten Quartieren, die sich nun in einer demographischen Umbruchsituation befinden. Demographische Denkschulen wie die „Housing Demography" beschäftigen sich mit dem Quartierswandel aus der Perspektive der Haushalte und versuchen zu erklären, wie viel von der Quartiersdynamik in situ und wie viel davon extern bedingt ist (Gober 1990). In jüngerer Zeit hat das Thema des demographischen Wandels auch im Quartiersmaßstab neue Studien hervorgebracht (z. B. Peter 2009; Schnur 2010a; vgl. auch die Beiträge in Schnur/Drilling 2010).

Abb. 2 + 3: Elektro-Rollstuhl und „Chariot" sind demographische Realitäten in den Quartieren Leipzig-Mölkau und Leipzig-Schleußig. Quelle: eigene Fotos (2006/2007)

Soziographie

Die Soziographie hat eine Reihe von bemerkenswerten Studien hervorgebracht, die eher im kleinstädtischen als im Quartiers-Kontext erstellt wurden. Dennoch können diese Ansätze in Teilen durchaus auch der Quartiersforschung zugerechnet werden, wie etwa die Marienthal- oder die Winston-Parva-Studie (Jahoda/Lazarsfeld/Zeisel 2006; Elias/Scotson 2006). Zentraler Aspekt soziographischer Studien ist die ganzheitliche Perspektive auf eine lokale „Community", die folgerichtig mit einem zum Teil enorm vielfältigen und auch experimentellen Methodenmix empirisch durchleuchtet wurde (vgl. Lynd/Lynd 1929). Die Gemeindestudien wurden von Hartmut Häußermann und Walter Siebel auch einmal als Methode bezeichnet (Häußermann/Siebel 1994: 81 ff.). Diese Mischung aus einer offenen Perspektive und einer unvoreingenommenen methodischen Herangehensweise kommt heutigen „postmodernen" Stadt- und Quartiersforschungsansätzen entgegen (vgl. Soja 1989; Wood 2003).

Nachbarschaftsforschung
Das Portal der Nachbarschaftsforschung beinhaltet eine Anzahl größerer Forschungsfelder, die durchaus auch für sich stehen könnten. Mit Nachbarschaft verbindet man heute in Deutschland vor allem den soziologischen Theorieansatz von Bernd Hamm (Hamm 1973). Im Quartierskontext sind jedoch auch spezifischere Forschungsbereiche relevant: Aktionsraumstudien beschäftigen sich im Wesentlichen mit der Verteilung und Erreichbarkeit infrastruktureller und anderer Angebote in der Stadt, vielfach auch im Quartiersmaßstab. Bereits das frühe Konzept der „Neighbourhood Unit" (vgl. Rohr-Zänker 1998) war geprägt von der Idee möglichst überschaubarer Maßstäblichkeit und fußläufiger Distanzen in einem Quartier. Eine Boomphase der Aktionsraumstudien ist in den 1970er Jahren zu beobachten, als hier insbesondere die Daseinsgrundfunktionen eine hohe Aufmerksamkeit genossen, aber auch heute sind Studien dieser Art im Quartierskontext keine Seltenheit (z. B. Gebhardt/Joos/Martin 2005). Etwa in derselben Phase hatte auch die Perzeptionsforschung einen Höhepunkt, in der es um die Wahrnehmung von Stadt und Quartier geht (Lynch 2005). Vor allem Studien zum Wohnumfeld auf „Mental-Map"-Basis haben bis heute einen Einfluss in der Quartiersforschung. Oft spielen hier auch lebensweltliche Aspekte eine besonders große Rolle – wie etwa bei der Wahrnehmung eines Quartiers durch die Augen eines Schulkindes.

Quartiersforschung revisited

Abb. 4 + 5: Lebenswelten und Wohnmilieus – Berlin-Kottbusser Tor und Essen-Margarethenhöhe. Quelle: eigene Fotos (2007)

Lebensweltorientierte Studien in Nachbarschaften, basierend auf dem interpretativen Paradigma, sind bis heute ein zentrales Element der Quartiersforschung. Darüber hinaus leistete schon in den 1960er Jahren mit den Anfängen des Cultural Turn das Forschungsfeld des Subkulturalismus Pionierarbeit im Quartierskontext. Dies vor allem im Zusammenhang mit Ghetto-Forschung und Milieuforschung (z. B. Gans 1982). Auch in diesem Kontext existieren neuere Studien, wie z. B. eine Arbeit über Kunst und Quartiersentwicklung in Wien (Rode/Wanschura/Kubesch 2010). Weiterhin sind Arbeiten zu nennen, die sich mit Heimat und Ortsbindung sowie mit Nachbarschaftsnetzwerken und Sozialkapital befassen (z. B. Reuber 1993; Robertson/ McIntosh/Smyth 2010 bzw. Pinkster/Völker 2010 oder auch Schnur 2003a). Schwer zuzuordnen sind Arbeiten, die sich z. B. mit Kontext-Quartierseffekten befassen (vgl. z. B. Nieszery 2008, Blasius/Friedrichs/Klöckner 2008 oder Friedrichs/Blasius 2000).

Governance-Forschung
Im ebenfalls sehr heterogenen Bereich der „Governance"-Forschung gibt es verschiedenste Ansätze, die sich theoretisch und/oder praxisbezogen mit dem Quartier befassen (vgl. die Beiträge in Drilling/Schnur 2009; Franke 2011). Hervorzuheben ist

hier, neben dem verwandten „Growth Machines"-Ansatz, die „Urban Regime Theory" (Stone 1989), die von einem auf Netzwerken unterschiedlichster interessengeleiteter Akteure basierenden Steuerungsmodus ausgeht. Die öffentliche Hand ist hier nur noch ein Akteur unter vielen, kooperativen, netzwerkartigen Beziehungen. Ihr kommt jedoch innerhalb eines „Regimes" eine große Bedeutung zu. Im Bereich der „Local Governance" oder Quartiers-„Governance" wurde diese Theorie bereits im Zusammenhang mit dem Sozialkapital-Konzept als Grundlage empirischer Politikforschung genutzt (z. B. Schnur 2003a). Darüber hinaus ist die „Neue Institutionen-Ökonomik" zu erwähnen, mit deren Hilfe sich auf der Quartiersebene die Grenzen zwischen Markt und Staat sowie zwischen individuellem und kollektivem Handeln genauer bestimmen lassen (z. B. Schiffers 2009).

Neomarxistische Forschungsansätze
Besonders hervorzuheben sind hier die Arbeiten David Harveys, der seine Aufmerksamkeit immer wieder insbesondere dem Immobiliensektor widmet, der, so Harvey, seit den 1970er Jahren eine neue Qualität als Instrumentarium der globalen Kapitalakkumulation und dadurch eine neue, umfassende räumliche Gestaltungsfunktion bekommen hat (z. B. Harvey 1990). Für die Quartiersforschung ist dieser Ansatz besonders relevant, da das Quartier im Bereich der Wohnimmobilien den Ort und Kontext der Kapitalakkumulation schlechthin darstellt. Die variierenden Verwertungslogiken unterschiedlicher Eigentümertypen wie z. B. internationaler Investmentfonds, kommunale Wohnungsunternehmen und Genossenschaften oder Kleinanleger und Selbstnutzer, haben differierende Quartiersentwicklungen zur Folge. Weiterhin kann die Regulationstheorie im Quartierszusammenhang wichtige Erklärungsstrukturen schaffen, wenn Quartiersentwicklung auch im Kontext des sozialen und ökonomischen Wandels – etwa vom Fordismus zum Postfordismus – als Produkt interpretiert werden kann, also als eine zu Renditezwecken intentional hergestellte oder inszenierte Struktur. Auch Henri Lefebvres „Raumtriade" lässt sich in der Quartiersforschung sinnvoll einsetzen, indem das Quartier als ein Zusammenspiel des „erfahrenen", des „gelebten" und des „erdachten" Raumes interpretiert wird (vgl. Schmid 2005; vgl. hierzu auch Schnur 2011).

(Post-)strukturalistische und neuere handlungstheoretische Ansätze
Das definitiv heterogenste Portal bilden die poststrukturalistischen Ansätze. Hier werden generell und mitunter auch in Bezug auf das Quartier aus verschiedenen Richtungen bequeme und als gegeben betrachtete scheinbare Wahrheiten dekonstruiert. Eine Beispielstudie hierfür ist Christina Reinhardts „Die Richardstraße gibt es nicht", in der räumliche Quartiers-Identitäten grundsätzlich in Frage gestellt werden

(Reinhardt 1999). Dies geschieht in der Regel aus der Perspektive der Raumtheorie und der Linguistik (Spatial Turn, Linguistic/Semiotic Turn). Exemplarisch für diese Denkrichtung stehen z. B. Jacques Derridas Differenztheorie und Michel Foucaults Überlegungen zur Macht von Diskursen. Differenztheoretisch betrachtet wäre das Quartier bereits eine quasireale Distinktionskategorie, die wiederum mit qualitativen Attributen versehen ist und reale Wirkungen zeigt wie z. B. „Problemquartier"-Diskurse und resultierende Exklusionsmechanismen.

Diskurstheoretisch haben wir es mit dem Quartier als einem Konstrukt zu tun, das politisch und sozial als Machtmittel instrumentalisiert werden kann – z. B. im Kontext des Programms „Soziale Stadt" (vgl. Kamleithner 2009; Lanz 2009). Raumtheoretisch wird angezweifelt, ob herkömmliche räumliche Kategorien überhaupt noch sinnvoll sind (Container-Raum, vgl. Werlen 2005). In neueren handlungstheoretischen Kontexten wird Raum – und analog das Quartier – als soziale Konstruktion betrachtet, deren Konstruiertheit an sich den zentralen Forschungsgegenstand bildet (wie z. B. in der handlungszentrierten Sozialgeographie, vgl. Werlen 1987).

3. Definitionen und Abgrenzungen von Quartier: Reale Komplexität versus notwendige Vereinfachung

Allein dieser Kurztrip durch unterschiedliche Paradigmen und „Hot Spots" der Quartiersforschung, der die Themen allenfalls anreißen und weder konsequent vergleichen noch kritisch würdigen konnte, hat auf eindrückliche Weise das ganze Ausmaß der Forschungspluralität verdeutlicht. Dieses Wissen ist zum einen eine gute Basis für eine begriffliche Generalisierung oder Reduktion, zum anderen aber auch eine große Hypothek. Als entsprechend unbescheiden erscheint deshalb der Anspruch einer gültigen Definition des Quartiersbegriffs. Und tatsächlich wurde im deutschen Sprachraum bislang äußerst selten versucht, den Terminus „Quartier" oder etwas inhaltlich Vergleichbares zu definieren.

3.1 Begriffsverwendung und Definitionen des Quartiersbegriffs

Eines kann gleich vorweg gestellt werden: Die Bezeichnung Quartier ist in der deutschen Sprache schon seit einigen Jahrhunderten gebräuchlich. Ursprünglich wurde der Ausdruck aus dem französischen „quartier" bzw. dem lateinischen Wort „quarterium" entlehnt und bezeichnet allgemein „den vierten Teil von etwas", eine Wohnung bzw. ein militärisches Lager, aber auch konkret ein „Viertel, einen Bezirk oder eine Abteilung einer Stadt" (Grimm/Grimm 2007). Während Quartier in der Schweiz auch alltagssprachlich Gebrauch findet, gibt es eine Reihe von populären Synonymen wie Kiez in Berlin oder auch das eher als Amüsierviertel konnotierte Kietz in

Norddeutschland, Kolonie im Sinne von Bergarbeiter-, Werks- bzw. Zechensiedlung z. B. im Ruhrgebiet, Veedel in Köln oder „Grätzl" in Wien, die in der Regel keine Verwaltungseinheit meinen, sondern eine eher gefühlte sozialräumliche, alltagsweltliche Kategorie darstellen.

Gerade heute ist der Begriff jedoch ausgesprochen populär und wird häufig implizit benutzt. Im wissenschaftlichen Gebrauch wird mit dem Terminus Quartier nicht selten versucht, administrative Bezeichnungen wie Bezirk, Ortsteil, Stadtteil oder Distrikt zu vermeiden. Damit soll offenbar dem begründeten Unwohlsein gegenüber verwaltungstechnischen Grenzziehungen begegnet werden, die gewachsene Alltagswelten bürokratisch geradezu spalten können – und dies durchaus mit realen Folgen für das zerstückelte Quartier (vgl. Franke 2008). Darin kommt auch eine Abgrenzung zum überkommenen Containerraum-Verständnis eines Quartiers zum Ausdruck.

Manchmal wird der Quartiers-Begriff auch als Alternative zum nicht übersetzbaren Ausdruck „Community" eingesetzt, der im Deutschen irgendwo zwischen Gemeinde und Gemeinschaft verortet ist (vgl. König 1983 [1958]: 526), dies jedoch mit einem nur schwer erkennbaren Raumbezug (zur Diskussion der konkurrierenden Konzepte „Community" und „Neighborhood" siehe Wellman/Leighton 1979).

Die zunächst eher diffuse Vokabel Quartier dient hier sicherlich auch als ein einfacher Ausweg aus komplizierten Vordebatten. Oft ist auch eine Differenzierung des gebräuchlichen Nachbarschafts-Begriffs intendiert, der zum Teil als Lehnübersetzung des amerikanischen Ausdrucks „Neighborhood" benutzt wird, also mehr meint, als nur die unmittelbaren Nachbarn – oder, wie René König anmerkt: „[...] für den räumlichen Aspekt der Gemeinde verwendet man [...] vorwiegend den Ausdruck ‚Neighborhood', also Nachbarschaft, der auch insofern im Deutschen auftaucht, als man im alten Dorfe oft die Vollbauern einfach als ‚Nachbarn' bezeichnet" (König 1983 [1958]: 527; etymologische Herleitung des Wortes „Nachbar" aus den Teilbegriffen „nahe" und „Bauer").

Als fortschrittlich erscheint vor diesem Hintergrund die frühe „Neighborhood"-Definition Roderick McKenzies von 1923, mit der er die Unterscheidung zwischen „General-" und „Personal Neighborhoods" und mit ihr bereits eine soziale Dimension einführt. Die Grenzen der „Personal Neighborhoods" konstituieren sich demnach durch individuelle Beobachtungen und Alltagskontakte (McKenzie 1923, zitiert nach Guest/Lee 1984: 36). Der Ausdruck „Neighbo(u)rhood" als Quasi-Synonym für Quartier ist jedoch insgesamt ein so schillernder und mit Bedeutungen überfrachteter Begriff, dass sich die bekannte Stadtkritikerin Jane Jacobs 1961 genötigt sah, in einer Diskussion um Quartiersentwicklungskonzepte an die Vernunft zu appellieren:

> „Neighborhood is a word that has come to sound like a Valentine. As a sentimental concept, 'neighborhood' is harmful to city planning. It leads to attempts at warping city life into imitations of town or suburban life. Sentimentality plays with sweet intentions in place of good sense" (Jacobs 1961: 112).

Der Ökonom und Stadtforscher George Galster stellte 1986 unter Bezugnahme auf Albert Hunter fest: „Undoubtedly, there is a consensus that the neighbourhood is a ‚social/spatial unit of social organization…larger than a household and smaller than a city' (Hunter 1979: 270). But here is where the consensus ends" (Galster 1986: 243). Eine ähnliche Definition stammt von Monika Alisch, die insbesondere auf dem Gebiet der sozialen Stadtentwicklung arbeitet: „‚Quartier' bezeichnet einen sozialen Raum, der kleiner als ein (administrativ abgegrenzter) Stadtteil, aber durchaus vielfältiger sein kann als ein Wohngebiet, das planungsrechtlich nur dem Wohnzweck dient" (Alisch 2002: 60). Auch die Bertelsmann-Stiftung liefert eine eher allgemein gefasste Begriffsbestimmung: „Mit ‚Quartier' ist die überschaubare Wohnumgebung gemeint, wobei es sich um eine Wohnsiedlung, ein städtisches Wohnviertel, aber auch um eine kleinere Gemeinde oder ein Dorf handeln kann" (Kremer-Preiß/Stolarz 2005: 11). Der oben zitierte amerikanische Stadtsoziologe Hunter schreibt im selben Artikel lakonisch zum Thema der „Überschaubarkeit":

> „Academicians may easily bypass this definitional problem by invoking a consensual faith in common language and shared experience – which is to say, we cannot define neighborhoods precisely, but we all know what they are and what they mean when we talk about them" (Hunter 1979: 270).

Galster gibt sich mit dieser „gefühlten Definition" Hunters nicht zufrieden. Er versteht „*Neighborhood*" als „komplexes Gut", welches aus vielen einfacheren Einzelgütern besteht und deshalb pragmatisch definierbar ist als „[…] the bundle of spatially based attributes associated with clusters of residences, sometimes in conjunction with other land uses" (Galster 2001: 2112). In Anlehnung an eine Arbeit von Lancaster (1966) nennt er zehn raumbezogene Attribute, mit denen „*Neighborhood*" beschreibbar ist (ebd., ferner Galster 1986):

1. Bauliche Charakteristika (Bautypen, Modernisierungsgrad, Baudichte etc.)
2. Infrastrukturen (Straßen etc.)
3. Demographische Faktoren
4. Sozialer Status der Bevölkerung
5. Lokale Dienstleistungen (Quantität, Qualität)
6. Umweltfaktoren (Topographie, Emissionen etc.)
7. Erreichbarkeit (Topologie, Transportwesen etc.)

8. Politische Faktoren (politische Netzwerke, Partizipation etc.)
9. Soziale Interaktivität (soziale Netzwerke, Normen etc.)
10. Gefühlte Attribute (Ortsbindung, Quartiershistorie etc.)

In diese eher neoklassische Richtung tendiert auch Robert Chaskins planungstheoretische „*Neighborhood*"-Definition, wobei er mehr die handelnden professionellen Akteure in den Vordergrund rückt: „Neighborhoods can be viewed as a set of actors, facilities, organizations, and the networks of association among them within a specified activity space" (Chaskin 1995: 2). Kent Schwirian stellt dagegen als Soziologe die Quartiersbewohner in den Mittelpunkt: Er definiert in Anlehnung an Suzanne Keller (Keller 1968) „*Neighborhood*" als „[...] a population residing in an identifiable section of a city whose members are organized into a general interaction network of formal and informal ties and express their common identification with the area in public symbols" (Schwirian 1983: 84). Er grenzt „*Neighborhood*" von der „*Residential Area*" durch den differierenden sozialen Organisationsgrad ab und argumentiert, dass je nach sozialer Kohäsion aus „*Residential Areas*" „*Neighborhoods*" entstehen könnten und umgekehrt.

Der kanadische Geograph Wayne Davies und sein britischer Kollege David Herbert differenzieren darüber hinaus zwischen „*Place-Based Community*" und „*Neighborhood*": Während ersteres als komplexe kollektive Einheit angesehen wird, die alle möglichen Strukturen und eine bestimmte Bewohnerschaft mit deren aggregierten Individualeigenschaften enthalte, sei letzteres räumlich enger gefasst und konstituiere sich mehr aus informellen Nachbarschaftskontakten und *Face-to-Face*-Interaktionen infolge räumlicher Nähe (Davies/Herbert 1993: 1). Davies und Herbert unterscheiden drei große Definitionsbereiche für „*Community*" bzw. „*Neighbourhood*" (zusammengefasst nach Meegan/Mitchell 2001: 2172 ff.): „*Areal Content*", „*Behavior and Interaction*" und „*Conceptual Identity*". Während die erste Sphäre insbesondere in der sozialökologischen Forschung Anwendung fand und einen „Container"-Raumbegriff repräsentiert – etwa in der faktorial-ökologischen Sozialraumanalyse –, findet man die zweite Sphäre im Bereich der lokalen Netzwerkforschung vor. Hier geht es um die Nachbarschaft als Ort, dessen Ressourcen für unterschiedliche soziale Milieus eine unterschiedlich große Bedeutung haben können. In derartigen Studien wird häufig versucht, vorhandene Strukturen und Individualhandlungen mittels einer Verortung im Quartier miteinander in Beziehung zu setzen. Der dritte von Davies und Herbert beschriebene Definitionsbereich, die „*Conceptual Identity*", ist eher mit einem Themenfeld befasst, das den „*Sense of Community*" und den „*Sense of Place*" zu verknüpfen trachtet. Eine Einstellung zum Quartier kann kognitiv oder affektiv entstehen, je nachdem ob eher eine Ortskenntnis des Gebiets im Vordergrund steht, oder eine soziale Bewertung des Ortes. Das affektive

„Sense of Place"-Konzept betont insbesondere die soziale Konstruktion von *„Neighborhoods"* und *„Place-Communities"*.

Eine Reihe dieser Aspekte bündelt – aus soziologischer Perspektive – auch Annett Steinführer in einer pragmatischen Definition, in der die Begriffe Wohngebiet, Wohnviertel und Wohnquartier synonym gebraucht werden:

> „Wohngebiet bezeichnet im Folgenden in Anlehnung an Herlyn (1985) den Ort ‚lokaler Lebenszusammenhänge' für die Realisierung alltäglicher Lebensvollzüge – vor allem des Wohnens – in einem räumlich überschaubaren, von Akteuren aber höchst subjektiv begrenzten Gebiet. Dieser Ort ist durch gebaute, natürliche, soziale und symbolische Strukturen gekennzeichnet sowie in einen übergreifenden historischen Zusammenhang eingebettet. Synonym werden die Begriffe ‚(Wohn-)Viertel' und ‚(Wohn-)Quartier' verwendet" (Steinführer 2002: 3).

Häufig wird in diesem Zusammenhang auch auf das lokale Sozialkapital als konstitutive Basis hingewiesen (Meegan/Mitchell 2001: 2175). Im Sinne eines lokalen sozialen Kapitals argumentiert auch die Planungstheoretikerin Patsey Healey, die *„Neighborhood"* als einen Ort der alltäglichen Lebenswelten ansieht, ein „[...] key living space through which people get access to material and social resources, across which they pass to reach other opportunities and which symbolises aspects of the identity of those living there, to themselves and to outsiders" (Healey 1998: 69). Eine vergleichbare Argumentation vertreten auch andere Autoren, die die Relevanz der *„Neighbourhood"* als mehr oder weniger gut funktionierende Ressource insbesondere für unterprivilegierte Gruppen betonen (nach Meegan/Mitchell 2001: 2175 ff.).

In den neueren handlungstheoretischen Debatten (vgl. Werlen 2005) würde man das Quartier vor allem als sozial konstruiert oder im poststrukturalistischen Kontext mittels Diskursen institutionalisiert begreifen. Außerdem kommt die Globalisierungsdebatte mit ins Spiel (vgl. Albrow 2007). Im Changieren zwischen Lokalität und Globalität erscheint eine Re-Justierung oder Neudefinition des Quartiersbegriffs als notwendig. Ein wichtiger, aber bislang selten ins Feld geführter definitorischer Aspekt ist in diesem Zusammenhang auch die bereits früher postulierte *„Embeddedness"* von Quartieren „[...] in city, metropolitan, and national contexts" (Hunter 1979: 267). Hunter warnt eindringlich davor, diese Einbindung von Quartieren zu vernachlässigen: „If one does not view the neighborhood within this context, in short, one ends up with description, not explanation" (ebd.: 269). Weiterhin zitiert er den Chicagoer Sozialökologen Ernest Burgess mit dem Satz: „To think neighborhood or the community in isolation from the rest of the city is to disregard the biggest fact about the neighborhood" (Burgess 1973: 43, zitiert nach Hunter 1979: 269). Aus heutiger Sicht sollte man die *„Embeddedness"* von Quartieren unbedingt berücksichtigen und zusätzlich um die globale Dimension erweitern.

3.2 Muss man ein „Quartier" abgrenzen können? Und: wie?

Dass administrative Grenzziehungen nichts mit den Lebenswelten der Bewohner zu tun haben müssen, und sich eigentlich nicht dazu eignen ein „Quartier" zu limitieren, wurde bereits in den 1960er Jahren diskutiert. Dennoch war es die Zeit groß angelegter quantitativer Sozialraumanalysen, deren Daten (in der Regel Zensus-Daten) sich auf genau diese administrativ gesetzten Grenzen bezogen (und auch beziehen mussten) (vgl. Riege/Schubert 2002).

Abb. 6: Quartier als komplexes baulich-soziales Setting – Beispiel aus Berlin-Friedrichsfelde. Foto: Olaf Schnur (2007)

In der Literatur sind nur wenige schlüssige Konzepte der Quartiersabgrenzung zu finden (etwa Galster 1986; Chaskin 1995). Das Problem subjektiv und objektiv stark differierender (oft nur virtueller) Grenzziehungen stellt sich häufig dann, wenn auf der Quartiersebene empirisch gearbeitet werden soll und der Container für die Daten fehlt. Ob es sich dabei um quantitative oder qualitative Daten handelt, spielt keine Rolle. Während quantitative Untersuchungen jedoch eine Vorab-Grenzziehung erfordern, können sich Anhänger qualitativer Designs durch bloße Nicht-Definition oder Ignoranz des Problems aus der Affäre ziehen. Beides ist gleichermaßen diskussionswürdig, wenngleich hier – nach gründlicher Reflexion – ein gewisser Pragmatismus zweifellos angebracht ist.

Argumente für eine pragmatische Herangehensweise liefert auch eine soziologische Untersuchung von Avery Guest und Barrett Lee (1984) in Seattle. Sie befragten Bewohner nach der Bedeutung des Begriffs „Neighborhood" und nach der Abgrenzung ihres Quartiers (Guest/Lee 1984: 40 ff.). Wenngleich soziale Faktoren die größte Rolle spielten, definierte ein großer Anteil der Befragten „Neighborhood" auch in den als kritisch erachteten Distanz- und Raumkategorien, d. h. das subjektive Raumempfinden und die soziale Raumkonstruktion könnte deutlich schematischer sein als häufig vermutet wird.

3.3 Versuch einer Re-Definition von Quartier als „Fuzzy Concept"

Greift man die bis hierhin beschriebenen Motive der Begriffsverwendung heraus, so kann man den Versuch unternehmen, sich einer sozialgeographischen Begrifflichkeit von „Quartier" anzunähern. Folgende Definition soll vorgeschlagen werden:

> Ein Quartier ist ein kontextuell eingebetteter, durch externe und interne Handlungen sozial konstruierter, jedoch unscharf konturierter Mittelpunkt-Ort alltäglicher Lebenswelten und individueller sozialer Sphären, deren Schnittmengen sich im räumlich-identifikatorischen Zusammenhang eines überschaubaren Wohnumfelds abbilden.

Dabei sollte man zwischen Stadtquartieren mit einer Mischfunktionalität (aber durchaus auch mit einem Wohnanteil) und „klassischen" Wohnquartieren mit überwiegender Wohnfunktion unterscheiden. Quartiere weisen dabei bauliche, physische, soziale, ökonomische, politische, symbolische sowie historische Bedeutungs- und Entwicklungsdimensionen auf (vgl. Steinführer 2002: 3; siehe auch Keller 1968).

Ausgehend von dieser Definition muss ein Quartier sozial konstruierbar (und nicht unbedingt administrativ abgegrenzt), überschaubar (also nicht zu groß), auf alltägliche Lebenswelten und soziale Sphären bezogen (also eine interaktive Struktur bereitstellen) und identifikatorisch sein (also ein Potenzial für zumindest eine partielle lokale Identifikation bieten). Die Quartiersgröße, gemessen in ha, km^2 oder Einwohnerzahlen, kann bei einer so verstandenen Definition sehr variabel ausfallen. Es kommt also darauf an: Eine Großsiedlung mit 30.000 Einwohnern kann unter Umständen ebenso als Quartier bezeichnet werden wie eine Einfamilienhaussiedlung mit 1.500 Einwohnern. Das wichtigste „Größenkriterium" ist die Überschaubarkeit. Quartiere müssen einen „menschlichen Maßstab" aufweisen, um eine Identifikation zu entwickeln und damit als „soziale Landschaft" konstruierbar und reproduzierbar zu sein.

Aus dieser Perspektive muss es also weder eine bestimmte Einwohnerzahl noch eine exakte Abgrenzung aufweisen. Ein so verstandenes Quartier weist neben einer kleinen gemeinsamen Schnittmenge („Kern") einen Randbereich permanent oszillierender Quartiers-Grenzräume auf („Saum", vgl. Abbildung 7). Es kann auch Überlappungen zwischen Quartieren geben. Den Prinzipien der *Fuzzy*-Logik folgend haben wir es hier mit einer „unscharfen Menge" zu tun, d. h. es geht nicht mehr darum, ob sich etwas (z. B. eine individuelle Soziosphäre im Sinne von Albrow [2007]) diskret innerhalb oder außerhalb einer Menge (z. B. des Quartiers) befindet, sondern dass es sich auch gleichzeitig *„ein bisschen drinnen"* (z. B. über Nachbarschaftsnetzwerke) und *„ein bisschen draußen"* (z. B. translokale oder dislozierte soziale Netzwerke ohne Quartiersbezug) befinden kann. Diese Quartiersdefinition kann deshalb als raum-zeitliches *„Fuzzy Concept"* aufgefasst werden.

Letztlich kann ein Areal also bereits dann als potenzielles Quartier gelten, wenn ein Bewohner dieses subjektiv für sich als solches empfindet. Aus der Summe subjektiver „Quartiers-Layer" könnten sich an manchen Orten Schnittmengen oder Schwerpunktverdichtungen ergeben (dort, wo sich *„ein bisschen drinnen"* räumlich konzentriert), die dann de facto den Kern eines Quartiers ausmachen würden. Eine ähnliche Vorstellung äußerten bereits Wellman und Leighton, die *„Neighborhoods"* aus der Netzwerkperspektive als „clusters in the rather sparse, loosely bounded structures of urbanities' total networks" betrachten (Wellman/Leighton 1979: 385).

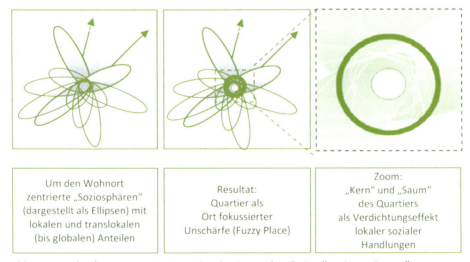

Um den Wohnort zentrierte „Soziosphären" (dargestellt als Ellipsen) mit lokalen und translokalen (bis globalen) Anteilen	Resultat: Quartier als Ort fokussierter Unschärfe (Fuzzy Place)	Zoom: „Kern" und „Saum" des Quartiers als Verdichtungseffekt lokaler sozialer Handlungen

Abb. 7: Unscharfe Grenzen: Das Quartier als „Fuzzy Place". Quelle: eigene Darstellung

Wo sich keine Schwerpunkte oder *Cluster* ergeben, spielt der Wohnort als Lokalität in den Lebenswelten der Mehrheit der Bewohner eine so geringe Rolle, dass man nicht von einem Quartier im eigentlichen Sinne sprechen sollte. Es handelt sich dann eher um eine *„Residential Area"* im Sinne Schwirians (s. o.). Die Abgrenzung von Quartieren in diesem Sinne ist methodisch anspruchsvoll. *„Mental Maps"* könnten hier aber ein probates Mittel einer weiteren Annäherung darstellen.

4. Fazit: Wozu Quartiersforschung?

Sicherlich kann man ohne jede Übertreibung behaupten, dass Quartiersforschung seit den Anfängen bis heute ein zentrales empirisches wie theoretisches Betätigungsfeld der Stadtforschung darstellt. Trotz oder gerade wegen des sozialen und technologischen Wandels, der zunehmenden individuellen Entankerung und Internationalisierung ist dieser interdisziplinäre Forschungszweig heute genauso aktuell und wichtig wie bereits zu Zeiten der Industrialisierung (wie etwa im Rahmen der Surveys der Stadtforschungs-Pioniere Henry Mayhew und Charles Booth im 19. Jahrhundert) oder der früh-fordistisch induzierten Masseneinwanderung (wie etwa bei Georg Simmel und Robert Park Anfang des 20. Jahrhunderts; vgl. hierzu umfassend Lindner 2004).

Wie dieser Artikel gezeigt hat, waren die Herangehensweisen an das Quartier immer schon ausgesprochen heterogen und vielfältig. Allein auf der Basis der ungebrochenen inhaltlichen Relevanz, die sich bis heute in zahlreichen Forschungsansätzen und Studien unterschiedlichster Disziplinen niederschlägt, kann der Quartiersforschung eine Eigenständigkeit bescheinigt werden. Die Explizierung der Quartiersforschung als eigenes Forschungsfeld in den stadtforschungsrelevanten Geo- und Sozialwissenschaften erscheint deshalb naheliegend und als logischer Schritt.

Um die Quartiersforschung stärker zu fundieren, wird es auch erforderlich sein, sich intensiver konzeptionellen Fragen zu widmen und diese weiterzuentwickeln. Sowohl im angewandten Bereich, als auch auf dem Feld der Grundlagenforschung stößt man auf zahlreiche Forschungslücken. Wie bereits angedeutet erfordern neue wissenschaftliche Paradigmen eine Anpassung oder Re-Formulierung vorhandener Quartierskonzepte, während neue gesellschaftliche Realitäten gleichzeitig zur kritischen Intervention auffordern. Forschungsbedarfe, die eine intensivierte Quartiersforschung rechtfertigen könnten, gibt es also zuhauf. Die Quartiersforschung wäre z. B. gefragt, wenn es darum gehen soll, neue Formen der räumlich ausgerichteten *„Governance"* oder politische Programme zu implementieren oder umzusetzen. Einen kritischen Dialog zwischen Wissenschaft, politischer oder unternehmerischer Praxis und den *„Grassroots"* zu etablieren, Programme kritisch zu hinterfragen oder zu evaluieren, wären echte Innovationen an einer sensiblen gesellschaftlichen Schnittstelle.

Besonders wichtig ist z. B. die intensivere Erforschung von Quartieren unter Schrumpfungsbedingungen (vgl. Schnur/Drilling 2010). Bislang hat in der Quartiersforschung das Wachstumsparadigma dominiert, und praktisch alle Theorieansätze arbeiten eher mit Druck- als mit Vakuumsituationen. Welchen Erklärungswert haben die bisherigen Ansätze aber unter Bedingungen des demographischen Wandels? Inwieweit bieten sie ein kreatives Umdeutungspotenzial? Auch die Richtung des Wandels sollte – anders als implizit in manchen modellhaften Überlegungen – offen gehalten und vorsichtig bewertet werden. Zum Beispiel kann demographische Alterung ohne Weiteres zu einer sozioökonomischen Aufwertung eines Quartiers führen. Dies kann man wiederum als einen kollektiven biographischen Prozess verstehen – eine Art „Fahrstuhleffekt der Alterung" –, der nach dem Ende des Berufslebens durch auskömmliche Renten, Wohneigentum und große verfügbare Flächen sowie uneingeschränkte Mobilität bestimmt wird. Alterung im Sinne einer demographischen Segregation – als Zustand oder als Ergebnis eines Wandlungsprozesses – kann jedoch auch eine Abwertung in dem Sinne bewirken, dass Quartiere mit mangelnder Nachfrage, zunehmenden Leerständen und infrastrukturellen Ungleichgewichten zu kämpfen haben (vgl. Schnur 2010a, Schnur 2010b). Es stellt sich etwa die Frage, ob es so etwas wie einen „demographischen *Tipping Point*" geben könnte, und ob es ein alterungsbedingtes *„Upgrading"* oder *„Downgrading"* gibt oder geben wird, bzw. welche Rolle dies gegenüber exogenen Faktoren wie z. B. Zu- und Abwanderung spielen mag. Und: Unter welchen Bedingungen kann oder sollte eine *„Re-Juvenation"* (also eine Verjüngung) – als Pendant zu einer sozioökonomisch-baulichen *„Gentrification"* – erfolgen bzw. anzustreben sein? Auch Fragen der lokalen Identifikation, der Ortsbindung und des lokalen Sozialkapitals stellen sich in diesem Zusammenhang neu.

Weiterhin sind methodische Studien zur Zukunftsforschung im Quartierskontext wie z. B. Quartiersszenarien oder Quartiersprognostik noch selten (vgl. Schnur/Markus 2010). Achim Hahns Plädoyer für eine „Praxis der explorativen Quartiersforschung" (Hahn 2007), die sich – aus sozialwissenschaftlicher und architekturtheoretischer Sicht – im Wesentlichen auf die Analyse des Erfahrungswissens der Bewohner mittels qualitativer Interviewtechniken bezieht, kann einen ersten, aber sicherlich weiter zu entwickelnden Ansatz darstellen. Auch die Analyse von positiven und negativen Quartiersdynamiken birgt erhebliches Forschungspotenzial in sich, sowohl in einer Theorie- oder Modellbildung jenseits von Neoklassik oder Sozialökologie, als auch in empirischer Forschung anhand aktueller Theorieansätze. In diesem Zusammenhang wäre auch eine stark ausgeweitete empirische Forschung zum Status und zur Veränderung von Quartieren in der Globalisierung wünschenswert. Eine solche konzeptionelle Weiterentwicklung der Quartiersforschung würde auch weitere Empirie zu Ausmaß und Qualität von Kontexteffekten erforderlich machen (vgl. auch Nieszery 2008, Blasius/Friedrichs/Klöckner 2008 oder Friedrichs/Blasius 2000).

Diese könnte physische, soziale und symbolische Quartierseffekte, Kontexteffekte in unterschiedlichen Lebenszyklen, Lebenslagen etc. untersuchen (vgl. Ellen/Turner 1997, Atkinson/Kintrea 2001 oder Buck 2001). Darüber hinaus versprechen die Netzwerkforschung und Ansätze, die – je nach Forschungshintergrund – auf Bourdieus oder Colemans Kapitalarten beruhen, ebenso interessante wie anspruchsvolle weitere Forschungsperspektiven.

Die hier beschriebene, eher assoziative Kette von möglichen Forschungsfeldern der Quartiersforschung hat einen exemplarischen Charakter und könnte noch weiter ausgebaut und ergänzt werden. Unabhängig davon sollte jedoch auch die definitorische Abgrenzung weiterentwickelt werden. Im historischen Überblick ist deutlich geworden, dass die Begriffsbestimmungen nicht immer klar sind, und dies auch noch nie waren: Weder der Begriff „Quartier" noch die sehr geläufigen angelsächsischen Bezeichnungen *„Neighbo(u)rhood"* oder *„Community"* sind einheitlich definiert. Vielmehr werden sie stark variierend verwendet. Ein Versuch einer Quartiersdefinition wurde im Rahmen dieses Überblicks unternommen. Die Frage auch weiterhin zu stellen, was Quartier eigentlich ist und wie es zu definieren sein könnte, kann als eine weitere wichtige Aufgabe zukünftiger Quartiersforschung gelten. Klar ist aber auch, dass die große Pluralität der Forschungsansätze und Definitionen auch eine Stärke dieses Forschungsfelds darstellt. Vereinheitlichung und Standardisierung kann kaum das Ziel der Quartiersforschung sein. Wohl aber sollte eine permanente Reflexion des komplexen Forschungsgegenstands „Quartier" auch auf der Agenda künftiger Untersuchungen stehen.

Trotz aller theoretischen und konzeptionellen Weiterentwicklungen sollten auch die *„Grassroots"* und das Gespür für ein Quartier nicht vernachlässigt werden. Schon Robert Park versuchte, dies seinen Studenten zu vermitteln, indem er sie zuallererst *„into the district"* schickte, um dort das Quartier auf sich wirken zu lassen und mit den Menschen in Kontakt zu kommen (nach Lindner 2004: 117 und 209; ferner: Lindner 1990). Nur durch eine angemessene Empirie, ein eigenes Erleben vor Ort, durch „gesunden Menschenverstand" und mit Hilfe der eigentlichen Quartiersexperten, der Bewohnerinnen und Bewohner, können wir solche Einblicke ins alltägliche Kiezleben bekommen wie das folgende Interviewzitat einer Anwohnerin aus der Bochumer Richardstraße: „Abends hat man dann die Wahl: Fernsehen oder Fenster auf" (in: Reinhardt 1999: 120).

Literatur

- Albrow, Martin (2007): Das globale Zeitalter. Frankfurt a. M.
- Alisch, Monika (2002): Soziale Stadtentwicklung – Politik mit neuer Qualität? In: Walther, U. (ed.): Soziale Stadt – Zwischenbilanzen. Ein Programm auf dem Weg zur sozialen Stadt? Opladen: 57–69.

- Atkinson, Rowland/Keith Kintrea (2001): Disentangling Area Effects: Evidence from Deprived and Non-deprived Neighbourhoods. Urban Studies 38(12): 2277–2298.
- Bizer, Kilian/Ewen, Christoph et al. (2009): Zukunftsvorsorge in Stadtquartieren durch Nutzungszyklus-Management. Qualitäten entwickeln und Flächen sparen in Stadt und Region. Detmold.
- Blasius, Jörg/Friedrichs, Jürgen/Klöckner, Jennifer (2008): Doppelt benachteiligt? Leben in einem deutsch-türkischen Stadtteil. Wiesbaden.
- Bourne, Larry S. (1981): The geography of housing. New York.
- Buck, Nick (2001): Identifying Neighbourhood Effects on Social Exclusion. Urban Studies 38(12): 2251–2275.
- Chaskin, Robert J. (1995): Defining Neighborhoods. Working Paper. Chicago.
- Davies, Wayne K.D./Herbert, David T. (1993): Communities within Cities. An Urban Social Geography. London.
- Drilling, Matthias/Schnur, Olaf (ed.) (2009): Governance der Quartiersentwicklung. Theoretische und praktische Zugänge zu neuen Steuerungsformen. Wiesbaden.
- Elias, Norbert/Scotson, John L. (2006): Etablierte und Außenseiter. Frankfurt a. M.
- Ellen, Ingrid Gould/Turner, Margery Austin (1997): Does Neighborhood Matter? Assessing Recent Evidence. Housing Policy Debate 8(4): 833–866.
- Franke, Thomas (2008): Wo kann sich die „Soziale Stadt" verorten? In: Schnur, O. (ed.): Quartiersforschung – Zwischen Theorie und Praxis. Wiesbaden: 127–144.
- Franke, Thomas (2011): Raumorientiertes Verwaltungshandeln und integrierte Quartiersentwicklung. Doppelter Gebietsbezug zwischen „Behälterräumen" und „Alltagsorten". Wiesbaden.
- Friedrichs, Jürgen/Blasius, Jörg (2000): Leben in benachteiligten Wohngebieten. Opladen.
- Galster, George (1986): What is Neighborhood? An Externality Space Approach. International Journal of Urban and Regional Research 10: 243–261.
- Galster, George (2001): On the Nature of Neighborhood. Urban Studies 38(12): 2111–2124.
- Gans, Herbert J. (1982): The Urban Villagers. Group and Class in the Life of Italian-Americans. New York.
- Gebhardt, Dirk/Joos, Martina/Martin, Niklas (2005): Living the Compact City? – Planning Paradigm and Real-Life Mobility. DIE ERDE 136(3): 267–290.
- Glasauer, Herbert (1986): Sozialpolitische Hoffnungen und die Logik des Marktes. Die Relevanz des Filteringmodells für den städtischen Wohnungsmarkt. Place of Publication: Kassel.

- Gober, Patricia (1990): The Urban Demographic Landscape: A Geographic Perspective. In: Myers, D. (ed.): Housing Demography: Linking Demographic Structure and Housing Markets. Madison: 232–248.
- Grimm, Jacob/Grimm, Wilhelm (2007): Deutsches Wörterbuch 1854-1960 (in 32 Teilbänden). Abrufbar unter: http://germazope.uni-trier.de/Projects/WBB/woerterbuecher/dwb/. Leipzig.
- Guest, Avery M./Lee, Barrett A. (1984): How Urbanites Define their Neighborhoods. Population and Environment 7(1): 32–56.
- Häußermann, Hartmut/Siebel, Walter (1994): Gemeinde- und Stadtsoziologie. In: Kerber, H./Schmieder, A. (ed.): Spezielle Soziologien. Reinbek: 363–387.
- Hahn, Achim (2007): Zur Praxis der explorativen Quartiersforschung – am Beispiel der Seevorstadt-West in Dresden. Aachen.
- Hamm, Bernd (1973): Betrifft: Nachbarschaft. Düsseldorf.
- Harvey, David (1990): Flexible Akkumulation durch Urbanisierung. Reflektionen über „Postmodernismus" in amerikanischen Städten. In: Borst, R./Krätke, S. et al. (ed.): Das neue Gesicht der Städte. Theoretische Ansätze und empirische Befunde aus der internationalen Debatte. Basel/Boston/Berlin: 39–61.
- Healey, Patsey (1998): Institutional Theory, Social Exclusion and Governance. In: Madanipour, A./Cars, G./Allen, J. (ed.): Social Exclusion in European Cities. London: 53–74.
- Hunter, Albert (1979): The Urban Neighborhood – Its Analytical and Social Contexts. Urban Affairs Quarterly 14(3): 267–288.
- Jacobs, Jane (1961): The Death and Life of Great American Cities. New York.
- Jahoda, Marie/Lazarsfeld, Paul Felix/Zeisel, Hans (2006): Die Arbeitslosen von Marienthal. ein soziographischer Versuch über die Wirkungen langandauernder Arbeitslosigkeit; mit einem Anhang zur Geschichte der Soziographie. Frankfurt a. M.
- Kamleithner, Christa (2009): „Regieren durch Community": Neoliberale Formen der Stadtplanung. In: Drilling, M./Schnur, O. (ed.): Governance der Quartiersentwicklung. Wiesbaden: 29–48.
- Keller, Suzanne (1968): The Urban Neighborhood. A Sociological Perspective. New York.
- König, René (1983 [1958]): Grundformen der Gesellschaft: Die Gemeinde. In: Schmals, K.M. (ed.): Stadt und Gesellschaft. München: 513–540.
- Kremer-Preiß, Ursula/Stolarz, Holger (2005): Werkstatt-Wettbewerb Quartier. Dokumentation der ausgezeichneten Beiträge. Köln.
- Lanz, Stephan (2009): Powered by Quariersmanagement: Füreinander Leben im „Problemkiez". In: Drilling, M./Schnur, O. (ed.): Governance der Quartiersentwicklung. Theoretische und praktische Zugänge zu neuen Steuerungsformen. Wiesbaden: 219–225.

- Lindner, Rolf (1990): Die Entdeckung der Stadtkultur. Soziologie aus der Erfahrung der Reportage. Frankfurt a. M.
- Lindner, Rolf (2004): Walks on the Wild Side – eine Geschichte der Stadtforschung. Frankfurt a. M.
- Lösch, August (1936): Bevölkerungswellen und Wechsellagen. Jena.
- Lynch, Kevin (2005): The Image of the City. Cambridge, Massachussets.
- Lynd, Robert Staughton/Lynd, Helen Merrell (1929): Middletown – A Study in American Culture. New York.
- Meegan, Richard/Alison Mitchell (2001): 'It's Not Community Round Here, It's Neighbourhood': Neighbourhood Change and Cohesion in Urban Regeneration Policies. Urban Studies 38(12): 2167–2194.
- Nieszery, Andrea (2008): Class, race, gender – neighborhood? Zur Bedeutung von Quartierseffekten in der europäischen Stadtforschung. In: Schnur, O. (ed.): Quartiersforschung – Zwischen Theorie und Praxis. Wiesbaden: 107–126.
- Park, Robert E./Burgess, Ernest W. (ed.) (1925): The City. Suggestions for Investigation of Human Behavior in the Urban Enviroment. (Reprint 1984). Chicago/London.
- Peet, Richard (1999): Modern geographical thought. Oxford.
- Peisert, Hansgert (1959): Bevölkerungsentwicklung in neuen Städten (erweiterte Fassung eines Vortrages). Hannover.
- Peter, Andreas (2009): Stadtquartiere auf Zeit. Lebensqualität im Alter in schrumpfenden Städten. Wiesbaden.
- Pinkster, Fenne M./Völker, Beate (2010): Local Social Networks and Social Resources in Two Dutch Neighbourhoods. Housing Studies 24(2): 225–242.
- Reinhardt, Christina (1999): Die Richardstraße gibt es nicht. Ein konstruktivistischer Versuch über lokale Identität und Ortsbindung. Frankfurt am Main.
- Reuber, Paul (1993): Ortsbindung in der Großstadt. Eine sozialgeographische Studie zu Raumbezug und Entstehung von Ortsbindung am Beispiel Kölns und seiner Stadtviertel (= Kölner Geographische Arbeiten 58). Köln.
- Riege, Marlo/Schubert, Herbert (ed.) (2002): Sozialraumanalyse. Grundlagen – Methoden – Praxis. Opladen.
- Robertson, Douglas/McIntosh, Ian/Smyth, James (2010): Neighbourhood Identity: The Path Dependency of Class and Place. Housing, Theory and Society 27(3): 258–273.
- Rode, Philipp/Wanschura, Bettina/Kubesch, Christian (2010): Kunst macht Stadt. Vier Fallstudien zur Interaktion von Kunst und Stadtquartier. Wiesbaden.
- Rohr-Zänker, Ruth (1998): Die Rolle von Nachbarschaften für die zukünftige Entwicklung von Stadtquartieren. Bonn.

- Ronneberger, Klaus (1997): Gefährliche Orte – unerwünschte Gruppen. Zur ordnungspolitischen Regulation städtischer Räume in den 90er Jahren. WeltTrends H. 17: o.S. (www.uni-potsdam.de/u/WELTTRENDS/artikel/rinneber.htm).
- Schiffers, Bertram (2009): Verfügungsrechte im Stadtumbau. Handlungsmuster und Steuerungsinstrumente im Altbauquartier. Wiesbaden.
- Schmid, Christian (2005): Stadt, Raum und Gesellschaft. Henri Lefebvre und die Theorie der Produktion des Raumes. Stuttgart.
- Schnur, Olaf (2003a): Lokales Sozialkapital für die 'soziale Stadt'. Politische Geographien sozialer Quartiersentwicklung am Beispiel Berlin-Moabit. Opladen.
- Schnur, Olaf (ed.) (2008a): Quartiersforschung – Zwischen Theorie und Praxis. Wiesbaden.
- Schnur, Olaf (2008b): Quartiersforschung im Überblick: Konzepte, Definitionen und aktuelle Perspektiven. In: Schnur, O. (ed.): Quartiersforschung – Zwischen Theorie und Praxis. Wiesbaden: 19–54.
- Schnur, Olaf (2008c): Neighborhood Trek: Vom Chicago Loop nach Bochum-Hamme – Quartiersforschungskonzepte im Überblick. Arbeitsberichte des Geographischen Instituts der Humboldt-Universität zu Berlin, H. 145. Berlin.
- Schnur, Olaf (2010a): Demographischer Impact in städtischen Wohnquartieren. Entwicklungsszenarien und Handlungsoptionen. Wiesbaden.
- Schnur, Olaf (2010b): „Demographic Impact 2030" – Szenarien der Wohnquartiersentwicklung in stagnierenden und schrumpfenden Städten Deutschlands. Berichte zur deutschen Landeskunde 84(4): 387–408.
- Schnur, Olaf (2011): Nachbarschaft und Quartier. In: Eckardt, F. (ed.): Handbuch Stadtsoziologie. Wiesbaden: 449–474.
- Schnur, Olaf/Markus, Ilka (2010): Quartiersentwicklung 2030: Akteure, Einflussfaktoren und Zukunftstrends – Ergebnisse einer Delphi-Studie. Raumforschung und Raumordnung (68): 181–194.
- Schnur, Olaf/Drilling, Matthias (ed.) (2010): Quartiere im demografischen Umbruch. Beiträge aus der Forschungspraxis. Wiesbaden.
- Schwirian, Kent P. (1983): Models of Neighborhood Change. Annual Review of Sociology (9): 83–102.
- Soja, Edward W. (1989): Postmodern Geographies. The Reassertion of Space in Critical Social Theory. London/New York.
- Steinführer, Annett (2002): Selbstbilder von Wohngebieten und ihre Projektion in die Zukunft. In: Deilmann, C. (ed.): Entwicklungslinien für städtische Teilräume. Berlin: 3–20.
- Stone, Clarence N. (1989): Regime Politics. Kansas.
- Wehrheim, Jan (1999): Gated Communities. Sicherheit und Separation in den USA. RaumPlanung 87: 248–254.

- Wellman, Barry/Leighton, Barry (1979): Networks, Neighborhoods, and Communities. Approaches to the Study of the Community Question. Urban Affairs Review (3): 363–390.
- Werlen, Benno (1987): Gesellschaft, Handlung und Raum. Grundlagen handlungstheoretischer Sozialgeographie. Erdkundliches Wissen, Heft 89. Stuttgart.
- Werlen, Benno (2005): Raus aus dem Container! Ein sozialgeographischer Blick auf die aktuelle (Sozial – Raumdiskussion. In: Projekt „Netzwerke im Stadtteil" (ed.): Grenzen des Stadtraums. Wiesbaden: 15–35.
- Westphal, Helmut (1978): Die Filtering-Theorie des Wohnungsmarktes und aktuelle Probleme der Wohnungsmarktpolitik. Leviathan: Berliner Zeitschrift für Sozialwissenschaft 6(4): 536–557.
- Wood, Gerald (2003): Die postmoderne Stadt: Neue Formen der Urbanität im Übergang vom zweiten ins dritte Jahrtausend. In: Gebhardt, H./Reuber, P./Wolkersdorfer, G. (ed.): Kulturgeographie: Aktuelle Ansätze und Entwicklungen. Heidelberg/Berlin: 131–147.

Ulli Meisel

Beiträge von Städtebau und Architektur zu einer multiperspektivischen Erforschung von Stadtquartieren

1. Anlass und Ziele dieses Aufsatzes

Ausgangspunkt des vorliegenden Beitrages ist eine Reflexion des Selbstbildes von Städtebau- und Architekturfachleuten und ihrer Problemsicht auf Stadtquartiere in ihrer Doppelrolle als gesellschaftliche Akteure oder Wissenschaftler und ihrer möglichen fachlichen Beziehungen zu anderen quartiersrelevanten Disziplinen. Die Kernthese des Beitrages ist, dass erst die Zusammenführung multidisziplinärer, komplementärer Perspektiven der Komplexität der künftig in Stadtquartieren zu lösenden Probleme gerecht werden wird.

Diese Multiperspektive „Stadtquartiere" wird in Kapitel 2 konkretisiert, indem unterschiedliche wissenschaftliche Zugänge zu Stadtquartieren und verschiedene Betrachtungsebenen entwickelt werden. Quartiers-Definitionen, unterschiedliche Paradigmen und Erkenntnisziele in den einzelnen Disziplinen werden dort ebenfalls herausgearbeitet. In Kapitel 3 werden zur Förderung des interdisziplinären Verständnisses Städtebau und Architektur als gesellschaftliche Aufgaben beschrieben, ihre quartiersrelevanten theoretischen Grundlagen reflektiert, eine Systematik der städtebaulich-architektonischen Differenzierung von Quartieren entwickelt und ihre Methoden der Informationsgewinnung dargestellt. Der Herausarbeitung interdisziplinärer Bezüge und Komplementaritäten in Kapitel 4 folgen in Kapitel 5 eine Zusammenfassung und ein Ausblick auf wichtige Fragestellungen für eine multiperspektivische Quartiersforschung.

Für diese Multiperspektivität gibt es einige konkrete Ansätze, denen in diesem Beitrag nachgegangen wird. So verbinden die Disziplinen Stadt- und Architektursoziologie die Sozialwissenschaften mit Städtebau und Architektur und auch dem Gegenstand „Quartier", indem sie das Bauen als gesellschaftlichen Prozess mit Auswirkungen auf diese Mikroebene in den Fokus nehmen. Der Soziologe Joachim Fischer schreibt, Architektur sei ein Medium der Gesellschaft und: *„Dem gesamten Baugeschehen wohnt eine Sozialdimension inne, und diese differenziert sich in ökonomische (Verfügung über Ressourcen), rechtliche (Eigentum, öffentliches Baurecht, politische (Stadtplanung) und kulturelle, religiöse und ästhetische Aspekte aus, die je einer eigenen Codierung folgen."* (Fischer, J. 2009: 391), und weiter *„Die*

Architektursoziologie bietet dem Architekten die irreduzible Theorienvielfalt der Soziologie und die Methodenvielfalt der Sozialforschung." (Fischer, J. 2009: 392).

Eine sozialwissenschaftliche Brücke zu den vorwiegend raumorientierten Disziplinen Städtebau und Architektur kann auch die – ebenfalls Raumbezüge herstellende – Stadtgeographie bilden. So beschreibt der Sozialgeograph Peter Weichhart den *„Zusammenhang zwischen Sinn und Materie"* vereinfachend in zwei grundsätzlichen sozialgeographischen Hauptfragestellungen: *„Wie wirken sich gesellschaftliche Gegebenheiten auf die räumliche Struktur der materiellen Welt aus?"* und *„Wie sieht die räumliche Struktur der Gesellschaft aus?"* (Weichhart 2008: 9).

2. Multiperspektive „Stadtquartier"

Quartiere haben Konjunktur. Zahlreiche Förderprogramme richten während der letzten Dekade ihren Fokus auf Quartiere als politisches Aktionsfeld. In Quartieren als Handlungsebene und alltägliche Lebenswelt ihrer Bewohnerinnen und Bewohner werden dabei soziale, kulturelle, ökonomische und baulich-physische Potenziale vermutet, die mit geeigneten Maßnahmen zu aktivieren sind. Neben der Politik wirken weitere Institutionen und Organisationen in Quartieren und in Quartiere hinein, die zusätzlich zur Handlungsebene der Bewohnerinnen und Bewohner eine eigene institutionelle Betrachtungsebene darstellen können.

So formen und verändern die Immobilien- und die Wohnungswirtschaft zusammen mit Architektur- und Städtebaufachleuten durch ihre Aktivitäten kontinuierlich die Umwelt von Quartiersbewohnern (Fox-Kämper/Meisel 2009). Ihre theoretisch-methodischen Grundlagen fokussieren jedoch bisher kaum auf Quartiere als wissenschaftlich zu erforschenden Gegenstand und auf die Anschlussfähigkeit quartiersbezogener wissenschaftlicher Erkenntnisse anderer Disziplinen.

2.1 Interdisziplinäre Quartiersforschung

Auf einer sozialwissenschaftlichen Ebene setzt sich vor allem die Soziologie mit den gesellschaftlichen Dimensionen von Quartieren als Nachbarschaften auseinander, und sie greift dabei auch auf eine jahrzehntelange internationale Forschung zurück. Raumbezogene und ökonomische Faktoren, wie sie die Aktivitäten von Städtebau und Architektur explizit bestimmen, sind in der Regel jedoch nicht Gegenstand ihrer Auseinandersetzung mit Quartieren. Auch in der Humangeographie der letzten Jahrzehnte wurde die baulich-physische Dimension zunehmend zugunsten der Sozialforschung zurückgestellt.

Disziplinäre Brüche in den Perspektiven dieser wissenschaftlichen Auseinandersetzung mit Quartieren werden erkennbar, bei denen z. B. segmentiert nur baulichmaterielle, soziale oder ökonomische Themen getrennt voneinander behandelt werden. Es zeigen sich also Divergenzen und „Blinde Flecken" auf der wissenschaftlichen Erkenntnisebene zwischen verschiedenen Disziplinen, die sich mit Stadtquartieren auseinandersetzen. Es ist zu vermuten, dass eine multiperspektivische Betrachtung des Gegenstandes Quartier einen ersten Schritt auf dem Weg zu einer interdisziplinären Quartiersforschung bilden kann. Dafür ist jedoch die Anschlussfähigkeit unterschiedlicher Theorien und Paradigmen in verschiedenen wissenschaftlichen Disziplinen zu untersuchen.

Die Raumplanerin Sabine Friedrich beschreibt für den Stadtumbau und dessen Komplexität die Notwendigkeit, für Erklärungen auch Ansätze eines zum Teil widersprüchlichen disziplinären Theorien-Pluralismus nebeneinander gelten zu lassen und nutzbar zu machen (Friedrich 2004: 27; siehe dazu auch Weichhart 2008: 395 ff.). Dies gilt aus raumplanerischer Sicht umso mehr für die Mikroebene von Quartieren, deren idealtypische Erklärungsmuster kaum mit der konsistenten Einordnung übergeordneter wissenschafts-theoretischer Überlegungen oder der Verbindung disziplinärer Theorien zu einem schlüssigen Gesamtmodell zu leisten sind.

Friedrich folgend erscheinen als für Quartiere relevante Forschungsbereiche: Theorien, die einen disziplinären – z. B. sozialwissenschaftlichen – Bezug mit Aussagen zur räumlich-baulichen Entwicklung verbinden, Theorien, die auf handlungstheoretischer Grundlage das Verhalten von Eigentümern auf dem Wohnungsmarkt untersuchen, angewandte Forschungen zu Kriterien für städtebauliche und soziale Erneuerung und Investitionsverhalten von Akteuren auf dem Wohnungsmarkt sowie zu bautechnischem und funktionalem Erneuerungsbedarf von Quartieren (Friedrich 2004: 23).

Diese genannten Forschungsbereiche richten sich weniger auf Quartiere als Handlungsebene ihrer Bewohnerinnen und Bewohner, sondern im Sinne von Praxis und Produktion – wie sie z. B. der Soziologe Christian Schmid rekonstruiert (Schmid 2005) – vielmehr auf die Ebene quartiersrelevanter Institutionen und Organisationen, deren Handeln signifikante Wirkungen in Quartieren und für deren Bewohnerinnen und Bewohner entfaltet. In wissenschaftlichen disziplinären Diskursen der Raumsoziologie, der Stadtsoziologie und der Architektursoziologie werden zunehmend Versuche unternommen, die Wechselbeziehungen zwischen gesellschaftlichem Handeln und ihrem räumlichen und zeitlichen Kontext herzustellen (z. B. Löw 2001; Häussermann/Siebel 2004; Löw 2008; Fischer/Delitz 2009).

Abb. 1: Das Quartier ist zum einen Handlungsebene für die alltägliche Praxis seiner Bewohnerinnen und Bewohner. Zum anderen wirken Institutionen und Organisationen im Quartier und in das Quartier hinein, deren handelnde Akteure zum Teil ihre jeweilige wissenschaftliche Ausbildung auf das Quartier bezogen praktisch anwenden. Forschungen auf der wissenschaftlichen Ebene können sich also sowohl auf das Quartier als Handlungsebene (blaue Pfeile), als auch auf die Ebene der Institutionen und ihre Wirkungen auf den Gegenstand Quartier richten (grüne Pfeile). Quelle: eigene Recherche und Abbildung

Unterschiedliche Paradigmen, Methoden und Begriffsverständnisse erschweren bisher eine effektive Kommunikation zwischen den verschiedenen Disziplinen. Eine multidisziplinäre Quartiersforschung erfordert zusätzlich neben der Klärung der Anschlussfähigkeit disziplinärer Theorien und Paradigmen eine Verständigung darüber, ob und in welchem Umfang die Handlungsebene und die Ebene quartiersrelevanter Institutionen und Organisationen und ihre Interdependenzen erforscht werden sollen. Voraussetzung einer interdisziplinären Kommunikation ist es, andere Disziplinen in einer für die gegenseitige Verständigung nötigen Tiefe zu durchdringen.

Dies klingt einfacher, als es ist, denn Wissenschafts-Disziplinen werden als akademische Fächer, gesellschaftliche Teilsysteme und „Welt-Beobachtungs-Instrumente" mit eigener Sprache und Kultur und hohem Systemdifferenzierungsgrad verstanden (Henckel et.al. 2010: 243–244). Ihre Auseinandersetzung mit Quartieren folgt daher jeweils einem bestimmten Selbstverständnis und spezifischen Sichtweisen, deren Berührungspunkte, Kongruenzen und eventuelle „Blinde Flecken" interdisziplinär ausgelotet werden müssen. Die Beschreibung und Vermittlung unterschiedlichen Selbstverständnisses und verschiedener Arbeitsziele und -methoden in verschiedenen wissenschaftlichen Disziplinen sind also notwendige Voraussetzungen interdisziplinärer wissenschaftlicher Kommunikation.

Beiträge von Städtebau und Architektur zur Quartiersforschung

Wissensbereiche und Forschungsdisziplinen	Relevante Informationen über Quartiere
Stadtquartiere als Sozialraum und Ort sozialer Prozesse *Forschung durch:* Stadtsoziologie Sozialgeographie Ethnologie Pädagogik	Demographie Sozialer Status Wohnsituation Arbeitsplätze Bildung und Freizeit Lokale Dienstleistungen Erreichbarkeiten Politische Teilhabe Soziale Netzwerke Eigenlogiken
Physische Struktur von Quartieren als Lebens-und Wirtschaftsräume *Forschung durch:* Architektur Städtebau Raumplanung Stadtgeographie	Städtebauliche Struktur Öffentliche Räume Grün- und Erholungsräume Verkehrs-Erschließung Ver- und Entsorgung Sekundäre Infrastruktur Eigentümerstruktur Nutzerstruktur Gebäudetypologien Erhaltungszustände Veränderbarkeit Identität und Bedeutung
Wirtschafts-Struktur und Wirtschaftsprozesse in Quartieren *Forschung durch:* Wirtschaftsgeographie Volkswirtschaft Betriebswirtschaft Real Estate	Standort und Lagekriterien Ökon. regionale Entwicklung lokaler Wohnungsmarkt lokale Ökonomie Miet- und Preisniveau Erträge und Cash-Flow Kunden-Zielgruppen Investitions-Bedarf Entwicklung der Nachfrage Ertragsperspektiven Investitions-Risiken

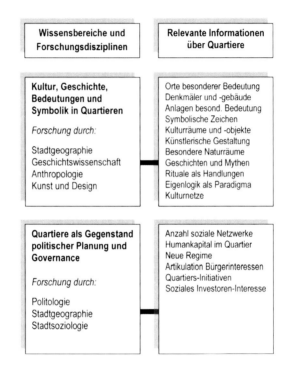

Abb. 2: Fünf Wissensbereiche lassen sich lokalisieren, in denen verschiedene wissenschaftliche Disziplinen Forschungsbeiträge zum Thema von Quartieren leisten. In jedem der Wissensbereiche gelten bestimmte Paradigmen, wobei die zur Charakterisierung von Quartieren jeweils verwendeten Informationen sehr unterschiedlich sein können. Quelle: eigene Recherche und Darstellung

2.2 Das Quartier – ein konnotativ offener Begriff?

Quartiere sind nach einer stadtgeographischen Definition „*kontextuell eingebettete, durch externe und interne Handlungen sozial konstruierte, jedoch unscharf konturierte Mittelpunkt-Orte alltäglicher Lebenswelten und individueller sozialer Sphären, deren Schnittmengen sich im räumlich-identifikatorischen Zusammenhang eines überschaubaren Wohnumfelds abbilden*" (Schnur 2008: 40). Diese sozialwissenschaftlich geprägte Definition weist eine Komplexität verwendeter Begriffe und Paradigmen auf, deren theoretische Hintergründe Akteuren der institutionellen Ebene – und auch anderer Disziplinen – grundsätzlich erläutert und übersetzt werden müssen. Schwierig erscheint in diesem Verständigungsprozess insbesondere für die an eindeutige räumliche Grenzziehungen gewöhnten Disziplinen Städtebau und Architektur die definitorische Aussage, dass Quartiere auch unscharfe räumliche Begrenzungen aufweisen können. Eine interdisziplinäre Auseinandersetzung gerade über diesen Aspekt kann jedoch scheinbar fest gefügte Denkstrukturen aufbrechen und neue Perspektiven eröffnen.

Dominiert von der materiell-physischen Raumperspektive stellt sich dagegen der Versuch dar, ein Quartier aus baulich-städtebaulicher Sicht zu definieren als *„eine soziale und baulich-räumliche Gebietseinheit mittlerer Maßstabsebene, die sich innerhalb bebauter städtischer Gebiete von außen oder innen her abgrenzen lässt, sich von den umgebenden Siedlungsteilen unterscheidet und eine spezifische Qualität und Identität aufweist"* (Frick 2008: 202). Unscharf bleiben hier auch die Begrifflichkeiten von Qualität und Identität, zu deren Aufklärung die Sozialwissenschaften einen Beitrag leisten könnten.

Bei den beiden ausgewählten, von unterschiedlichen disziplinären Sichtweisen geprägten Definitionen wird auch deutlich, dass jeweils mehr die wissenschaftliche oder die institutionelle Ebene ihren gedanklichen Hintergrund bilden. Ein umfassendes Verständnis von Quartieren und in ihnen ablaufenden Prozessen erfordert aber zusätzlich noch die Einbeziehung weiterer disziplinärer Perspektiven wie Geschichte, Symbolik, Wirtschaft und Quartiere als Gegenstand politischer Planung und „Governance", was die Komplexität weiter erhöht.

Der Gegenstand Quartier gewinnt aber andererseits um so mehr an Facetten und an Konturen, je mehr er aus unterschiedlichen Perspektiven betrachtet wird. Nach dem von dem Sozialgeographen Peter Weichhart beschriebenen Komplementaritäts-Prinzip (Weichhart 2008: 395 ff.), bei dem verschiedene paradigmenspezifische Modelle der Realität miteinander in Beziehung gesetzt werden, kann dies einen Schritt in Richtung einer umfassenden Darstellung der Räumlichkeit der sozialen Welt bedeuten. Ziel einer Zusammenschau ist es dabei laut Weichhart aber nicht, eine neue absolute Wahrheit zu entdecken. Vielmehr könnten mehrere Theorien gegebenenfalls für unterschiedliche Typologien von Quartieren, die wiederum nach verschiedenen disziplinären Kriterien unterschieden werden, Erklärungen liefern.

Nach der zitierten städtebaulichen Definition von Dieter Frick sind Quartiere für das Wohnen nur ein möglicher Typus neben solchen mit vorwiegend anderen Nutzungsarten wie z. B. Handel, öffentlichen Bauten oder Produktionsstätten. In der sozialwissenschaftlichen Perspektive wird der Begriff Quartier jedoch häufig als Synonym verstanden für soziale Gemeinschaften im Sinne des englischen „Neighbourhood" oder „Community". Auch im englischsprachigen Raum werden in der Quartiersforschung jedoch zunehmend räumlich-planerische mit sozialwissenschaftlichen Betrachtungen verknüpft.

Derartige Beziehungen beschreiben z. B. die Architekten und Stadtplaner Hugh Barton, Marcus Grant und Richard Guise:

„The key variables which enable us to describe the spatial character of localities are: the population and social mix and how these are evolving, social networks

and the distinctive local culture/spatial character, the level of economic activity and facilities available locally, movement networks especially for walking, cycling and public transport, the pattern of land use – the degree of clustering, density patterns, including intensity of use, footfall etc., the relationship of open/greenspace and outdoor recreational activity, the ecology of the settlement: water, energy, wildlife, food supply etc." (Barton/Grant/Guise 2010: 30).

Quartiere in diesem Sinne werden für den vorliegenden Beitrag daher verstanden als überwiegend von Wohnen geprägte städtische und durch soziale Zusammenhänge definierte Teilräume. Für die interdisziplinäre Verständigung über Quartiere im deutschen Wohnungsbestand von heute etwa 40 Millionen Wohnungen sind baulich-physische, sozialräumliche, sozio-kulturelle und ökonomische Kriterien typologisch zu ordnen und zueinander in Beziehung zu setzen.

2.3 Erkenntnisziele und Paradigmen: beschreiben, erklären und verändern?

Quartier als Begriff erscheint im umgangssprachlichen Gebrauch etabliert und in seiner Bedeutung klar. Dabei werden nach allgemeiner Auffassung mindestens eine baulich-physische und eine gesellschaftlich-handlungsorientierte Dimensionen miteinander verknüpft. In den Sozialwissenschaften der Stadtsoziologie und der Stadtgeographie steht die verstehend-erklärende wissenschaftliche Erforschung sozialer Prozesse in Quartieren als Handlungsebene und der zugehörigen institutionellen Ebene im Vordergrund des Interesses. Die Forschenden wollen dabei aufklären und verstehen, aber ihrerseits vorrangig keine unmittelbaren Wirkungen in Quartieren erzeugen.

Ihre praxisrelevanten Forschungsergebnisse können aber auf der Handlungsebene im Alltagshandeln der Bewohner umgesetzt werden. Ebenso können wissenschaftliche Erkenntnisse auf der institutionellen Ebene in das Bewusstsein der dort tätigen Akteure einfließen, und unter Umständen deren Perspektiven auf das Quartier und gegebenenfalls auch ihr Handeln verändern. Eine sozialwissenschaftlich-geographische Perspektive beinhaltet also auch den möglichen Brückenschlag von der theoretischen Erkenntnis zur Veränderung von Praxis der Bewohnerinnen und Bewohner und von Institutionen und Organisationen.

Städtebau und Architektur setzen sich auch wissenschaftlich-theoretisch – ebenso wie die Geographie (beschrieben z. B. bei Wardenga 2002) – mit den Vorstellungen von Räumen als Systemen von Lagebeziehungen materieller Objekte, als Kategorien von Sinneswahrnehmungen und als gesellschaftliche Konstruktionen auseinander. Sie passen in der Zusammenarbeit mit Eigentümern, Investoren und Nutzenden die baulich-physische Realität von Quartieren in kontinuierlichen gesellschaftlich-dynamischen Aushandlungsprozessen an Zukunftsanforderungen an – z. B. mit dem Instrument des städtebaulichen oder des Architektur-Wettbewerbs.

Beiträge von Städtebau und Architektur zur Quartiersforschung

Städtebau und Architektur entwickeln Visionen, wie heutige und prognostizierte gesellschaftliche Lebens- und Wirtschaftformen durch baulich-räumliche Organisation repräsentiert, unterstützt und beeinflusst werden können.

Dabei stützen sich Städtebau und Architektur nach der Formulierung des Städtebauers Dieter Frick analytisch auf eine *„erklärende Theorie"*, die *„ ... die Gründe und Gesetzmäßigkeiten, nach denen das Vorhandene entstanden sein könnte und organisiert ist untersucht, und sie betrachtet dabei die Wechselwirkungen zwischen der baulich-räumlichen und der sozialen Organisation ..."* (Frick 2008: 28). Die Begründung von Veränderungsszenarien für Quartiere – die in Form so genannter Entwürfe dargestellt werden – wiederum stützt sich auf eine *„normative Theorie"*. Diese

> *„sucht Zielvorstellungen und Handlungsfelder ... aus der Kenntnis der baulich-räumlichen Organisation der vorhandenen Stadt und ihrer Wirkungsweise ebenso wie aus den absehbaren gesellschaftlichen Anforderungen zu begründen. Eine normative Theorie des Städtebaus betrifft die Ideen und Konzeptionen für anzustrebende Ziele und Maßnahmen bei der planmäßigen Beeinflussung der Entwicklung."* (Frick 2008: 29)

In der Theorie von Städtebau und Architektur sind für den Gegenstand „Quartier" also bereits untrennbare Verknüpfungen von baulich-physischen und gesellschaftlichen Aspekten festzustellen. Auch im Bereich sozialwissenschaftlicher Theorien gibt es Denkschulen, die Raum- und Zeitbezüge als notwendige Bestandteile von Sozialtheorien begreifen (beschrieben z. B. in Löw 2008; Günzel 2010; Steets 2010). Eine theoretisch-methodische Verbindung der beiden Orientierungen „erklärend-verstehend" und „verändernd-formend" im Umgang mit Quartieren erscheint also grundsätzlich möglich und anschlussfähig. Ausgehend von der Ebene von Institutionen und Organisationen und der Handlungsebene, in denen sich politische, soziale, baulich-physische und ökonomische Perspektiven in Quartieren verbinden, macht die Verknüpfung dieser verschiedenen Perspektiven auch auf der wissenschaftlichen Ebene Sinn. Sie lässt ein erhebliches Erkenntnispotenzial erwarten wenn es gelingt, die Anschlussfähigkeit der jeweils relevanten theoretischen Bezüge herauszuarbeiten.

Für eine Bearbeitung derartiger Fragestellungen unter Einbeziehung der Disziplinen Städtebau und Architektur und das Quartier als Gegenstand sind die beschriebenen Bezüge zwischen der wissenschaftlichen Ebene, der institutionellen Ebene und der Handlungsebene zu erforschen. Die Verbindung von erklärend-verstehenden mit verändernd-formenden wissenschaftlichen Perspektiven und ihrer Berührungspunkte stellt eine interdisziplinäre Herausforderung dar. Es ist festzustellen, dass für eine Quartiersforschung neben der Stadtsoziologie insbesondere die Stadtgeographie mit ihrer Betonung der Relevanz der Raumbezüge gesellschaftlicher Handlungen, und Städtebau und Architektur mit der Hervorhebung der gesellschaftlichen Rezeption baulich-physischer Strukturen und neuer sozialer Anforderungen an derartige Strukturen gute Voraussetzungen für eine gegenseitige theoretische Annäherung mitbringen.

Wissensbereiche und Forschungsdisziplinen	Entwicklungsziele von Interventionen in Quartieren	Institutionen mit Wirkungen in Quartieren
Stadtquartiere als Sozialraum und Ort sozialer Prozesse *Forschung durch:* Stadtsoziologie Sozialgeographie Ethnologie Pädagogik	Unterstützung sozial Schwächerer Sicherheit und Ordnung fördern altersgerechte Konzepte Förderung von Kindern & Familien Integration Benachteiligter Förderung sozialer Netzwerke bürgerschaftliches Engagement gesellschaftliche Teilhabe fördern Aus- und Fortbildungskonzepte lokale Ökonomie unterstützen Identität und Image stützen	Sozialämter Wohnungsämter Stadtteilbüros kirchliche Einrichtungen Arbeiterwohlfahrt Altenpflege-Einrichtungen Kindergärten Bildungseinrichtungen Mietervereine
Physische Struktur von Quartieren als Lebens-und Wirtschafträume *Forschung durch:* Architektur Städtebau Raumplanung Stadtgeographie	Geplante Instandhaltung Modernisierung und Umbau Anbau und Aufstockung Teilrückbau und Aufwertung Nachverdichtung durch Neubau Umnutzung urbaner Strukturen Abriss und neue Wohnbebauung Abriss und andere Nutzung befristete Zwischennutzungen öffentliche Räume gestalten Verkehrssituation verbessern Grün-/Erholungsräume verbinden	Planungsämter Wohnungsämter Baugenehmigungsämter Wohnungsunternehmen Private Gebäudeeigentümer Mieter-Vereinigungen Immobilien-Investoren Stadtplanungsbüros Architekturbüros Fachingenieurbüros Bauunternehmen Banken und Kreditgeber
Wirtschafts-Struktur und Wirtschaftsprozesse in Quartieren *Forschung durch:* Wirtschaftsgeographie Volkswirtschaft Betriebswirtschaft Real Estate	Leerstands-Management Facility-Management Senkung von Fixkosten Cash-Flow abschöpfen Investitionen in Teilbestände Optimierung guter Bestandsobjekte Marketing zur Standortförderung Wirtschafts-Förderung Umfassendes Redevelopment Teilabriss und Aufwertung Des-Investitionen und Objektverkauf	Wohnungsunternehmen private Gebäudeeigentümer Genossenschaften Immobilien-Investoren Architekturbüros Immobilien-Makler Banken und Kreditgeber Mieter-Vereinigungen Wirtschaftsförderungsämter Gewerbetreibende Einzelhandel Dienstleistungs-Unternehmen

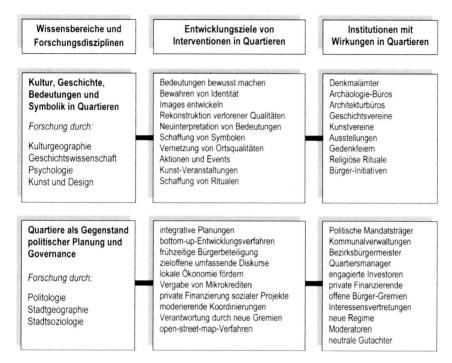

Abb. 3: In fünf Wissensbereichen unterscheiden sich zum Teil die Grundausrichtung und das Selbstverständnis der jeweils zuzuordnenden Forschungsdisziplinen bezüglich der Methoden zur Beschreibung, Erklärung oder Intervention in Quartieren. Ihnen jeweils zuzuordnen sind Institutionen und Organisationen, die Wirkungen in Quartieren entfalten können. Quelle: eigene Recherche und Darstellung

3. Stadtquartiere im Fokus von Städtebau und Architektur

Architektur und Städtebau betrachten sich als eng miteinander verzahnte, akademisch gelehrte Wissensgebiete, die sich mit der materiellen Formung der Anthroposphäre nach sich wandelnden Anforderungen an diesen menschlichen Lebens- und Wirtschaftsraum auseinandersetzen. Ihre Aktivitäten richten sich auf die Entwicklung komplexer, funktionaler Innen- und Außenräume für das menschliche Leben und Wirtschaften. Sie antworten mit in die Zukunft gerichteten Konzepten auf die Analyse sich wandelnder gesellschaftlicher Bedürfnisse. Veränderungen von Lebensweisen, Werthaltungen, technischen Entwicklungen und Gesellschaftsordnungen finden ihren jeweiligen zeitgemäßen Ausdruck in der Theorie und Praxis von Architektur und Städtebau. In Architektur und Städtebau gibt es keine „richtigen" Ergebnisse in einem naturwissenschaftlichen Sinne. Einiges überdauert vielmehr längere Zeit, anderes wird bald nach dem Anwendungstest durch die Gesellschaft schon wieder durch Neues abgelöst – ein evolutionäres Prinzip.

3.1 Bestandsquartiere als interdisziplinäre Herausforderung

Architektur und Städtebau werden auf der Ebene von Institutionen und Organisationen in verschiedenen Einrichtungen kommunaler oder privatwirtschaftlicher Art repräsentiert. Ihre Auseinandersetzung mit Quartieren fokussiert in der Regel auf eine prozesshafte, kontinuierliche Veränderung nach sich wandelnden gesellschaftlichen Anforderungen von deren physischer Dimension als Grundlage und Produkt des Lebens- und Wirtschaftsraums seiner Bewohner. Dabei meint Städtebau die Rahmensetzungen der öffentlichen Hand für Bautätigkeiten durch institutionelle, materielle und informelle Instrumente, und nicht die Bautätigkeit selber. Architektur dagegen befasst sich mit der Analyse, Planung, Herstellung oder Veränderung physischer Substanz in Stadtquartieren nach den Anforderungen von Bauherren und Nutzenden. Sie zielt dabei auf das in sich abgeschlossene materielle Ergebnis.

Architektur und Städtebau entwickeln auf der Basis jeweils in ihrer Disziplin und der Gesellschaft anerkannter Paradigmen durch Neubauplanung neue baulich-physische Strukturen für unterschiedlichste Gruppen von Bewohnerinnen und Bewohnern. Bestehende Quartiere als bereits vorhandener Teil der gebauten Stadt geraten aber immer mehr in den Blick der wissenschaftlichen Ebene und der Institutionen-Ebene von Architektur und Städtebau. Derartige Bestandsquartiere mit heterogenen, vielfach überformten materiellen und sozialen Strukturen und ihre baulich-physische, soziale und ökonomische Erneuerung in Raum-Zeit-Zyklen sind meist durch eine Abfolge von Planungs-, Realisierungs-, Nutzungs-, Alterungs- bis hin zu Verwertungsphasen und Aufgabe charakterisiert (siehe auch: Mayer/Schwehr/Bürgin 2011).

Modernisierung und Umbau von Stadtquartieren als Problemstellung erfordern eine Weiterentwicklung für den Neubau formulierter wissenschaftlicher Theorien und Methoden von Architektur und Städtebau und die Einbeziehung sozio-kultureller Kompetenzen in einem Maße, das bei Neubauten so nicht erforderlich ist. Diese Entwicklungen werden nach Auffassung des Autors in der Lehre, insbesondere an Architektur-Fakultäten, noch nicht angemessen berücksichtigt. Die Veränderung des Theorien- und Methodenkanons von Architektur und Städtebau für Bestandsquartiere wirkt sich auf der institutionellen Ebene auch auf deren quartiersbezogene Aktivitäten aus.

In Bestandsquartieren werden bisher übliche, deduktiv-steuernde Planungsansätze heute zunehmend durch Entwicklungen abgelöst, die sich aus der Eigendynamik von Quartieren heraus vollziehen. Aktivitäten verschiedener Personengruppen wie Nutzer, Eigentümer, Investoren oder Unternehmen formen im Bestand damit quasi „bottom-up" die Realität von Quartieren – oft auch ohne eine planende Verwaltung. Die „großen Pläne" werden dabei abgelöst durch Koordinierung und Moderation der in Quartieren entstehenden vielfältigen Ideen.

Dabei werden bisher nicht alle in diesem Komplex ablaufenden Prozesse ausreichend verstanden. Auf einer wissenschaftlichen Ebene erfordern diese komplexen Entwicklungen eine multiperspektivische Betrachtung mit Disziplinen übergreifenden Analysen und Erklärungsansätzen. Dabei sind insbesondere soziale, sozio-kulturelle, baulich-physische und ökonomische Perspektiven und ihre Berührungspunkte zu analysieren, denn die Auswirkungen unterschiedlich motivierter Handlungen in Quartieren zeigen meist Interdependenzen.

3.2 Theoretische Grundlagen von Städtebau und Architektur

Die baulich-räumliche Organisation von Stadt als Gesamtheit der darin versammelten Quartiere meint *„ein zielgerichtetes soziales System, in dem Menschen und Objekte dauerhaft in einem Strukturzusammenhang stehen"* (Brockhaus 1998: 268). Sie ist der Kerninhalt von Städtebau und unterliegt eigenen Gesetzmäßigkeiten. Die baulich-räumliche Organisation liefert Vorbedingungen für menschliche Aktivitäten durch die Anordnung, Beziehung und Verbindung ihrer Elemente: *„Die Konfiguration ermöglicht, verhindert, unterstützt oder erschwert die menschlichen Aktivitäten. Sie schafft im positiven Fall Gelegenheiten für den praktischen Gebrauch und der visuellen und körperlichen Wahrnehmung und damit der Verständlichkeit von Stadt"* (Frick 2008: 186–191).

Erlebbar werden diese Konfigurationen vor allem auf der Ebene von Quartieren. Der Philosoph Christian Illies formuliert:

„Bauwerke können komplexe oder schlichte Weltsichten ausdrücken, zu sehr unterschiedlichen Themen Stellung nehmen und die Weltsicht den Architekten mehr oder weniger bewusst sein. (...) Aber unabhängig davon, ob und wie weit Weltsichten überhaupt in Worte gefasst werden, verkörpert jedes Gebäude eine Deutung der Welt." (Illies 2009).

Eine erklärende Theorie des Städtebaus analysiert die Entwicklungen der Vergangenheit als Ideengeschichte, als Entwicklungsgeschichte der physischen Struktur und von Wandlungen der Stadtgestalt. Sie behandelt insbesondere das System des öffentlichen Raumes und von Raumabschnitten, die unterschiedliche Grade von Zugänglichkeit, Nutzungsarten und Bebauungsdichten, Bauformen und Sichtbeziehungen aufweisen. In Deutschland werden so für die letzten 150 Jahre zahlreiche, mit unterschiedlichen theoretischen Konzepten begründete städtebauliche Entwicklungsphasen analysiert (Düwel/Gutschow 2001). Eine normative Theorie für Städtebau dagegen entwickelt und begründet Ziele und positive Wirkungen, die angestrebt werden können. Sie begründet theoretisch erkannte Gesetzmäßigkeiten und Erfahrungen aus der Vergangenheit und verknüpft diese mit Zukunftsszenarien in Form von Hypothesen (Frick 2008: 185 ff.).

Theoretische Grundlagen der Architektur in städtischen Wohnquartieren lassen sich zwei grundsätzlichen Bereichen zuordnen. So beschreibt der Philosoph, Raumplaner und Architekt Georg Franck deren duale Ausrichtung: Einerseits richten sich architektonische Aktivitäten auf die Erfüllung der immer gleichen Bedürfnisse des physischen Lebens, und andererseits auf die des psychischen Erlebens (Franck 2009). Dafür greifen sie heute jeweils auf andere wissenschaftlich-theoretische Grundlagen zurück.

Die exakten Natur- und Ingenieurwissenschaften liefern mit deskriptiver Analyse und empirischer Messung den Theorie- und Methodenkanon für die Erfüllung quantifizierbarer physischer Bedürfnisse. So wird zum Beispiel das menschliche Behaglichkeitsempfinden in Innenräumen über eine definierte, ausgewogene Beziehung verschiedener physikalischer Größen beschrieben, die durch Architekturplanung zu gewährleisten sind.

Der Wunsch des Menschen nach bewusstem Erleben dagegen verlangt immer wieder nach Neuem, ohne dieses jedoch näher beschreiben zu können. Die Kunst erforscht dieses psychische Verlangen durch versuchsweises Entwerfen und Prüfung der Rezeption (Franck 2009). Künstlerische Aspekte in der Architektur sind jedoch eng an ökonomische und funktionale Rahmensetzungen gebunden. Dies unterscheidet sie klar von rein künstlerischen Tätigkeiten.

Wenn also die Frage aufgeworfen wird, woher objektive Maßstäbe für die Beurteilung der Qualität von Architektur-Entwürfen kommen, so sind zwei verschiedene theoretische Grundlagenbereiche anzuführen. Der eine Bereich ist der der Natur- und Ingenieurwissenschaften. Dieser liefert mit der Gebäude- und Tragwerkslehre, der Konstruktionslehre und der Bauphysik, der Baustofflehre und dem privaten und dem öffentlichen Baurecht exakt überprüfbare Maßstäbe für die Entwurfsqualität. Der Architekturentwurf muss im Sinne dieser theoretischen Qualitätsanforderungen fehlerfrei sein.

Der zweite Bereich der Qualitäts-Maßstäbe ist derjenige, mit denen das in Architektur-Entwürfen immer geforderte Kreative und Visionäre bewertet werden. Kreativität ist nach dem Hirnforscher Gerald Hüther grundsätzlich *„die Fähigkeit, neues zu entdecken"* (Hüther 2008). Ihre Ergebnisse entstehen meist nicht durch einen nach wissenschaftlichen Regeln ablaufenden linearen Denkprozess (siehe auch Morgner 2012), sondern eher durch das spontane Überlagern unterschiedlicher Wahrnehmungsbilder und die Analyse von deren möglichen Konsequenzen.

Durch einen Architektur-Wettbewerb erfolgt z. B. in einer ersten konzeptionellen Phase die Prüfung dieses kreativen Elements. Dabei werden als rein geistig-theoretische Vorstellungen entwickelte und mit bestimmten Methoden visualisierte Entwürfe relativ zueinander von Prüfungsgremien, die mit Experten und Bürgern besetzt sind, beurteilt. Das Verfahren, seine Kriterien und deren Gewichtung sind diskursiv angelegt, und am Ende wird ein weiter zu verfolgender Entwurf ausgewählt. Erfolgsmaßstab für das spätere physische Architekturprodukt ist dagegen seine Rezeption durch die Gesellschaft insgesamt.

3.3 Städtebaulich-architektonische Differenzierung von Quartieren

Bestandsquartiere bilden einen Teilausschnitt der jeweiligen Stadtstruktur und Gesellschaft. Baulich-physisch setzen sie sich aus Gebäuden verschiedener Nutzungsarten mit unterschiedlichen inneren und äußeren Funktionen und räumlicher Organisation zusammen. Gebäude wurden seit dem 19. Jahrhundert meist geplant in bestimmten Beziehungen zueinander angeordnet. Im Verlauf der gesellschaftlichen und technischen Entwicklung sind auch immer wieder völlig neuartige Gebäudetypen wie z. B. Flughäfen, Medienzentren oder Bürotürme entstanden, die nach völlig neuen Anforderungen entwickelt wurden.

Aus der Sicht von Architektur und Städtebau erscheinen vier typologische Differenzierungsebenen für heutige, überwiegend von Wohnen geprägte Bestandsquartiere relevant:
- Gestalterische und baulich-physische Umsetzung der städtebaulichen Prinzipien ihrer jeweiligen Errichtungszeit und ihr heutiger Erhaltungszustand,
- Besitzer- und Bewohner-Struktur von Bestandsquartieren und heutige Nutzungsmöglichkeiten für diese Besitzer, Bewohnerinnen und Bewohner,
- Gebäude in ihrer Anordnung im Quartier, ihrer Funktionalität, Gestaltung und ihrer baulich-physischen Qualität zur Zeit der Errichtung und heute,
- Erhaltungszustand von Gebäuden, daraus notwendig resultierende bauliche Maßnahmen in Bestandsquartieren und deren ökonomische Konsequenzen.

Für Architektur und Städtebau repräsentieren Bestandsquartiere die Materialisierung von Lebensauffassungen, politischen und ökonomischen Verhältnissen und städtebaulichen und baulich-technischen Entwicklungen ihrer jeweiligen Erstellungszeit (siehe auch Düwel/Gutschow 2001). Sie prägen sich z. B. typologisch aus in innerstädtischen Quartieren der Kaiserzeit um 1900, Reform-Wohnsiedlungen der Moderne um 1930, Quartieren der Wiederaufbauphase nach dem Zweiten Weltkrieg oder industriell errichteten Großsiedlungen der 1970er Jahre.

Eine erste Differenzierung und typologische Einordnung aus städtebaulich-architektonischer Sicht bewertet also die Struktur und die Qualitäten von Bestandsquartieren nach der seinerzeit erfolgten gestalterischen und baulich-physischen Umsetzung der städtebaulichen Prinzipien ihrer jeweiligen Errichtungszeit (siehe auch Meisel 2005: 24–34).

Mit derartigen städtebaulichen Typologien verbunden ist oft ursprünglich auch eine charakteristische Besitzverteilungs- und Bewohner-Struktur zu ihrer Erstellungszeit, die sich zum Teil bis heute erhalten hat. So sind relativ homogene, größere Wohnungsbestände häufig im Besitz von sozial orientierten Wohnungsunternehmen, die seit ihrer Entstehung in den 1920er Jahren bereits zusammenhängende Siedlungen errichtet haben und diese auch heute noch bewirtschaften. Derartige Unternehmen stellen wichtige, professionelle Akteure auf der institutionellen Ebene von Quartieren dar, deren Aktivitäten bestimmten Handlungslogiken folgen. Auch die Bewohnerinnen und Bewohner derartiger Bestandsquartiere leben oft schon seit Jahrzehnten in den Wohnungen, und sie bilden bezogen auf ihre Lebenslagen und Lebensstile relativ homogene Gruppen.

Abb. 4: Heute existierende Bestandsquartiere werden von Städtebau und Architektur vielfältig differenziert und unterschieden. Die städtebaulichen und architektonischen Ausgangszustände der jeweiligen Errichtungszeit, die Eigentümer- und Bewohner-Struktur, regionale Ausprägungen, Erhaltungszustände, Veränderungen von Substanz und Nutzungen differenzieren sich zu verschiedenen Quartierstypologien. Quelle: eigene Fotos und Abbildung

Es befinden sich in Deutschland aber auch etwa 80 Prozent des Wohnungsbestandes mit meist heterogener Bewohner-Struktur kleinteilig im Besitz privater Eigentümer. Derartig strukturierte Stadtquartiere werden gegenüber relativ homogenen Quartieren von vielfältigen, oft divergierenden Interessenslagen auf der Handlungsebene und der Institutionen-Ebene beeinflusst. Für Architektur und Städtebau sind die Besitzer- und die Bewohner-Struktur und die damit verbundenen Nutzungen von Quartieren daher eine wichtige zweite typologische Differenzierungsebene.

Auch das Wohnen als Alltagspraxis für unterschiedliche gesellschaftliche Gruppen hat eine lange Entwicklung durchlaufen, die sich typologisch ebenfalls in Gebäuden in Stadtquartieren ablesen lässt. Luxuriöse Bürgerhäuser, Beamtenwohnungen, Arbeiterwohnungen oder Notunterkünfte unterscheiden sich in ihrer Lage und Funktionalität, ihrer Größe und Ausstattung, ihren Konstruktionen und Bauelementen und nicht zuletzt in ihrem materiellen und ökonomischen Wert. Sie finden sich z. B. als Villen, Stadthäuser, Siedlungshäuser oder Wohnblocks in Quartieren.

Gebäude in ihrer Anordnung im Quartier, ihrer Funktionalität, ihrer Gestaltung und ihrer baulich-physischen Ausgangsqualität zur Zeit der Errichtung bilden für Architektur und Städtebau eine dritte typologische Differenzierungsebene.

Im Verlauf ihrer mit fünfzig bis achtzig Jahren veranschlagten Nutzungsphase verschleißen Wohngebäude und physische Quartiere materiell, und ihre Ausgangsqualität vermindert sich dadurch kontinuierlich. Für diesen baulich-physischen Verschleiß lassen sich zyklisch auftretende Raum-Zeit-Muster feststellen, in denen sich wiederkehrende, vorhersagbare Regelmäßigkeiten abbilden (siehe auch Pfeiffer/Bethe/Fanslau/Zedler 2010 und Hauptverband der allgemein beeideten und gerichtlich zertifizierten Sachverständigen Österreichs 2006). Gebäude können zwar meist viele Jahrzehnte genutzt werden – allerdings nur, wenn regelmäßige Instandhaltungs-Investitionen und Teilerneuerungen von verschiedenen Gebäude-Elementen wie Fassaden, Dächer, Fenster, Bodenbeläge oder Installationen erfolgen.

Nutzungszyklen von Quartieren bilden sich daher auch in ökonomischen Konzepten mit Investitionen, Erträgen und Re-Investitionen ab (siehe auch Bizer/Ewen/Knieling/Stieß 2009 und Barras 2009). Unterlassene Instandhaltung führt zu einem raschen Qualitäts- und Wertverlust von Gebäuden und verursacht in der Folge für deren weitere Nutzung hohe Modernisierungsinvestitionen. Ökonomische Grenzen einer Erhaltung von Gebäuden können z. B. entstehen, wenn die notwendigen Erhaltungsinvestitionen die Höhe von Neubaukosten erreichen oder sogar überschreiten (siehe auch Meisel 2007).

Der Erhaltungszustand von Gebäuden in Bestandsquartieren und die daraus resultierende notwendige bauliche Instandsetzung bildet daher für Architektur und Städtebau – zusammen mit ihrer Eignung für die Anpassung an neue Nutzungs-Anforderungen – eine vierte typologische Differenzierungsebene.

Quartiere sind jedoch in gesamtstädtische Zusammenhänge ebenso eingebunden wie in regionale Entwicklungen. Ihre innere typologische Differenzierung muss daher mit derartigen externen Einflüssen abgeglichen werden. Schrumpfende oder dynamisch wachsende Regionen setzen ebenso Rahmenbedingungen für die typologische Differenzierung von Quartieren wie z. B. ihre stadträumliche Lage mit starken Nutzungskonkurrenzen oder aber in unattraktiven Randbereichen.

Ähnliche Quartierstypen können danach sehr unterschiedliche Perspektiven haben – von der erhaltenden Anpassung durch Modernisierung oder dem additiven Neubau bis hin zu ihrem Abriss. Für die Beurteilung dieser Perspektiven gilt es nach der Raumplanerin Sabine Friedrich *„die kleinteiligen Veränderungen als Teil großräumiger, funktionaler und sozialer Verflechtungen zu interpretieren, und die für die Umsetzung relevanten Akteure und deren Bewirtschaftungsziele in einen Planungsprozess gezielt einzubeziehen"* (Friedrich 2004: 12) – ein weiterer multiperspektivischer Ansatz.

3.4 Komplexe Methoden der Informationsgewinnung

Der Städtebauforscher Dieter Prinz (Prinz 1995: 5 ff.) beschreibt die Methoden städtebaulicher Analysen, mit denen systematisch soziale Faktoren, Nutzungsarten, kulturelle und wirtschaftliche Faktoren, materielle Faktoren, klimatische, ökologische und topographische Faktoren erhoben und in Tabellen, Karten, Fotos, räumlichen Handskizzen, Berechnungen und beschreibenden Texten dokumentiert und verknüpft werden. Ergebnisse derartiger Bestandsaufnahmen werden mit der Methode der SWOT-Analyse (Akronym für: Strenghts, Weaknesses, Opportunities, Threats), einer aus dem strategischen Unternehmens-Management adaptierten Methode, systematisiert (Bürger 2008). Die beschreibende, meist quantitative Darstellung des Ist-Zustandes umfasst in der Regel auch zeitliche Entwicklungsverläufe und Prognosen über deren künftige Entwicklung.

Bei städtebaulichen Untersuchungen ist die Einbeziehung von betroffenen Eigentümern und Bewohnern gesetzlich geregelt. Dagegen sieht der Gesetzgeber bei Analysen und Planungen für die Modernisierung von Mietwohnungen keine Beteiligung der Bewohnerinnen und Bewohner vor, sondern lediglich eine Duldungspflicht (BGB 2002: § 554). In Forschungen und verschiedenen Modellprojekten wurden jedoch besondere Beteiligungs-Methoden für Mieterinnen und Mieter entwickelt, mit denen sich auch qualitative Einschätzungen von Bewohnerinnen und Bewohnern bei Zustandsanalysen zu Gebäuden, Wohnumfeld und Quartier erheben und einbeziehen lassen (Meisel 2005: 145 ff.).

Für Bestandswohnungen und die Analyse ihrer Bedeutung auch für Bewohnerinnen und Bewohner gibt es also von Städtebau und Architektur entwickelte quantitative und qualitative Methoden, die nach theoretischen und praktischen Erkenntnissen für eine Modernisierung von Quartieren in einer bestimmten Kombination zu belastbaren Ergebnissen führen können. Die Ergebnisse derartiger methodischer Gebäude-Checks entscheiden über den realen Wohnwert, angemessene Mieten für die Gebäude, notwendige Modernisierungsmaßnahmen, deren Kosten, Mietsteigerungen und die Perspektiven der vorhandenen Strukturen insgesamt.

Dabei werden materiell-physische mit sozialen, kulturellen und ökonomischen Gesichtspunkten verknüpft, und Akteure der institutionellen und der Handlungsebene verfahrensmäßig einbezogen. Verschiedene der Methoden sind aus anderen Disziplinen entlehnt wie Befragungen oder Interviews aus der Sozialwissenschaft oder SWOT-Analysen aus der Betriebswirtschaft. Eine diskursive Untersuchung derartiger Methodenanwendungen bei Quartieren, ihrer disziplinären Grundlagen, möglichen Gegenstände, Bearbeitungstiefe und möglichen Erkenntnisse aus interdisziplinären Querbezügen könnte ggf. einen neuen Beitrag zur Methodenanwendung leisten.

Ein weiteres komplexes Set an quantitativen und qualitativen Methoden wird für bestehende Quartiere erforderlich, wenn neben Informationen für die städtebaulichen Erhebungen auch die bestehende materiell-physische Struktur und ihre weiteren Nutzungsmöglichkeiten analysiert werden sollen (siehe auch Meisel 2005). Dies ist für die methodische Untersuchung von Zukunfts-Szenarien für Bestandsquartiere aus baulicher und ökonomischer Sicht unverzichtbar. Gebäudestrukturen werden dafür von Architekten methodisch-virtuell in ihre verschiedenen Einzelelemente zerlegt und getrennt nach den Funktionsanforderungen an diese Einzel-Elemente analysiert.

Außenwände, tragende Decken, Türen oder Fenster der Baujahre um 1960 sind z. B. qualitativ völlig andere als bei heutigen Neubauten.

In Forschungen, Untersuchungen von Fallbeispielen und Modellprojekten wurde nachgewiesen (u. a. Arendt 1992; Großhans/Meisel/Schmitz 1994; Meisel 1995; Schmitz/Böhning/Krings 2000), dass für die Analyse der Bestandsstrukturen von Wohngebäuden mehr als einhundert verschiedene Einzelbewertungen vorgenommen werden müssen, um ihren materiell-physischen Zustand ausreichend genau zu beurteilen. Aus der Beurteilung resultierende Konsequenzen im Hinblick auf die weiteren Nutzungsmöglichkeiten der Gebäude-Elemente und der technischen Möglichkeiten für ihre notwendige Instandsetzung bilden einen Eckpfeiler der Analysen.

Den zweiten Eckpfeiler stellt die differenzierte, quantitative oder qualitative Bewertung des Erfüllungsgrades der verschiedenen Anforderungen und daraus resultierender sinnvoller Verbesserungen dar. Die Abschätzung der ökonomischen Auswirkungen dieser Maßnahmen liefert weitere Daten über die Zukunftsfähigkeit der untersuchten Gebäude und Quartiere.

Abb. 5: Die materiell-physische Qualität von Bestandsquartieren setzt unverrückbare Eckpfeiler für deren weitere Nutzung, da sie nicht durch theoretische Entscheidungen zu ändern ist. Sie muss zwingend als Basis möglicher Zukunftsüberlegungen berücksichtigt werden. Die im Bild gezeigten Schäden an Bestandsgebäuden ziehen unvermeidliche Maßnahmen nach sich, deren Aufwand eine Erhaltung der betreffenden Gebäude in Frage stellen kann. Quelle: eigene Fotos

4. Interdisziplinäre Bezüge und Komplementaritäten

Die Formung der Anthroposphäre als Raum des menschlichen Lebens und Wirtschaftens ist ein zentrales Anliegen von Städtebau und Architektur. Bezogen auf Quartiere sind raumbedeutsame Fragen von Städtebau und Architektur z. B.: welche Nutzungen und gesellschaftlichen Funktionen sollen in Quartieren gewährleistet werden, wie sind Wohnen, Erholung, Bildung und Verkehr zu organisieren, wie sind die Versorgung mit Gütern und die Entsorgung von Abfällen zu gewährleisten, welche öffentlichen, halböffentlichen und privaten Räume sollen entstehen, mit welchen Arten von Bauwerken sollen die nötigen Funktionen gewährleistet werden, wo und in welchen Beziehungen zueinander sollen diese Bauwerke im Quartier angeordnet werden, welche gesellschaftlichen Systeme und Besonderheiten sollen sich in Bauwerken an welchen Orten ausdrücken?

4.1 Raumbezüge als Bindeglied zu Stadtgeographie

Städtebauliche und Architekturräume sind keineswegs die unveränderliche Bühne der Gesellschaft, sondern in einen dynamischen gesellschaftlichen Austauschprozess involviert. Manche innovativen Raumkonzepte von Städtebau und Architektur sind so utopisch, dass ihre zeitnahe Umsetzung nicht möglich erscheint. Dennoch können sie quasi als latenter Ideenspeicher in den Köpfen langfristig in der Zukunft wirksam und gegebenenfalls dann umgesetzt werden, wenn sich soziale, technische, ökonomische oder kulturelle Rahmensetzungen geändert haben.

Sind städtebauliche und Architekturräume nach einem gesellschaftlichen Aushandlungsprozess einmal realisiert, so haben sie – wenn sie vorausschauend geplant sind – eine deutlich längere Nutzungsdauer als die sich relativ kurzfristig ändernden sozialen Systeme. Ein Gründerzeitquartier in Deutschland z. B. wurde in der Kaiserzeit errichtet, hat die Weimarer Republik erlebt, die Hitler-Diktatur, den Zweiten Weltkrieg und die junge demokratische Wiederaufbauphase überstanden und wird heute in einer globalisierten Gesellschaft noch genutzt.

Die Geographie betrachtet – ebenso wie Städtebau und Architektur – Raum als einen ihrer Schlüsselbegriffe (Weichhart 2008: 75), so dass sich vermutlich auch eine interdisziplinäre Verbindung für eine Quartiersforschung herstellen ließe. Allerdings zeigt die nähere Beschäftigung mit dem Raumbegriff, dass – im Gegensatz zu Architektur und Städtebau – in der Geographie ein seit Jahrzehnten andauernder disziplinärer Diskurs über die Deutung des Raumbegriffs und seiner Bedeutung für das Fach Geographie stattfindet. Tendenzen eines „Raumexorzismus" (Weichhart 2008: 66), von Raum als Synthesekonzept, der Dichotomie von „Materie" und „Sinn" bis hin zur „Drei-Welten-Theorie" Karl Poppers (in Weichhart 2008: 69) kennzeichnen den von Abgrenzungsbemühungen geprägten Diskurs.

Nimmt man jedoch Quartiere als Problemstellung, Aktionsraum und Lebenswelt in den Blick, so sollte aus der Sicht von Architektur und Städtebau diese eher abstrakte Abgrenzungsdebatte zugunsten einer problemorientierten, integrativen Betrachtung in den Hintergrund treten. Es lohnt hier auch der Blick auf die Architektursoziologie, die für Architektur als kulturelles Medium die Setzung von „semipermeablen Baukörpergrenzen" als zentrales Charakteristikum soziologisch greifbar machen möchte.

Der Soziologe Joachim Fischer schreibt dazu:

„In dieser Medienlogik der Architektur wird in spezifischer Weise Welt und Selbst angeordnet, und an diese Funktionsweisen schließen sich immer schon Funktionen

an. In den Baukörpergrenzen sichert das menschliche Lebewesen die Gefährdetheit und Gleichgewichtslosigkeit seiner körperlichen Existenz (...) und reguliert zugleich durch diese artifiziellen Grenzen sein Erscheinen in der Welt – wie umgekehrt das Erscheinen der Welt in seinem künstlichen Bezirk." (Fischer, J. 2009: 396).

Und der Philosoph de Botton sieht den Grund erbitterter Debatten über architektonische Räume in der kommunikativen Eigenschaft des gebauten Raumes: *„Gebäude reden – und dies über Themen, die wir ohne weiteres verstehen können. Sie reden von Demokratie und Aristokratie, von Offenheit und Arroganz, von Bedrohung und freundlichem Willkommen, von Sympathie für die Zukunft oder Sehnsucht nach dem Vergangenen."* (de Botton 2008: 73 in Steets 2010: 171).

Abb. 6: Seit den 1980er Jahren bestimmte das Paradigma vom „behutsamen Erhalten", das auch das Leitthema einer Internationalen Bauausstellung in Berlin in dieser Zeit war, den Umgang mit Bestandsquartieren. Zunehmend ist heute eine Tendenz festzustellen, gewandelte gesellschaftliche Vorstellungen von Urbanität auch durch Abriss und Neubau zu realisieren. Die Neubestimmung von Grenzen der Bestandserhaltung ist derzeit Gegenstand einer intensiven gesellschaftlichen Debatte. Quelle: eigene Fotos

Die Vielfalt möglicher sozialwissenschaftlicher Raumvorstellungen und ihrer möglichen Bedeutung für Stadtquartiere zu betrachten, kann auch für ihre Reflektion in Städtebau und Architektur nützlich erscheinen. Der Medien- und Raumtheoretiker Stephan Günzel (Günzel 2010) beschreibt allein vierzehn mögliche Perspektiven auf den Raum, z. B. als Archiv und Erinnerungsort, politischer, ökonomischer und körperlicher Raum, als sozialer, technischer und medialer Raum, als kognitiver, landschaftlicher, urbaner, touristischer, poetischer oder epistemischer Raum.

4.2 Erkenntnisinteresse von Städtebau und Architektur

Das Erkenntnisinteresse von Städtebau und Architektur strukturiert sich bei einer multiperspektivischen Quartiersforschung in den eingangs beschriebenen Ebenen:
- der wissenschaftlichen Ebene,
- der Ebene von Institutionen und Organisationen und
- der Handlungsebene der Bewohnerinnen und Bewohner.

Auf der wissenschaftlichen Ebene erscheint die theoretische Auseinandersetzung mit den Grundlagen von Städtebau und Architektur *„als gesellschaftliche Konstruktion von Wirklichkeit"* (Steets 2010: 182) notwendig. Gerade das Selbstverständnis von Städtebau und Architektur, sich wandelnden gesellschaftlichen Vorstellungen jeweils baulich-materiellen Ausdruck zu verleihen und andererseits den gesellschaftlichen Wandel durch die Weiterentwicklung derartiger physischer Strukturen zu befördern, lässt die reflexive Auseinandersetzung mit dem heutigen Stand stadtgeographischer und architektursoziologischer Theorien geboten erscheinen. Quartiere fungieren bei einem derartigen interdisziplinären Diskurs auf der wissenschaftlichen Ebene als ein Gegenstand der Vergewisserung, auf den verschiedene Perspektiven projiziert werden können.

Auf der institutionellen Ebene sind Städtebau und Architektur regelmäßig in verschiedenen quartiersrelevanten Institutionen repräsentiert wie z. B. kommunale, mit städtebaulichen Planungen und Wohnungsfragen befasste Verwaltungen, die Immobilien- und Wohnungswirtschaft oder unabhängige Beratungs- und Planungsbüros. Derartige Institutionen und ihre Interaktionen im Zusammenwirken mit anderen Organisationen und der Politik sind für die gesellschaftliche, materielle, kulturelle und ökonomische Realität und Zukunft von Quartieren von entscheidender Bedeutung. In ihrem Handeln verbinden sie im Idealfall praktische Erfahrungen mit Erkenntnissen der wissenschaftlichen Ebene, soweit diese auf Quartiere fokussieren.

Es erscheint daher aus der Sicht von Städtebau und Architektur sinnvoll und notwendig, Erkenntnisse der wissenschaftlichen Ebene auf ihre Transfermöglichkeiten in die institutionelle Ebene hin zu prüfen, und gegebenenfalls die institutionelle

Ebene selbst und ihre Bedeutung für Quartiere in wissenschaftliche Untersuchungen einzubeziehen.

Die Handlungsebene von Bestandsquartieren als Lebenswelt und Aktionsraum ihrer Bewohnerinnen und Bewohner, als Kultur- und Bildungsraum, als Wirtschaftsraum für die lokale Ökonomie, die Wohnungswirtschaft und private Eigentümer entzieht sich zunehmend normativen Rahmensetzungen durch städtebauliche Planung. Es kann daher sinnvoll sein, neue Formen der Wahrung öffentlicher städtebaulicher Interessen und ihrer Operationalisierung mit geeigneten Methoden, die dies in heterogenen Quartieren ermöglichen, wissenschaftlich zu erforschen.

Die baulich-physische Struktur bewohnter Quartiere und ihre soziale, ökonomische und kulturelle Eignung für die Zukunft wird von Architekten in Zusammenarbeit mit Soziologen und Ökonomen beurteilt. Diese komplexe Einschätzung der Auswirkungen baulicher, sozialer, ökonomischer und kultureller Veränderungen auf Quartiere sollte aus Sicht von Architektur und Städtebau in interdisziplinäre wissenschaftliche Untersuchungen einbezogen werden.

Die Einbeziehung von Fallbeispielen für Quartiere in konkreten Städten erscheint unverzichtbar, wenn die wissenschaftlich-interdisziplinäre Ebene, die institutionelle Ebene und die Handlungsebene und ihre möglichen Verbindungen erforscht werden (zu Fallbeispielen als Forschungsmethode siehe auch: Yin 2011). Allerdings sollten Fallbeispiele als Arbeitsgegenstand einer Quartiersforschung der exemplarischen Verdeutlichung von bestimmten Sachverhalten und Prinzipien dienen, und nicht bereits mit dem Anspruch einer Typisierung und Verallgemeinerung ausgewählt werden.

Aus der Sicht von Städtebau und Architektur erscheinen relativ homogene, meist im Zusammenhang errichtete bauliche Strukturen wie Großsiedlungen als Fallbeispiele weniger geeignet, um die beabsichtigte Komplexität der Untersuchungen zu verdeutlichen. Sie sind meist im Besitz weniger, professionelle Eigentümer, weisen nur geringe typologische Abweichungen und Erhaltungszustände der Gebäude auf und sind seit langem Gegenstand auch internationaler Forschungen. Ähnliches gilt für im Zusammenhang errichtete Einfamilienhaus-Siedlungen und ihre Eigentümergruppen. Die komplexeste Struktur weisen gemischte urbane Quartiere mit unterschiedlichen baulichen, sozialen, kulturellen und ökonomischen Typologien auf, die an derartigen Fallbeispielen zu verdeutlichen wären.

5. Zusammenfassung und Ausblick

Um die Beiträge verschiedener Disziplinen in ihrer Komplementarität für Quartiere zu analysieren, können mögliche interdisziplinäre Fragestellungen die Grundlage einer fachlichen Annäherung bilden. Ein erster multiperspektivischer Ansatz in der

Quartiersforschung in diesem Sinne kann dann unter Umständen in einem zweiten Schritt zu einer interdisziplinären Problembearbeitung weiterentwickelt werden. Interdisziplinarität ist Interkulturalität, und wie bei den meisten interdisziplinären Arbeiten ist davon auszugehen, dass damit nur ein *„niedriges Theorienniveau wegen fehlender theoretischer Integration"* (Luhmann 1992 in Henckel 2010: 246) möglich sein wird.

Zu erwarten ist jedoch, dass die Interdisziplinarität für den Forschungsgenstand „Stadtquartier" gegenüber mehreren einzeldisziplinären Bearbeitungen einen Mehrwert auf der wissenschaftlichen Ebene, der institutionellen Ebene und der Handlungsebene erbringt.

Kooperationen am Gegenstand von Quartieren erfordern die Aufklärung von damit verbundenen Erwartungen der Beteiligten und ihrer Selbstreflexion im strukturellen Dreieck „Ich – wir – die Sache". Zu unterscheidende Fragen sind in diesem Sinne: „Wie sehe ich mich und meine Rolle? Wie sehe ich andere und deren Rolle im Bezug zu mir? Was können gemeinsame Arbeitsgegenstände sein?" Für diese Reflektion zu unterscheiden sind die Interdisziplinarität auf der wissenschaftlichen Ebene, die Verbindungen von Wissenschaft mit der institutionellen Ebene und schließlich die Beziehungen dieser beiden Ebenen zur Handlungsebene der Bewohnerinnen und Bewohner in Quartieren (siehe auch Abbildung 1).

In verschiedenen Disziplinen sind Quartiere z.T. auch explizit Forschungsgegenstand. Eine große Bandbreite auch für Quartiere relevanter Forschungen wird derzeit zusätzlich von akademischen Disziplinen bearbeitet, die sich bisher relativ wenig untereinander austauschen und verschiedene wissenschaftliche Sprachen pflegen. Die Förderung der Kommunikation zwischen verschiedenen Disziplinen verlangt eine Systematisierung von verwendeten Begriffen, Bedeutungen, Paradigmen, Zieldimensionen und Methoden, bzw. ein flexibleres Verständnis im Umgang mit konzeptionellen, terminologischen Abgrenzungen. Ein Problem- und Lösungs-orientiertes Denken erscheint notwendig, anstatt nur vom Gegenstand auszugehen.

Als sinnvolle Schritte von einer multiperspektivischen Betrachtung des Untersuchungsgegenstands „Stadtquartier" über eine interdisziplinäre Zwischenstufe hin zu einer transdisziplinären Bearbeitung verschiedener Themen wären daher – auf diesen Gegenstand bezogen – vergleichend zu erforschen und im Zusammenhang darzustellen:

- Rolle der verschiedenen akademische Disziplinen in der Gesellschaft,
- Forschungsziele und räumliche Bezüge in den akademischen Disziplinen,
- Paradigmen, Theorien und angewendete Methoden in verschiedenen Disziplinen,
- Disziplinen-bezogene Institutionen, die in Quartieren Wirkungen entfalten,
- interdisziplinäre Analysen von Quartieren als Handlungsebene ihrer Bewohner.

Eine vergleichende Erforschung müsste die Übereinstimmung von Begriffsdefinitionen prüfen, Abweichungen erklären, Projektionen verschiedener Matrix-Systeme auf das Quartier im Hinblick auf „blinde Flecken" bewerten und Chancen für mögliche Synergien durch transdisziplinäre Bearbeitung identifizieren. Die Kombination der von verschiedenen Disziplinen mit komplexen Methodenkombinationen gewonnen Informationen zu neuen Erklärungsmustern lässt ein neues Verständnis des im Fokus vielfältiger Interessen stehenden Untersuchungsgegenstandes „Stadtquartiere" erwarten.

Literatur

- Ahrendt, Claus (1992): Aufwandsstufen bei Untersuchungen an Bauwerken – Wirtschaftlichkeit bautechnischer Untersuchungen. Ziele, Struktur, Kosten, Fallbeispiele. Landesinstitut für Bauwesen. Aachen.
- Barras, Richard (2009): Building Cycles. Growth & Instability. Property Market Analysis. Real Estate Issues. RICS Research. London.
- Barton, Hugh/Grant, Marcus/Guise, Richard (2010): Shaping Neigbourhoods for Local Health and Global Sustainability. 2. Edition. London/New York.
- Berking, Helmuth/Löw, Martina (2008): Die Eigenlogik der Städte. Neue Wege für die Stadtforschung. New York/Frankfurt a. M.
- BGB – Bürgerliches Gesetzbuch (2002): § 554 Duldung von Erhaltungs- und Modernisierungsmaßnahmen.
- Bizer, Kilian/Ewen Christoph/Knieling, Jörg/Stieß, Immanuel (2009): Zukunftsvorsorge in Stadtquartieren durch Nutzungszyklus-Management. Qualitäten entwickeln und Flächen sparen in Stadt und Region. Hamburg.
- Bourdieu, Pierre (1991): Physischer, sozialer und angeeigneter sozialer Raum. In: Wentz, M. (ed.) (1991): Stadt-Räume. Die Zukunft des Städtischen. Frankfurter Beiträge 2. Frankfurt a. M.
- Brockhaus Enzyklopädie in dreißig Bänden, Band 10 (1998). Gütersloh.
- Bürger, Stefan (2008): SWOT-Analyse bei der Quartiersentwicklung: Chancen nutzen – Risiken meiden. In: Die Wohnungswirtschaft 11/2008. Hamburg: 36–38.
- Cramer, Johannes (1984): Handbuch der Bauaufnahme. Stuttgart.
- Drilling, Matthias/Schnur, Olaf (Hrsg.) (2009): Governance der Quartiersentwicklung. Theoretische und praktische Zugänge zu neuen Steuerungsformen. Wiesbaden.
- Drilling, Matthias/Schnur, Olaf (Hrsg.) (2012): Nachhaltige Quartiersentwicklung. Positionen, Praxisbeispiele und Perspektiven. Wiesbaden.
- Düwel, Jörn/Gutschow, Niels (2001): Städtebau in Deutschland im 20. Jahrhundert. Ideen – Projekte – Akteure. Stuttgart/Leipzig/Wiesbaden.

- Dzierzon, Michael/Zull, Johannes (1990): Altbauten zerstörungsarm untersuchen. Bauaufnahme, Holzuntersuchung, Mauerfeuchtigkeit. Köln.
- Fischer, Günther (2009): Vitruv neu oder was ist Architektur? Bauwelt Fundamente Band 141. Basel/Gütersloh.
- Fischer, Joachim (2009): Zur Doppelpotenz der Architektursoziologie: Was bringt die Soziologie der Architektur – was bringt die Architektur der Soziologie? In: Fischer, J./Delitz, H. (Hg.) (2009): Die Architektur der Gesellschaft. Theorien für die Architektursoziologie. Bielefeld.
- Fischer, Joachim/Delitz, Heike (Hg.) (2009): Die Architektur der Gesellschaft. Theorien für die Architektursoziologie. Bielefeld.
- Fox-Kämper, Runrid/Meisel, Ulli (2009): Nachhaltige Bestandsinvestitionen in der Wohnungswirtschaft – Motivationen, Instrumente, Perspektiven. Ergebnisse einer empirischen Untersuchung in Nordrhein-Westfalen. Trends 2/09. ILS – Institut für Landes- und Stadtentwicklungsforschung. Dortmund.
- Franck, Georg (2009): Die Architektur: eine Wissenschaft? Architekturtheorie heute. In: Der Architekt, Heft 1-2009.
- Frick, Dieter (2008): Theorie des Städtebaus. Zur baulich-räumlichen Organisation von Stadt. 2. veränderte Auflage. Tübingen/Berlin.
- Friedrich, Sabine (2004): StadtUmbauWohnen. Ursachen und methodische Grundlagen für Stadtentwicklung mit Fallstudie zu Wohngebieten in Zürich. Zürich.
- Fritsche, Miriam (2011): Mikropolitik im Quartier. Bewohnerbeteiligung im Stadtumbauprozess. Wiesbaden.
- Giddens, Anthony (1988): Die Konstitution der Gesellschaft. Grundzüge einer Theorie der Strukturierung. Frankfurt a. M.
- Großhans, Hartmut/Meisel, Ulli/Schmitz, Heinz u. a. (1994): Modernisierung und Entwicklung des Wohnungsbestandes. Ziele, Verfahren, Standards, Techniken, Kosten, Akzeptanz. GdW Schriften 43. Gesamtverband der Wohnungswirtschaft. Köln.
- Günzel, Stephan (Hg.) (2010): Raum. Ein interdisziplinäres Handbuch. Stuttgart/Weimar.
- Häußermann, Hartmut/Siebel, Walter (2004): Stadt-Soziologie. Eine Einführung. New York/Frankfurt a. M.
- Hauptverband der allgemein beeideten und gerichtlich zertifizierten Sachverständigen Österreichs, Landesverband Steiermark und Kärnten (Hg.) (2006): Nutzungsdauerkatalog baulicher Anlagen und Anlagenteile. Landesverband. Graz.
- Hauser, Susanne/Kamleithner, Christa/Meyer, Roland (2011): Architekturwissen. Grundlagentexte aus den Kulturwissenschaften. Zur Ästhetik des sozialen Raumes. Bielefeld.

- Henckel, Dietrich/von Kuczkowski, Kester/Lau, Petra/Pahl-Weber, Elke/Stellmacher, Florian (Hg.) (2010): Planen Bauen – Umwelt. Ein Handbuch. Wiesbaden.
- Hüther, Gerald (2008): Die neurobiologischen Voraussetzungen für die Entfaltung von Neugier und Kreativität. In: von Seggern, H./Werner, J./Grosse-Bächle, L. (Hg.): Creating Konwledge. Innovation Strategies for Designing Urban Landscapes. Berlin.
- Illies, Christian (2009): Architektur als Philosophie – Philosophie der Architektur. In der Zeitschrift: Das Parlament. Aus Politik und Zeitgeschichte Nr. 25. Bundeszentrale für politische Bildung. Bonn.
- Läpple, Dieter (1991): Essay über den Raum. Für ein gesellschaftswissenschaftliches Raumkonzept. In: Häussermann, H. u. a. (Hg.): Stadt und Raum. Soziologische Analysen. Pfaffenweiler: 157–207.
- Lefebvre, Henri (2003): Die Revolution der Städte. Berlin.
- Löw, Martina (2001): Raumsoziologie. Frankfurt a. M.
- Löw, Martina (2008): Soziologie der Städte. Frankfurt a. M.
- Luhmann, Niklas (1992): Die Wissenschaft der Gesellschaft. Frankfurt a. M.
- Maran, Joseph (2009): Architecture, Power and Social Practice – an Introduction. In: Constructing Power. Architecture, Ideology and Social Practice. Geschichte, Forschung und Wissenschaft, Band 19. Berlin.
- Mayer, Amelie T./Schwehr, Peter/Bürgin, Matthias (2011): Nachhaltige Quartiersentwicklung im Fokus flexibler Strukturen. Hochschule Luzern, Kompetenzzentrum Typologie & Planung in Architektur. Luzern.
- Meisel, Ulli (1995): Beurteilen von Schwachstellen im Hausbestand. Ratgeber im Auftrag des Bauministeriums NRW. Landesinstitut für Bauwesen. Aachen.
- Meisel, Ulli (2005): Handbuch Altbaumodernisierung. Methoden für die Energie sparende und nachhaltige Entwicklung von Baubeständen. ILS NRW. Dortmund.
- Meisel, Ulli. (2007): Bauliche Bestandsentwicklung. Methoden zur Abschätzung der Zukunftsfähigkeit von Stadtquartieren und Wohnungsbeständen. In: ILS NRW (ed.): Demographischer Wandel in Nordrhein-Westfalen. Dortmund: 141–148.
- Meisel, Ulli (2012): Routenplaner Bestandsquartiere – Bewertungssysteme nachhaltiger Quartiersentwicklung und sechs Dimensionen für praktisches nachhaltiges Handeln. In: Drilling, M./Schnur, O. (Hg.) (2012): Nachhaltige Quartiersentwicklung. Positionen, Praxisbeispiele und Perspektiven. Wiesbaden: 229–249.
- Morgner, Christian (2012): Die Produktion wissenschaftlichen und künstlerischen Wissens. Schader Stiftung. Darmstadt.
- Pfeiffer, Martin/Bethe, Achim/Fanslau-Görlitz, Dirk/Zedler, Julia (2010): Nutzungsdauertabellen für Wohngebäude. Lebensdauer von Bau- und Anlageteilen. Berlin.

- Prinz, Dieter (1995): Städtebau Band 1 – städtebauliches Entwerfen. 6. Auflage. Stuttgart.
- Schiffers, Bertram (2009): Verfügungsrechte im Stadtumbau. Handlungsmuster und Steuerungsinstrumente im Altbauquartier. Wiesbaden.
- Schmid, Christian (2005): Stadt, Raum und Gesellschaft. Henri Lefebvre und die Theorie der Produktion des Raumes. München.
- Schmitz, Heinz/Krings, Edgar/Böhning, Jörg (2000): Geräte und Verfahren zur Erfassung von Bauschäden. Anwendungsmöglichkeiten, Praxistauglichkeit, Kosten. Landesinstitut für Bauwesen. Aachen
- Schnur, Olaf (Hrsg.) (2008): Quartiersforschung. Zwischen Theorie und Praxis. Wiesbaden.
- Schnur, Olaf (2010): Demographischer Impact in städtischen Wohnquartieren. Entwicklungsszenarien und Handlungsoptionen. Wiesbaden.
- Steets, Silke (2010): Der sinnhafte Aufbau der gebauten Welt. Eine architektursoziologische Skizze. In: Frank, S./Schwenk, J. (Hg.): Turn Over. Cultural Turns in der Soziologie. Frankfurt a. M./New York.
- Wangerin, Gerda (1986): Bauaufnahme. Grundlagen, Methoden, Darstellung. Braunschweig.
- Wardenga, Ute (2002): Der Raumbegriff in den „Grundsätzen und Empfehlungen für die Lehrplanarbeit im Fach Geographie". In: Geographie heute, 23. Jahrgang, Heft 200 Mai 2002: 5.
- Weichhart, Peter (2008): Entwicklungslinien der Sozialgeographie. Von Hans Bobek bis Benno Werlen. Stuttgart.
- Yin, Robert K. (2011): Case Study Research. Design and Methods, 4th Edition. Applied Social Research Methods Series. SAGE. Los Angeles/London/New Delhi/Washington DC.

Monika Alisch

Sozialräume im Stadtquartier

Analyse und Praxis von Prozessen der Sozialraumorganisation

In den sozialwissenschaftlichen wie stadtentwicklungspolitischen Diskussionen der frühen 1990er Jahre war der sogenannte „Quartieransatz" in Deutschland – angeregt von den europäischen Nachbarländern – ein Signal, die bisherige Praxis von Stadterneuerungsvorhaben als städtebauliche Aufgabe, stärker hin zu einer Gestaltung sozial-räumlicher Prozesse zu entwickeln. Denn lange war bekannt, dass allein durch die Verbesserung der baulichen Strukturen, die sozialen Lebensbedingungen der Bewohnerschaft in den als „benachteiligt" definierten städtischen Teilräumen nicht nachhaltig verbessert werden konnten. Angesichts des ökonomischen und sozialen Wandels und der Folgen für die städtischen Arbeitsmärkte geriet auch der „kommunale Sozialstaat" (vgl. Hanesch 1997) mit seinen auf Fälle als Interventionsmodus konzentrierten Politiken unter Druck, einer wachsenden „Armut *durch* Wohlstand" (Dangschat 1999) anders zu begegnen. Der Stadtsoziologe Jens S. Dangschat leitet in seinem gleichnamigen Aufsatz aus dem Jahr 1999 (13 ff.) ausführlich die These her, dass „Armut nicht aus heiterem Himmel kommt". Er belegt, inwiefern „ein deutlicher Sockel von Armut nötig ist, um die neoliberalen Vorstellungen von Wachstum und Wettbewerb durchzusetzen" (ebs. 14). Solange es keinen ernsthaften Widerstand gegen diese Politiken gibt und sich die gesellschaftlichen Folgen (Desintegration) nicht gegen die Verursacher wenden (vgl. ebd.), bleibt eine an den Ursachen von Armut ansetzende Politik aus.

In dieser – hier zugegebenermaßen extrem verkürzt skizzierten – Gesellschaftspraxis, in der Integration weder ökonomisch über den Arbeitsmarkt noch sozial über Institutionen wie Familie oder Gemeinde gewährleistet werden konnte, erschien die stadtentwicklungspolitische Hinwendung zum „Quartier" als noch ausbaubare Integrationsebene naheliegend (vgl. zuerst Alisch/Dangschat 1993, 1998). Das Konzept von Herlyn et al. (1991) nach dem das Quartier die wesentliche Ressource zur Alltagsbewältigung insbesondere von mobilitätseingeschränkten, sozial und ökonomisch benachteiligten Bevölkerungsgruppen ist, eröffnete ganz unterschiedliche Handlungsfelder der Intervention, die sich auf das Quartier beziehen als Ort des Wohnens (die klassische Stadterneuerung und Wohnungswirtschaft), als Ort der Existenzsicherung (Ausbildung, Beschäftigung, informelle Arbeit, Nachbarschaftshilfe, solidarische Ökonomien), als Ort des sozialen Austauschs (personale, sekundäre und tertiäre Netzwerke) und als Ort der Teilhabe an sozialen Institutionen.

Diese Strukturvorgabe bot Ressort- und ressourcenübergreifende Projektideen und ermöglichte die Erweiterung des Blickfeldes bei der Definition von sozialräumlich sichtbaren Problemen und deren Lösung (vgl. Alisch 2010: 105). Dabei spielte der Begriff „Sozialraum" lange Zeit gar keine Rolle (vgl. ebd.) – sicher nicht nur deshalb, weil „Stadterneuerungspolitik schon immer Sozialraumgestaltung" war (Häußermann/Wurtzbacher 2005: 513). Auch wenn soziologisch relevante Qualitäten des Raums erst „durch die darin stattfindenden Handlungsprozesse, durch seine Nutzung und Gestaltung" entstehen (ebd.) – seit den frühen 1980er Jahren sieht die Stadtsoziologie den Raum nicht mehr als Träger „objektiver Eigenschaften" (vgl. Hamm 1982: 26) und spätestens seit Henri Lefebvres Kernsatz „(Sozial)Raum ist ein (soziales) Produkt" (Lefebvre 1991: 30), den Martina Löw zum Zentrum ihrer Raumsoziologie gemacht hat (Löw 2001) – greift die synonyme Verwendung der Begriffe „Sozialraum" und „Stadtquartier" zu kurz, um die dynamischen Entwicklungen „in Quartieren" zu charakterisieren, die zunehmend das „Neudenken der Planung" (Selle 2006) bestimmen. Im Gegenteil: Eine Auseinandersetzung mit den unterschiedlichen Systematisierungen und handlungspraktischen Verwendungen des Sozialraumbegriffs eröffnet ein tieferes Verständnis für diese Dynamiken der Quartiersentwicklung, welches wiederum zu sozial nachhaltigen Interventionen im Raum führen sollte. Dazu werde ich im Folgenden das Quartierskonzept näher entschlüsseln und es dabei zu seinen sozial konstituierenden Elementen der Gemeinschaft (Community) und des Sozialraums in Beziehung setzen.

1. Community lost, Community saved, Community liberated ...

Mit der sozialwissenschaftlichen Idee des Quartiers als Integrationsinstanz war also der stadtentwicklungsplanerische und -politische Versuch verbunden, städtebaulichen Gebietseinheiten das Leben der Gemeinschaft einzuhauchen, bzw. die erkennbaren und zusätzlich erhofften Gemeinsamkeiten der sozialen Lage und der räumlichen Nachbarschaft als einen positiven Impuls für nachhaltige Entwicklungsprozesse nutzbar zu machen. Dahinter steht die im populären Wissen ebenso verankerte wie in den Wurzeln der Stadtsoziologie (vgl. Tönnies 1887 zur Dichotomie von Gemeinschaft und Gesellschaft) verankerte Vorstellung, dass „kleine lokale Einheiten gemeinschaftlich strukturiert seien" (Häußermann/Siebel 2004: 103), die Bedeutung dieser Gemeinschaft „mit wachsender Größe" (ebd.) dieser räumlichen Einheiten jedoch abnehme. Dabei gehen die Vorstellungen darüber, was den inneren Zusammenhalt einer (räumlich) definierten Gemeinschaft ausmache, weit über das hinaus, was mit dem Quartier als räumliche Planungs- und Interventionseinheit jemals gemeint war: von „klar definierten Rollen" (ebd. 105) innerhalb der lokalen Quartiers-Gemeinschaften war ebenso wenig auszugehen, wie von der Abwesenheit von Rollenkonflikten. Im Gegenteil, meist sind „Quartiere" erst dann in den Fokus gebietsbezogener Handlungsstrategien geraten, wenn es solche Intergruppenkonflikte gab und „soziale Brennpunkte" ausgemacht wurden. Die „emotionale Bindung" sowie „gemeinschaftliche Gefühle, die enge und dauerhafte Loyalitäten zum Ort und zu den Leuten einschließen" (ebd.), waren nur selten der Ansatzpunkt der sogenannten integrierten Handlungsansätze auf Quartiersebene. Vielmehr bestand der Anspruch, durch entsprechende Beteiligungsprozesse genau solche gemeinschaftlichen Prozesse in Gang zu setzen.

Nicht zuletzt wegen der doppeldeutigen Übersetzung des englischen „Community"-Begriffs in „Gemeinde" (territorial) auf der einen und „Gemeinschaft" (sozial/kategorial) auf der anderen Seite, rückt der weitere Begriff der Community inzwischen stärker als das Quartier in den Fokus der Beschreibung und Erklärung sozial-räumlicher Phänomene. Daran lässt sich auch die Diskussion um den Bedeutungsgewinn und -verlust der „Community" skizzieren und bewerten: Wellman/Leighton hat auf die Frage, was aus den gemeinschaftlichen Formen des Zusammenlebens im Verlauf der Urbanisierung tatsächlich wurde, drei Antworten gegeben (Wellman/Leighton 1979):

1. In den dicht bevölkerten (Groß)städten sei jede Form von Gemeinschaftsbildung zerstört (community lost) – was empirisch so pauschal nicht nachgewiesen ist und eben gerade kleinräumig unzutreffend ist, denn
2. Community hat in den Quartieren und Nachbarschaften der Städte sehr wohl überlebt und hält quartiersbezogene tragfähige soziale Beziehungsnetze vor (community saved) – genau darauf baut nicht nur der sozialwissenschaftliche Quartiersansatz, sondern die gesamte Sozialraumorientierung; aber gleichzeitig trifft zu, dass
3. städtische Gemeinschaften sich ortsunabhängig finden. Das schließt heute die virtuellen Räume ein, Internet-Communities und die Jugendkultur, die Freundschaften raumunabhängig, verinselt ortsbezogen organisiert.

Das Erstarken des Community-Ansatzes, das zweifellos Ursache für solche Differenzierungen ist, schwankt nach Dangschat (2009: 26) zwischen „positiv bewerteten zivilgesellschaftlichen Zielen und aus der Ratlosigkeit bisheriger Interventionsstrategien". Die Frage danach, welche Bedeutung die „lokale Gemeinschaft" noch in einem städtischen Quartier hat und ob soziale Nähe durch räumliche Nähe entstehen kann oder sollte, ist nicht auf einer *strategischen* Ebene zu beantworten. Besonders dann nicht, wenn man das Verhältnis von Raum und sozialer Organisation anhand der unterschiedlichen Modellierungen des Sozialraumbegriffs (s. u.) analysiert.

„Nachbarschaft" als individuelle Konstruktion von sozialen Netzen anhand gemeinsamer Lebensstile in einem engen räumlichen Kontext zu inszenieren, scheitert daran, dass sich soziale Nähe nachweislich nicht allein durch räumliche Nähe herstellt – nur dann, wenn es bereits gemeinsame (auch auf den Raum bezogene) Interessen gibt und somit eine gewisse soziale Homogenität (Milieubildung) vorliegt. Solche Inszenierungen von Nachbarschaft beschreiben also vor allem ein Mittelschichtphänomen, bei dem gemeinsame Interessen, geteilte Vorstellungen vom „richtigen" Leben und die gemeinsame Fähigkeit, sich am Wohnungsmarkt den Interessen gemäß zu versorgen, zu einer räumlichen Nachbarschaft (Community) führen (vgl. Dangschat 2009: 28 ff.). Eine Inszenierung von Nachbarschaft, im Sinne von „Community" im Quartier, die umgekehrt erst einmal „nur" durch den gemeinsam geteilten Wohnort existiert, ist mit dem Quartiersansatz, der in Deutschland vor allem durch das Bund-Länder-Programm „Stadtteile mit besonderem Entwicklungsbedarf – die Soziale Stadt" seit den 1990er Jahren stadtentwicklungspolitische Relevanz hatte, kaum möglich. Hier gilt es dann, dem Entwickeln gemeinsamer Interessen Raum und Zeit zu lassen und für die Gestaltung des sozialen Raums Formen der Mitwirkung und Aneignung vorzuhalten.

Im amerikanischen „Community Organizing", das die deutsche Gemeinwesenarbeit innerhalb der Sozialen Arbeit in den 1960er und 1970er Jahren prägte und in den letzten Jahren als eigenständige Strategie zur Demokratisierung von Entscheidungen Fuß gefasst hat (vgl. Szynka 2006), wurde dafür der Unterschied zwischen der „Community of space" und der „Community of interest" verwendet, wobei erstere immer die Vorform der zweitgenannten ist, also Bedingungen oder Probleme des Ortes zur Artikulation gemeinsamer Interessen und Ziele führen. Im Gegensatz zum deutschen Gemeinschaftsbegriff sind dauerhafte Loyalitäten und umfassend geteilte Werte oder gemeinschaftliche Gefühle nicht der Anspruch.

2. Systematisierungen von Sozialraum

In diesem Abschnitt werde ich versuchen, die Konzepte von „Quartier", „Community" und „Sozialraum" aufeinander zu beziehen und zueinander in Beziehung zu setzen (vgl. Alisch 2010). Dazu werde ich mit dem Raum-Begriff beginnen, dessen aktuelleren raumbezogenen Diskurs Jens Dangschat (2007: 25) so zusammenfasst: Es ginge darum, die verschiedenen Arten der Raumaneignung, der Raumnutzung sowie der Raumgestaltung in Wechselwirkung mit dem Sozialverhalten von Individuen, respektive Gruppen und der Funktion von Institutionen zu interpretieren. Demnach setzt sich der Raum gemäß der „Triade des Räumlichen" von Henri Lefebvre (1991: 360 ff.) aus drei Aspekten zusammen: a) der *räumlichen Praxis* als Produktion und Reproduktion von Raum (Wahrnehmung und daraus abgeleitete raumgestaltende Alltagsroutinen); b) der *kognitiven Konstruktion* von Raum („Repräsentationen von Raum" als der überplante Raum, der von Wissenschaft und Technik konzeptualisierte Raum) und c) der *symbolischen (räumlichen) Repräsentation* (Symbole, die die räumliche Praxis und das Gedachte ergänzen); (vgl. auch Löw/Sturm 2005: 37). In ähnlicher Weise konstruierte Dieter Läpple (1991: 196 f.) den sogenannten „Matrix-Raum." Quasi als Synthese der vorangegangenen Raumdiskussionen ist dieser Matrix Raum in vier Komponenten strukturiert:

- das materiell-physische Substrat gesellschaftlicher Verhältnisse (materielle Erscheinungsform; *Orte*);
- die gesellschaftlichen Interaktions- und Handlungsstrukturen (gesellschaftliche Praxis der Produktion, Nutzung des materiellen Raums: Raum*aneignung*);
- Regulationssystem (Vermittlung zwischen materiellem Substrat und gesellschaftlicher Raumpraxis: *Stadtpolitik, Verwaltung*);
- Symbolisches Zeichen-, Symbol- und Repräsentationssystem (*Architektur*).

Läpple kommt zu dem Schluss, dass „ein gesellschaftlicher Raum aus seinem gesellschaftlichen Herstellungs-, Veränderungs- und Aneignungszusammenhang seines materiellen Substrats zu erklären [ist]": (ibd.)

Vor diesem Hintergrund erscheint es verständlich, wenn versucht wird „Akteur/innen zumindest zeitweise einen übersichtlichen Rahmen für ihr Handeln" (Hinte 2005: 550) anzubieten, indem eine bestimmte Begrifflichkeit und eine damit verbundene „theoretisch fundierte und praktisch brauchbare Systematik" (ebd.) des Sozialraums als verbindlich erklärt wird – nicht zuletzt, um entsprechende „Zuständigkeiten" zu „verorten". Das sogenannte Aktionsebenen-Modell (vgl. Grimm et al. 2004), welches die WissenschaftlerInnen um Wolfgang Hinte entwickelten, sollte „zumindest den Versuch dar[stellen], eine solche Systematik zu entwickeln" (ebd.): Hier werden die Verwaltungsebene („Gebietsbeauftragte"), die intermediäre Ebene (Stadtteilmoderator) und die eigentliche Quartiersebene (Fachkräfte im Stadtteilbüro) mit ihren jeweiligen Aufgaben innerhalb einer Quartiersstrategie voneinander unterschieden.

Diese Systematisierung hat ihre Wirkung nicht verfehlt, erscheint sie doch geeignet, im Austausch zwischen den Professionen und Disziplinen, die mit dem Quartiers- oder Sozialraumbegriff umgehen, festzuhalten, aus welcher fachlichen Perspektive jeweils argumentiert wird.

Deshalb wurde in gleichem Zusammenhang und ebenfalls „unter dem Gesichtspunkt der Praktikabilität" (Litges et al. 2005: 562) versucht, den Sozialraumbegriff auf eine *fachpraktische* Ebene und eine *Steuerungsebene* zu beziehen (vgl. auch bereits Hinte 2001).

Die fachpraktische Ebene bezieht sich auf „individuell definierte, durch das Lebensumfeld der Menschen beschriebene Sozialräume" (Litges et al. 2005: 563), die zum Ausgangspunkt „professioneller Aktivität" (ebd.) werden. Auch wenn damit angedeutet wird, dass es je nach Raumwahrnehmung und den Möglichkeiten, Raum gestaltend zu beeinflussen, ganz unterschiedliche Definitionen und Abgrenzungen von Sozialraum geben wird, schlagen die Autoren hier die Brücke zum kommunalpolitisch/administrativ abgegrenzten Quartierraum vor, indem sie von (räumlichen) „Ballungen" sich „überschneidender Räume und Raummuster" (ebd.) ausgehen, die sich in Abhängigkeit einer städtebaulichen und kulturell-historischen Struktur ergeben. Um den Sozialraum praktisch handhabbar zu machen, wird Sozialraum auf dieser von Litges et al. (2005) als fachpraktisch bezeichneten Ebene verstanden als „historisch gewachsenes *Gebiet* mit kultureller Eigenart und Identität". Dieser Sozialraumbegriff ähnelt der Vorstellung sozialräumlicher Milieus, die jedoch meist noch kleinteiliger sind.

Auf der Steuerungsebene ist der Sozialraum die Bezugsgröße für die institutionelle Vernetzung, Ressourcenbündelungen und deren effektiven Einsatz. Hier ist der Sozialraum in erster Linie eine Planungsgröße – die in Stadtrandgebieten und im ländlichen Raum nur noch wenig mit den individuell konstituierten Sozialräumen gemein hat (Litges et al. 2005). Diese Systematik ist somit auch der Versuch, bestehende Praxis von Sozialraumorientierung zu strukturieren.

Damit ist auch ein Grunddilemma des Sozialraumbegriffs umrissen: Die Sozialpädagogen Frank Früchtel, Gudrun Cyprian und Wolfgang Budde (2007), die sich ebenfalls an einer Systematik des Sozialraums versucht haben, betonen, dass der Sozialraumorientierung ein „Doppelcharakter" zuzuschreiben sei: es handele sich um a) ein *Handlungskonzept* auf technischer, operativer und strategischer Ebene sowie b) um ein *Raumkonzept*. Dieses bezieht sich auf den Lebensraum von Einzelnen, und dessen Überschneidung mit anderen individuellen Lebensräumen sowie dem Steuerungs- bzw. Planungsraum (vgl. ebd. 2007: 24). Ihr Modell richtet den Blick als „integrierender mehrdimensionaler Arbeitsansatz" auf die vier Handlungsfelder Sozialstruktur, Organisation, Netzwerk und Individuum (das sog. SONI-Modell). „Sozialstruktur" meint dabei den „objektivierten Kontext", der sich z. B. in den Prozessen sozial-räumlicher Segregation oder in sozialpolitischen Leitvorstellungen, Normalitätserwartungen etc. äußere. „Organisation" bezieht sich auf den institutionellen Kontext. „Netzwerk" meint die sozialen Beziehungen und Verflechtungen der Bewohner und Bewohnerinnen und der Akteure eines gegebenen (administrativ abgegrenzten) Sozialraums. Im Handlungsfeld „Individuum" kommen schließlich die subjektiven Raum-Wahrnehmungen und Deutungen, die Lebenslagen und Alltagsorganisationen Einzelner zum Tragen. Damit werden jedoch genau jene Dimensionen angesprochen, die über alle Publikationen hinweg und vor allem in der kommunalen Praxis die Kernelemente der Sozialraumorientierung ausmachen.

Um die verschiedenen in der Diskussion befindlichen Begriffe von Sozialraum und die jeweils dazugehörigen Konzepte von Sozialraumanalyse zu ordnen, greift

Michael May (2008: 64 ff.) die Unterscheidung einer territorialen, einer funktionalen und einer kategorialen Dimension von Gemeinwesenarbeit auf, die gleichzeitig in der Praxis existieren, nicht wertend gegeneinander stehen, sondern helfen können, sich mit dem eigenen Arbeitsfeld zu positionieren:

Unter der *territorialen* Dimension versammelt er die Diskussion um Sozialraum als Planungs- und Verwaltungsraum, wie sie vor allem von Hinte und auch bei Früchtel et al. (2007) auf der einen Seite und Reutlinger/Kessl/Maurer (2005: 21) auf der anderen Seite geführt wird. In dieser Diskussion geht es um Raum als „Macht- und Entscheidungsraum, Gestaltungs- und Interventionsraum (vgl. u. a. Hinte 2007). Hier lassen sich Sozialräume als Planungsräume und Fördergebiete einordnen (z. B. für Förderprogramme wie LOS: Lokales Kapital für soziale Zwecke; E&C: Bundesmodellprogramm Entwicklung und Chancen junger Menschen in sozialen Brennpunkten; BIWAQ: Bildung, Wirtschaft, Arbeit im Quartier, Bund-Länder-Programm Stadtteile mit besonderem Entwicklungsbedarf – die Soziale Stadt, Sozialraumbudgetierung als Instrument der Sozialraumorientierung der Familien- und Jugendhilfe etc.).

Die *funktionale* Dimension von Sozialraum: Hier wird der Sozialraum zum Gestaltungsraum und bezieht sich auf die Lebensbedingungen und Einrichtungen für den Reproduktionsbereich. Sie werden ins Verhältnis zu den Bedürfnissen der Bevölkerung gesetzt (vgl. Boulet et al. 1980: 295 ff.). Healey (1997) hat diese Form der Gestaltung von Raum als „place-making" bezeichnet: Ein sozialer Prozess, der „von Individuen bestimmt wird, die ihrerseits institutionell eingebunden sind und die die ortsgebundene soziale Situation in ihrer Weise interpretieren" (Dangschat 2007: 28).

Beiden Dimensionen eines Sozialraums gemein ist (im Sinne ihrer Ursprünge als doppelte Bedeutung der „Community" als Gemeinschaft, die über die geografische und funktionale Nähe der Menschen zueinander bestimmt ist; vgl. May 2008: 68) ihre „zumindest implizite Tendenz" (ebd.), „das Modell eines absoluten Raumes, das heißt des Modells eines kontinuierlichen, für sich existierenden Raumes im Sinne eines fixen Behälters" (Kessl/Reutlinger 2007: 23) zugrunde zu legen.

Die dritte von Michael May eingeführte *kategoriale* Raumdimension bezieht sich auf eine Anzahl von Menschen in der Gesellschaft, die bestimmte Kennzeichen miteinander gemeinsam haben, wie z. B. Lebensalter, eine bestimmte Problemsituation, Herkunft etc., ohne dass jedoch zwischen ihnen eine Gruppenbeziehung zu bestehen braucht. Hier setzt die zielgruppenbezogene Gemeinwesenarbeit an, bei der die Interessen und Bedürfnisse von Zielgruppen im Vordergrund stehen (vgl. ebd. 67).

3. Warum ist das wichtig? Praxis der Sozialraumorganisation

Eine klare Positionierung ist schon ausschlaggebend dafür, welche Konzepte einer Sozialraumanalyse auf welche Fragestellung angewendet werden und welche Bedeutung und welche Formen der Partizipation in der Projektentwicklung vor Ort zugestanden werden. Hier verbinden sich Quartier und Sozialraum in der Weise, dass nicht mehr allein das Quartier *als* Sozialraum interpretiert wird – in erster Linie also die territoriale Dimension des Sozialraums, allenfalls auch seine funktionale – sondern Sozialräume *in* Quartieren in den Fokus gelangen.

Boettners (2009: 263) Strukturierung unterschiedlicher Vorgehensweisen bei der Sozialraumanalyse sollen dies verdeutlichen: Er unterscheidet formative von nicht formativen Analysen. Hierbei wird von vorgegebenen Gebieten ausgegangen, in denen „quantitativ vergleichbare Eigenschaften" (strukturorientierte Analyse) (ebd.) oder die „Handlungsrelevanz räumlicher Gegebenheiten" an einem Ort analysiert werden (phänomenologisch-interaktionsorientierte Analyse). Auf die Sozialraumkonstituierung der Individuen heben die formativen Analysen ab, die „eine teilräumliche Gliederung erst erzeugen" (ebd.) oder Gebietsgrenzen anhand der „sozialen Praxis und lebensweltlichen Sicht der Bewohner" (ebd.) als handlungsrelevant darstellen. Diese wiederum „phänomenologisch inter-aktionsorientierte" Analyse der Sozialräume ist gerade in Bezug auf die Neuplanung von Stadtquartieren ein wesentlicher Ansatzpunkt für Partizipationsprozesse zur Quartiersintegration.

In einer Übersicht zur methodischen Typologie von Sozialraumanalysen haben Riege und Schubert zwischen zwei grundsätzlichen Typen unterschieden, nämlich der Identifizierung von Teilräumen in der Gesamtstadt (territoriale Dimension von Sozialraum) und der Differenzierung der Teilräume nach innen, wobei dieser Typus bei der Klärung des Zusammenhangs zwischen dem Sozialraum- und dem Quartiersbegriff aus sozialwissenschaftlicher Sicht der maßgebliche ist (Riege/Schubert 2002: 38). Die Autoren nähern sich in drei „Schichten" dem Sozialraum: der physischen Raumabgrenzung, den Verwaltungsräumen (Muster sozioökonomischer Strukturen zur inneren Charakterisierung) und den sogenannten Nutzungsräumen (Wahrnehmungsräume, subjektiv wie kollektiv konstruierte Räume). Hier erscheint der Sozialraum als „gelebte Struktur" mit *„Aktionsräumen"* zwischen Wohnungen, Infrastruktur, Wegen; *„Lebenswelten"* als individuelle, räumliche Bezüge von Interessen, die im Verhalten von Einzelnen und Gruppen regelmäßig vorkommen und *„Symbolen"* als Zusammenhang von physischer Raumstruktur, sozialer Nutzung, Kultur und Mentalität (vgl. ebd.).

4. Prinzipien sozialraumbezogenen professionellen Arbeitens

Trotz des inzwischen recht vielfältigen theoretischen und konzeptionellen Hintergrunds der auf den Sozialraum bezogenen Handlungsansätze (in der Stadtentwicklungsplanung, der Gesundheitsförderung, der sozialen Arbeit, der lokalen Agenda 21 u. a.) haben sich Prinzipien herausgebildet, die zu einem auf den sozialen Raum bezogenen professionellen Handeln gehören. Sie sollen hier abschließend kurz zusammengefasst werden (vgl. auch Alisch 2009):

1. *Partizipation:* Professionell sozialraumbezogen zu handeln funktioniert nur gemeinsam mit den Adressaten: Erstens sind sie die Akteure der Konstituierung von Sozialraum, auf den gestaltend Einfluss genommen wird; zweitens wird sich deshalb die Aktivierung von Stärken und Potenzialen am Alltag der Menschen orientieren müssen.
2. *Ressourcenbezug*: Sozialraumorientierung bedeutet die Abkehr einer Intervention, die von den Problemen und Defiziten der Klientel oder der Quartiere ausgeht. Sie setzt vielmehr an den Stärken auf der individuellen und der Nachbarschaftsebene an und erkundet dort Ressourcen zur individuellen und strukturellen Problemlösung (Stärken des Sozialraums können z. B. sein: Gebäude, Nachbarschaft, Plätze, Natur, Straßen, Unternehmens-, Dienstleistungs- Infrastruktur (materielle Ressourcen) sowie Schlüsselpersonen, Netzwerke, Traditionen (sozialräumliche und symbolische Ressourcen).
3. *Kooperation*: Sozialraumorganisation ist Netzwerkarbeit. Es gilt, alle relevanten Akteure in allen Phasen der Arbeit aktiv einzubeziehen: bei der Problemwahrnehmung, der Lösungsfindung und der Umsetzung von konkreten Projekten und Hilfen.
4. *Integration:* Sozialraumarbeit handelt zielgruppenübergreifend. Sie sollte geprägt sein von Kristallisationspunkten für Aktivitäten, an denen niemand sozial, kulturell oder materiell ausgeschlossen wird. Das schließt Aktionen und Projekte für die Bedürfnisse bestimmter sozialer Gruppen explizit ein, nur wird sich erst durch geeignete Formen der Partizipation zeigen, welches die Gruppen und adäquate Projekte sind.
5. *Ressortabstimmung:* Sozialraumarbeit selbst ist ein Handlungsprinzip und damit keinem Ressort zugehörig. Sie handelt und vermittelt *zwischen* Ressorts und Zuständigkeiten. Derzeit erweist es sich als hilfreich, dass mit der Vorgabe administrativ abgegrenzter (Förder)gebiete projektbezogene Aushandlungsprozesse zwischen Zuständigkeiten notwendig und machbar werden (s. dazu z. B. auch Boos-Krüger/Pallmeier (2009) zur Gesundheitsförderung in Soziale-Stadt-Gebieten).
6. *Steuerung über Orte/Territorien:* Das Zusammenwirken der lokalen institutionellen Netzwerke funktioniert über den gemeinsamen Ort des Handelns.

Literatur

- Alisch, Monika (2010): Sozialraummodelle im arbeitsmarktpolitischen Kontext – Ein unvollständiger Überblick über die sozialwissenschaftlichen Diskussion(en) zum Sozialraumbegriff. In: Bundesamt für Bauwesen und Raumordnung (Hrsg.): Bildung, Arbeit und Sozialraumorientierung. Informationen zur Raumentwicklung, Heft 2/3: 103–110.
- Alisch, Monika (2009): Wissensbaustein „Sozialraumorientierung". In: Gromann, Petra: Koordinierende Prozessbegleitung in der Sozialen Arbeit. In: Heiner, M. (Hrsg.): Handlungskompetenzen in der Sozialen Arbeit, Band 2. München.
- Alisch, Monika/Dangschat, Jens S. (1993): Die solidarische Stadt – Ursachen von Armut und Strategien für einen sozialen Ausgleich. Frankfurt a. M.
- Alisch, Monika/Dangschat, Jens S. (1998): Armut und soziale Integration. Strategien sozialer Stadtentwicklung und lokaler Nachhaltigkeit. Opladen.
- Boettner, Johannes (2009): Sozialraumanalyse – soziale Räume vermessen – erkunden – verstehen. In: Michel-Schwartze, B. (Hrsg.): Methodenbuch Soziale Arbeit. Basiswissen für die Praxis. (2. Aufl.) Wiesbaden: 259–292.
- Boos-Krüger, Annegret/Pallmeier, Heike (2009): Gesundheitsförderung in der Sozialen Stadt. In: Alisch, M. (Hrsg.): Lesen Sie die Packungsbeilage...?! Sozialraumorganisation und Gesundheitsinformation: 197–222.
- Boulet, Jaak/Krauss, Jürgen/Oelschlägel, Dieter (1980): Gemeinwesenarbeit als Arbeitsprinzip. Eine Grundlegung. Bielefeld.
- Dangschat, Jens S. (1999): Armut durch Wohlstand. In: Dangschat, J.S. (Hrsg.) Modernisierte Stadt – Gespaltene Gesellschaft. Ursachen von Armut und sozialer Ausgrenzung. Opladen: 13–44.
- Dangschat, Jens S. (2007): Raumkonzept zwischen struktureller Produktion und individueller Konstruktion. In: Universität Hamburg (Hrsg.): Ethnoicripts. Jahrgang 9,1 Heft 1: 24–44.
- Dangschat, Jens S. (2009): Zur Notwendigkeit des Community Ansatzes. In: Alisch, M. (Hrsg.) Lesen Sie die Packungsbeilage ...?! Sozialraumorganisation und Gesundheitsinformation. Opladen/Farmington Hills.
- Früchtel, Frank/Cyprian, Gudrun/Budde, Wolfgang (2007): Sozialer Raum und Soziale Arbeit. Textbook: Theoretische Grundlagen. Wiesbaden.
- Grimm, Gaby/Hinte, Wolfgang/Litges, Gerhard (2004): Quartiersmanagement. Eine kommunale Strategie für benachteiligte Wohngebiete. Berlin.
- Hamm, Bernd (1982): Einführung in die Siedlungssoziologie. München.
- Hanesch, Walter (1997) (Hrsg.): Überlebt die soziale Stadt? Opladen.
- Häußermann, Hartmut/Siebel, Walter (2004): Stadtsoziologie. Eine Einführung. Frankfurt a. M./New York.

- Häußermann, Hartmut/Wurtzbacher, Jens (2005): Stadterneuerungspolitik und Segregation. In: Kessl, F./Reutlinger, C./Maurer, S./Frey, O. (Hrsg.): Handbuch Sozialraum. Wiesbaden: 513–528.
- Healey, Patsy (1997): Collaborative Planning. Shaping Places in Fragmented Societies. Houndsmills/London.
- Herlyn, Ulfert/Lakemann, Ulrich/Lettko, Barbara (1991): Armut und Milieu. Benachteiligte Bewohner in großstädtischen Quartieren. Stadtforschung aktuell, Band 33. Basel et al.
- Hinte, Wolfgang (2001): Quartiermanagement als kommunales Gestaltungsprinzip. Aktivierende Arbeit im Wohnviertel. In: Blätter der Wohlfahrtspflege 5/6.
- Hinte, Wolfgang (2005): Diskussionsbeitrag Gemeinwesenarbeit. In: Kessl. F./Reutlinger, C./Maurer, S./Frey, O. (Hrsg.) Handbuch Sozialraum. Wiesbaden: 548–554.
- Hinte, Wolfgang (2007): Das Fachkonzept „Sozialraumorientierung". In: Hinte, W./Treeß, H. (Hrsg.): Sozialraumorientierung in der Jugendhilfe: Theoretische Grundlagen, Handlungsprinzipien und Praxisbeispiele einer kooperativ-integrativen Pädagogik. Weinheim/München: 15–130.
- Kessl, Fabian/Reutlinger, Christian/(2007): (Sozial)Raum – ein Bestimmungsversuch. In: Dies. (Hrsg.): Sozialraum. Eine Einführung. Wiesbaden: 19–35.
- Läpple, Dieter (1991): Essay über den Raum. In: Häußermann, H. et al. (Hrsg.): Stadt und Raum. Soziologische Analysen. Pfaffenweiler: 157–207.
- Lefebvre, Henri (1991): The production of space. Oxford.
- Litges, Gerhard/Lüttringhaus, Maria/Stoik, Christoph (2005): Quartiermanagement. In: Kessl, F./Reutlinger, C./Maurer, S./Frey, O. (Hrsg.): Handbuch Sozialraum. Wiesbaden: 560–576.
- Löw, Martina (2001): Raumsoziologie. Frankfurt a. M.
- Löw, Martina/Sturm, Gabriele (2005): Raumsoziologie. In: Kessl, F./Reutlinger, C./Maurer, S./Frey, O. (Hrsg.): 31–48.
- May, Michael (2008): Sozialraumbezüge Sozialer Arbeit In: Alisch, M./May, M. (Hrsg.) (2008): Kompetenzen im Sozialraum. Sozialraumentwicklung und -organisation als transdisziplinäres Projekt: 61–84.
- Reutlinger, Christian/Kessl, Fabian/Maurer Susanne (2005): Die Rede vom Sozialraum – eine Einleitung. In: Kessl. F./Reutlinger, C./Maurer, S./Frey, O. (Hrsg.) Handbuch Sozialraum. Wiesbaden: 11–30.
- Riege, Marlo/Schubert, Herbert (2002): Einleitung: Zur Analyse sozialert Räume – Ein interdisziplinärer Integrationsversuch. In: Riege, M./Schubert, H. (Hrsg.): Sozialraumanalyse. Grundlagen – Methoden – Praxis: 7–60.
- Selle, Klaus (2006) (Hrsg.): Zur räumlichen Entwicklung beitragen. Konzepte, Theorien, Impulse. Planung neu denken. Bd. 1. Dortmund.
- Tönnies, Ferdinand (1887): Gemeinschaft und Gesellschaft. Leipzig.

- Häußermann, Hartmut/Siebel, Walter (2004): Stadtsoziologie. Eine Einführung. Frankfurt a. M./New York.
- Szynka, Peter (2006): Theoretische und empirische Grundlagen des Community Organizing bei Saul Alinsky (1909–1972). Akademie für Arbeit und Politik der Universität Bremen.
- Wellman, Barry/Leighton, Barry (1979): Networks, Neighborhoods and Communities. In: Urban Affairs Quarterly, März/79.

Veronika Deffner

Quartiere als soziale Räume
Sozialgeographische Reflexionen

Dieser Beitrag beleuchtet aus sozialgeographischer Perspektive, wie das Quartier als sozialer Raum konzeptionell gefasst und operationalisiert werden kann. Er geht nicht vom Quartier als einem spezifischen Problemfall, sondern als Untersuchungsgegenstand der Wissenschaft aus. Ziel dieser Auseinandersetzung ist es, die disziplinären Grenzen und blinden Stellen wissenschaftlicher Erkenntnis permeabler und transparenter zu gestalten und über diese Offenlegung weiterführende Einblicke in die theoretisch informierte sozialgeographische Stadtforschung für das interdisziplinäre Feld der Quartiersforschung zu ermöglichen. Dass dies bislang nur vereinzelt stattfand, mag unter anderem damit begründbar sein, dass das Quartier meist als konkreter Untersuchungs-„Raum" weniger von Interesse für wissenschaftstheoretische Selbstreflexion ist – wie auch umgekehrt raum- oder sozialwissenschaftliche Konzeptionierungen eher selten explizit von einem idiographischen Raumbeispiel, wie bei einer Quartiersbetrachtung naheliegend, ausgehen.

Die nachfolgenden Reflexionen verschreiben sich dem Ziel dieses Sammelbandes, einen Beitrag zu einer verstehenden Kommunikation über das Quartier zu leisten – wenngleich dies eine gewisse Redundanz von bereits zahlreich an anderen Stellen beschriebenen sozial- und raumtheoretischen Konzepten und Entwicklungen mit sich bringt. Im Anschluss an einen einleitenden Überblick über die perspektivischen Möglichkeiten sozialgeographischer Stadtforschung auf das Quartier als Untersuchungsgegenstand im Sinne eines sozialen Raumes (1) erfolgt eine skizzenhafte Zusammenfassung von Bourdieus Sozialraumkonzept (2), wobei der Fokus hierbei auf die Distinktionslogik innerhalb der sozialen Felder gerichtet ist. Sie sind ein wichtiges Moment für die Kategorie der Relationalität, die seit einiger Zeit bereits in den raumwissenschaftlichen Diskurs in der Humangeographie einfließt (vgl. u. a. Jones 2009). Um diese aktuell verhandelte Perspektive einer relationalen Sozialgeographie besser greifbar zu machen, werden deren Entwicklungswege von der Praxisorientierung über die Reflexivität hin zur Relationalität charakterisiert (3). Abschließend werden die Konsequenzen aufgezeigt (4), die sich aus diesem Bemühen um tiefergehende konzeptionelle, methodologische und epistemologische Überlegungen für eine bzw. aus einer anschlussfähigen sozialgeographischen Stadtforschung mit Fokus auf das Quartier heraus ergeben.

1. Sozialgeographische Stadtforschung und Quartiere als soziale Räume

Sozialgeographische Stadtforschung bietet ein weites Spektrum an interdisziplinären Anknüpfungsstellen. Nicht-Geographinnen und -Geographen erscheint sie bisweilen als Pendant zur raumsoziologischen Stadtforschung – mit welcher durchaus große Schnittmengen epistemologischer wie methodologischer Art bestehen. Dies resultiert meist aus der gemeinsamen Annahme, dass Stadt nicht ohne Gesellschaft betrachtet werden kann. Eine mögliche sozialgeographische Lesart von Städten geht im Anschluss an diese Annahme davon aus, urbane Räume als Prozesse (vgl. Vogelpohl 2010), und damit in ihren sozialen Dynamiken und Ordnungen zu begreifen. Aus diesem möglichen Blickwinkel sozialgeographischer Stadtforschung – und dieser wird in dem vorliegenden Beitrag verfolgt – ist die Stadt ohne Gesellschaft und ihre Individuen, welche urbane Räume durch ihr soziales Interagieren, Handeln und ihre (stets raumbezogenen bzw. raumwirksamen) Alltagspraktiken kontinuierlich hervorbringen nicht existent, bzw. bestünde lediglich als leere Form oder Hülle. Die Stadt ist das Urbane, die Gesellschaft – im Sinne Lefebvres Hypothese von der vollständigen Verstädterung der Gesellschaft (bezogen auf aus der Industrialisierung entstandene Gesellschaften; Lefebvre 1972: 7). Eng mit dieser Auffassung von Stadt ist ein Raumverständnis verbunden, welches von der sozialen Konstruiertheit von Räumen ausgeht. Neben dem Interesse an diesen Konstruktionsmechanismen des wahrnehmbaren und genutzten, des gedanklich konzipierten und geplanten, sowie des sozial erlebten Raumes fragt sozialgeographische Stadtforschung auch nach der Wirksamkeit von materiellen räumlichen Einheiten, durchaus auch im Sinne von „gebauter Umwelt", und von Raumdiskursen auf soziale Prozesse und die (alltägliche) Praxis von Individuen.

Die sozialwissenschaftlich, v. a. sozialgeographisch häufig implizite Rede vom Quartier als sozialem Raum geht folglich auf die Grundannahme zurück, dass der betrachtete physisch-räumliche Stadtausschnitt seine spezifische Wirksamkeit (und damit seine Bedeutung als Forschungsgegenstand) erst über die gesellschaftlichen Verhältnisse erlangt, die primär über das individuelle Raumerleben in Erfahrung gebracht werden können (vgl. Hard 1985; Wardenga 2000; Weichhart 1980). Mit dem Fokus auf das Soziale des Raumes oder den Raum als Soziales ist allerdings auch das Unbehagen verbunden, dass eine objektive ontologische Abgrenzung des „Quartiers als sozialer Raum" an sich nicht möglich ist. Denn die Quartiers-Grenzen werden für dieses Erkenntnisinteresse vom Individuum bzw. Akteur aus bestimmt, genauer von der konkreten und wahrgenommenen Reichweite der (mobilitäts- bzw. ressourcenabhängigen) Handlungsspielräume, den Aktionsräumen oder Raumvorstellungen.

Dennoch impliziert auch die sozialwissenschaftliche Auseinandersetzung mit dem Quartier, alleine aus forschungspragmatischen Gründen, meist eine notwendige physische Bestimmung unseres Untersuchungsraumes für das empirische Arbeiten (vgl. Schnur 2008b). Ebenso wie eine solche häufig zu selbstverständliche Annahme der materiellen Abgrenzung des Quartiers Schwierigkeiten für die Erforschung des sozialen Raumes (verstanden als „Lebenswelt", Sphäre sozialer Interaktionen o. ä.) hervorrufen kann, zeigt sich auch bei der unhinterfragten oder verkürzten Rede vom Quartier als sozialem Raum, dass es zu verhängnisvollen Missverständnissen kommen kann, vor allem wenn soziale Unterschiede als natürliche Gegebenheiten interpretiert werden. Daher erscheint ein Nachdenken über die Grundannahme des Quartiers als sozialer Raum und die damit verbundenen Widersprüche angemessen für jegliche interdisziplinäre Diskussion zu sein. Hierzu beziehen sich die weiteren Ausführungen auf das vielbeschriebene Konzept des sozialen Raumes gemäß dem französischen Soziologen Pierre Bourdieu. Ein erneutes Aufgreifen und Beschreiben von Bourdieus sozialem Raum und des gewandelten Raumverständnisses in den beiden nachfolgenden Kapiteln mag selbst weniger theoretisch orientiert arbeitenden Sozialwissenschaftlern redundant erscheinen. Gerade in der Kommunikation mit Fachvertreterinnen und -vertretern außerhalb sozialwissenschaftlicher Disziplinen hat sich jedoch gezeigt, dass die Klärung der Raumfrage nach wie vor ein „missing link" in der gemeinsamen Auseinandersetzung und im Dialog über das Quartier als Forschungsgegenstand darstellt. Eine sprachlich genaue Positionierung bezüglich des Raumverständnisses von sozialem und physischem Raum erscheint für die interdisziplinäre Quartiersforschung daher als wichtiges heuristisches Element.

2. Bourdieus sozialer Raum und die Logik der Distinktion in den sozialen Feldern

Die Auswahl von Bourdieus Sozialraumkonzept für die vorliegenden Reflexionen geht auf zwei wesentliche Gründe zurück: Erstens ist er als Sozial- bzw. Praxistheoretiker mit seinen begrifflichen Raumbezügen seit nunmehr fast zwei Jahrzehnten einer der meistzitierten Soziologen in der Humangeographie, wie auch in weiteren Raumwissenschaften. Seine drei Kategorien des physischen, sozialen und angeeigneten physischen Raumes bieten offensichtlich eine passende und eingängige Entsprechung für das noch immer nicht ganz überwundene dichotome Denken (physischer – sozialer Raum) in raumorientierter, speziell geographischer Forschung (Soja 2003: 273). Diese Kategorien bergen allerdings auch bestimmte Risiken, vor allem bei einer verkürzten Lesart oder der fragmentarischen Übernahme von Bourdieus so gut operationalisierbar erscheinenden Begriffen, wie allen voran dem sozialen

Raum. Zweitens ermöglicht Bourdieus praxistheoretischer Zugang eine relationale Perspektive, welche die individuelle soziale Praxis im Kontext der sie strukturierenden gesellschaftlichen Verhältnisse betrachtet. Für die Quartiersforschung ist Relationalität ein häufig nicht explizit formuliertes, aber implizit bereits mitgedachtes oder methodisch umgesetztes Analyseinstrument (sei es innerhalb der Bewohnerschaft und ihrer Interessen hinsichtlich ihrer sozialen Positionen, z. B. bei Jugendgruppen, Ausländern, oder für die Quartiere untereinander in der innerstädtischen Gesamtbetrachtung). Eine bewusste Auseinandersetzung mit den relationalen Zusammenhängen in der komplexen sozialen Realität sowie der Alltagspraxis erscheint daher vor allem im Prozess des empirischen Erkenntnisgewinns entscheidend (vgl. Haferburg 2007).

Der soziale Raum stellt bei Bourdieu eine Kategorie dar, welche jene sozialen Zusammenhänge zu beschreiben sucht, die das gesellschaftliche Zusammenleben ausmachen. Dieses Konzept fungiert offensichtlich als „Hülle" des gesellschaftlichen Lebens und kann als solche für die Geographie und andere mit Stadt- oder Regionalforschung befasste Disziplinen sehr passend greifbar gemacht und analysiert werden. Raum stellt in diesem Verständnis allerdings „nur" eine Metapher für den gesellschaftlichen Gesamtzusammenhang dar. Der Begriff des sozialen Raumes zwingt zum Denken in Relationen, wenn er, wie bei Bourdieu, als Ordnungsvorstellung aufgefasst wird: Er ist bestimmt „als eine Struktur des Nebeneinanders von sozialen Positionen" (Bourdieu 1991: 26) und konstituiert sich über Unterschiede, die wiederum auf soziale Positionen (Kapitalverfügbarkeiten) rekurrieren. Diese wiederum sind nur über das Wissen um die vorherrschende Logik der Klassen zu verstehen und werden über unterschiedliche Dispositionen erlangt oder verwehrt. Kurz, es handelt sich um eine sehr komplexe, dem wissenschaftlichen Beobachter größtenteils verborgene Wirklichkeit, die Bourdieu beschreibt. Aber nicht nur für Wissenschaftlerinnen und Wissenschaftler, sondern besonders auch für die betreffenden Akteure selbst ist der soziale Raum eine „unsichtbare, nicht herzeigbare und nicht anfassbare, den Praktiken und Vorstellungen [...] Gestalt gebende Realität" (Bourdieu 1998: 23). Bourdieu benutzt die Metapher vom sozialen Raum also für ein Ensemble fiktiver Orte (= Felder) bzw. als relationalen Raum der sozialen Welt.

Die sozialen Klassen (bzw. Schichten) konstituieren sich im sozialen Raum gemäß Bourdieu anhand von Differenzen. Klassen existieren nicht per se, sondern rein virtuell in diesem Raum von Unterschieden, und sie werden ebenfalls erst durch gesellschaftliche Praxis hergestellt (Bourdieu 1998: 26). Unterschiede sind für Bourdieu Einstellungs- oder Verhaltensmerkmale, die jedoch nicht als natürliche Gegebenheiten gesehen werden dürfen, sondern die als Differenz oder Abstand in der gesellschaftlichen Realität (und damit im sozialen Raum) in Relation zu anderen Menschen wirken (Bourdieu 1985: 18). Wichtig für den relationalen Charakter des sozialen Raumes ist die gegenseitige Interdependenz der individuell-subjektiven Perspektive und der objektiven Position (z. B. durch finanziellen oder beruflichen Status) in ihm. Einerseits erlangt jeder Akteur durch seine Position im sozialen Raum und die damit verbundenen Handlungsdispositionen eine spezifische Perspektive, „die ihrer Form und ihrem Inhalt nach von der objektiven Position bedingt ist, von der aus man zu ihr kommt" (Bourdieu 1998: 26). Andererseits ist der soziale Raum stets „die erste und die letzte Realität, denn noch die Vorstellungen, die die sozialen Akteure von ihm haben können, werden von ihm bestimmt" (ibd.: 27).

Es gilt folglich bei der Analyse des sozialen Raumes, nicht nach der Differenzierung der Gesellschaft in Klassen o. ä. zu suchen, sondern die verschiedenen sozialen Felder, welche in ihrer Summe den sozialen Raum konstituieren, als „in sich abgeschlossene und abgetrennte Mikrokosmen" (Bourdieu 2001: 30) mit ihren je eigenen Logiken der Distinktion zu erfassen. Sie sind vergleichbar mit Spiel- oder Kräftefeldern, in welchen die Akteure um Ressourcen, soziale Positionen und Macht rivalisieren (Bourdieu/Wacquant 1996: 127). Die Akteure agieren in den jeweiligen Feldern durch den Einsatz spezifischer Ressourcen, welche die feldimmanenten Strategien und Interessen erfordern. Ressourcen sind bei Bourdieu die unterschiedlichen Kapitalien (ökonomisches, kulturelles, soziales und symbolisches Kapital), welche die Möglichkeiten der Akteure in den verschiedenen Feldern bestimmen (z. B. wirtschaftliches, künstlerisches, intellektuelles oder universitäres Feld, vgl. Bourdieu 1991: 28). Die „Nähe im sozialen Raum", welche zur Annäherung prädisponiert (Bourdieu 1989: 24), z. B. in Form ähnlicher Lebensbedingungen oder Handlungsmöglichkeiten, entsteht durch ähnliches Kapitalvolumen und Kapitalstruktur.

Ein grundlegendes Missverständnis in der geographischen Rezeption Bourdieus (vgl. Painter 2000: 257 f.) liegt in der Lesart seines eher sphärisch angelegten Raumverständnisses (u. a. Helbrecht/Pohl 1995). Er wollte den Raum nicht in seiner materiellen oder topographischen Beschaffenheit untersuchen, sondern verwendete ihn lediglich als einen Begriff zur Vereinfachung komplexer Zusammenhänge. Lesen wir ihn nicht als Raumtheoretiker, sondern als Soziologen, dann ermöglicht seine Praxistheorie den „Raum" – sei es als Kontext der Alltagswelt, sei es über seine Strukturen oder als räumliches Kapital – in seiner Wirkung und Bedeutung für das gesellschaftliche Zusammenleben zu erfassen. Der soziale Raum bei Bourdieu ist weder als Pendant zum (Erd-)Raum zu sehen, um das Wechselverhältnis von Raum und Gesellschaft zu analysieren, noch ist er eine Repräsentation der sozialen Wirklichkeit (Lippuner 2005a: 157). Vor allem aber darf Bourdieus Raumbegriff nicht verkürzt im Sinne oder in Gegenüberstellung zu einem physischen Flächenraum aufgefasst werden (d. h. als eine vor der sozialen Praxis existierende Realität), die in den physischen Raum gespiegelt wird und in diesem nur noch abzulesen ist – wenngleich Bourdieu mit der Rede von der „sozialen Aneignung des physischen Raumes" (Bourdieu 1991) hierzu selbst eine verwirrende Vorlage liefert. Allerdings räumt er auch ein, dass „nichts schwieriger [ist], als aus dem reifizierten sozialen Raum herauszutreten, um ihn nicht zuletzt in seiner Differenz zum sozialen Raum zu denken. Dies gilt umso mehr, als der soziale Raum gleichsam prädestiniert ist, in Form von Raumschemata visualisiert zu werden, und die üblicherweise dazu benutzte Sprache gespickt ist mit Metaphern aus dem Geltungsbereich des physischen Raums" (Bourdieu 1991: 28). Diese „Raumfalle" (Lossau/Lippuner 2004) besteht also in Form einer potentiellen Naturalisierung sozialer Missstände: Durch eine unzulängliche Projektion der sozialen Konstellationen in den physischen Raum kann der Eindruck entstehen, soziale Unterschiede lägen „in der Natur der Sache selbst". Soziale Beziehungen würden dann in räumliche, d. h. in physisch-materielle Strukturen übersetzt und erhielten dadurch den Anschein der Objektivität. Diese Falle lauert insbesondere bei der Rezeption des vielzitierten Aufsatzes „Physischer, sozialer und angeeigneter physischer Raum" (Bourdieu 1991), oder des Kapitels „Ortseffekte" in „Das Elend der Welt" (Bourdieu 1997). So heißt es in erstgenanntem: „der von einem Akteur eingenommene Ort und sein Platz im angeeigneten physischen Raum [geben] hervorragende Indikatoren für seine Stellung im sozialen Raum" ab (Bourdieu 1991: 26). Und in einem weiteren Abschnitt heißt es darin: „aus sozialer Logik geschaffene Unterschiede können dergestalt den Schein vermitteln, aus der Natur der Dinge hervorzugehen (denken wir nur an die Vorstellung der ‚natürlichen Grenzen')" (ibd.). Für Bourdieu gibt es folglich keine Raumeinheiten oder -abgrenzungen, die aus sich selbst heraus, d. h. „natürlich" existieren würden.

3. Praxisorientierte, reflexive, relationale Sozialgeographie

Die hier vertretene Auffassung sozialgeographischen Arbeitens geht auf den bedeutsamen Wandel des Raumverständnisses sowie des Verhältnisses der Forscherinnen und Forscher zu ihren Untersuchungsgegenständen zurück, was sich in der Forschungspraxis, d. h. in der Umsetzung der konzeptionellen Ideen in ein konkretes Forschungsdesign, widerspiegelt. Hierzu gehören vor allem die methodologische Herangehensweise (z. B. Paradigmen der qualitativen Sozialforschung oder hermeneutisch-interpretatives Forschungsparadigma), die daraus resultierende Methodenwahl (teilnehmende Feldbeobachtungen, qualitative Interviews etc.) sowie die Art und Weise des Umgangs mit den empirischen Daten (z. B. theoretische Einbettung und theoriegeleitete Interpretation von Interviewaussagen).

Bereits ein Jahrzehnt vor Edward Sojas' Rede einer „Reassertion of Space" (1989) fanden in der Sozialgeographie erste Anzeichen einer sozialwissenschaftlichen Wende statt, im Zuge derer sich eine stärker raumtheoretisch informierte Wissenschaftspraxis etablierte (Werlen 2005: 15; Weichhart 1980). Paradox erscheint auf den ersten Blick, dass etwa zeitgleich mit dem spatial turn, jener „Wiederentdeckung" des Räumlichen in den Nachbardisziplinen (z. B. in Geschichts- und Bildwissenschaften; vgl. Döring, Thielmann 2008), ausgerechnet in der Geographie als originärer Raumwissenschaft ein entscheidendes Umdenken bezüglich ihrem zentralen Forschungsgegenstand begann. Sie gewann Abstand zum Raum als einer vermeintlich vor aller sozialen Praxis existierenden Realität. Diese Loslösung vom klassischen Verständnis ihres lange Zeit disziplindefinierenden Forschungsgegenstandes ist allerdings weniger als Reaktion auf das zunehmende Interesse am Raum in den Nachbardisziplinen zu erklären, als vielmehr über das gewandelte Raumverständnis im Kontext des cultural turns, der seit Beginn der 1990er Jahre eine verstärkte Zuwendung zu kultur- und geisteswissenschaftlichen Theoriebezügen beschreibt (Lippuner 2005b). Der physisch-materielle Raum trat nicht in den Hintergrund, sondern erfuhr eine Relativierung gegenüber dem Gesellschaftlichen. Er gilt Vertreterinnen und Vertretern des konstruktivistischen Raumverständnisses dementsprechend nicht mehr als eigenständige Wirklichkeit, sondern als gesellschaftliche Konstruktionsleistung (vgl. Gebhardt/Reuber/Wolkersdorfer 2003).

Wegbereitend für die Humangeographie vollzog die Sozialgeographie, die sich in Deutschland seit Hans Bobek und Wolfgang Hartke der Erfassung des Gesellschafts-Raum-Verhältnisses verschreibt, diese Wenden (vgl. Weichhart 2008). Zum einen erfolgte dies in Form eines Bruches mit dem herkömmlichen (Container-)Raumverständnis, zum anderen in Form der Zuwendung des geographischen Denkens zu gesellschaftstheoretischen Bezügen. So legte Benno Werlen 1997 eine „Neubestimmung" für die Sozialgeographie vor. Als zentrale Prämisse formulierte er für diese handlungsorientierte (später praxisorientierte) Sozialgeographie, dass die herkömmliche geographische „Darstellung gesellschaftlicher Wirklichkeiten in räumlicher Begrifflichkeit bemerkenswerte Schwächen auf[weise], weil sie auf den Bereich der materiellen Objekte des Erdraums bezogen bleibt" (Werlen 2008: 279). Das Räumliche hingegen sei als eine „Dimension des Handelns" (ibd.) anzusehen, nicht das Handeln als eine Dimension oder Reaktion auf den Raum und seine objektiven Gegebenheiten. Dabei bezieht sich Werlen auf den gegenständlichen Raum, der nicht mehr Gegenstand empirischer Forschung sein könne. Vielmehr gelangen bei Werlen verschiedene Raumkonzeptionen zur Anwendung, die durch je „verschiedene Arten der Bezugnahme auf körperhafte Dinge" alltäglich konstruiert werden (ibd.: 366). Er beschreibt damit „eine Wende vom gegenständlichen zum begrifflichen Charakter von ‚Raum'" (ibd.). Hinter der Bezeichnung der begrifflichen Gestalt des Raumes verbirgt sich das Verständnis von Raum als einem sozialen Konstrukt.

Ziel einer solchen Sozialgeographie ist es, von einer „praxisorientierten Raumwissenschaft" zu einer „raumbezogenen Analyse menschlicher Praktiken" zu gelangen (Werlen 2010: 219). Konkret ist damit „zuerst zu fragen, wie Subjekte ihre Praktiken verwirklichen und dann ist von Geographinnen und Geographen die Frage zu stellen, welche Bedeutung räumliche Aspekte für deren Verwirklichung im Rahmen des alltäglichen Geographie-Machens erlangen" (ibd.). Damit sind die im alltäglichen

Handeln sowohl auf lokale wie globale Zusammenhänge bezogenen Regionalisierungen bzw. Raumproduktionen gemeint. Sie werden durch raumbezogenes Handeln hervorgebracht, wie es durch Geographien der Produktion oder Konsumtion, Geographien normativer Aneignung oder politischer Kontrolle, sowie Geographien der Information oder symbolischen Aneignung erfolgt (Werlen 2008: 304).

Für die Forschungspraxis bedeutete dieser veränderte Blick auf den Raum und das Gesellschafts-Raum-Verhältnis konsequenterweise eine Praxiorientierung, d. h. die Fokussierung des empirischen Erkenntnisinteresses auf die alltäglichen Praxisformen i. S.v. Wahrnehmungs-, Denk- und Handlungsschemata (Bourdieu 1987). Eine wie von Werlen formulierte praxisorientierte Sozialgeographie geht über die klassische Sozialraumanalyse hinaus, da sie versucht, die Statik der Raumanalyse zu überwinden und die von den sozialen Akteuren individuell erzeugten Geographien zu untersuchen. Ihre zu erfassenden Raumbezüge sind damit die Symbole, Wirkungsmechanismen und Diskurse von Räumen. Diese können nur über die Analyse und Interpretation der sozialen Praktiken erfasst werden. Analog dazu beschreibt die von Hard (1985) formulierte „subjektive Perspektivierung von Alltagswelten" die Fokussierung auf die Innenperspektive von Akteuren, die im Kontext ihrer Verwirklichungsmöglichkeiten und Handlungsrestriktionen agieren, wahrnehmen und beurteilen. Diese gilt es im Forschungsprozess zu rekonstruieren. Mit dieser perspektivischen Wende im Prozess des Erkenntnisgewinns generell, wie in der empirischen Datengewinnung im spezifischen, war die Entwicklung einer kontingenten Vorstellung von Raum und Regionen als „sinnhaft konstituierte soziale Wirklichkeiten" (Werlen 2007: 191) verbunden. Der Raum und die dazugehörigen Raumordnungen, wie wir sie subjektiv und individuell wahrnehmen, können auch immer gänzlich anders sein als wir sie denken oder wahrnehmen.

In der Sozialgeographie wurde hiermit Abschied genommen von der Vorstellung, es gäbe einen „geographischen" Raum, rekurrierend auf eine Container-Raum-Vorstellung bzw. einen gegenständlichen Raum (vgl. Miggelbrink 2002; Wardenga 2006; Hard [1977]/2003b). Die sich im aktuellen sozialgeographischen Raumdenken widerspiegelnde konstruktivistische Wende war für das differenziertere Raumverständnis in der Humangeographie heute möglicherweise entscheidender als der spatial turn (zur kritischen Diskussion hierzu vgl. Hard 2008).

Trotz der weiter vorne beschriebenen Gefahr der „Raumfalle" attestiert Lippuner Bourdieus Kategorie des sozialen Raumes eine große Chance für die Geographie, gerade nach dem cultural turn. Mit ihr könne dem Verlust des Sozialen, als dem „eigentliche[n] Kontext alltäglicher Praktiken", entgegengewirkt werden (Lippuner 2005b: 137, in Bezug auf Philo 2000). Dieser Verlust liege in der schwindenden Beachtung sozialtheoretischer Perspektiven in der Geographie infolge der verstärkten Zuwendung zu kulturwissenschaftlichen Theoriebezügen (Lippuner 2005b). Dies sei insofern problematisch, da damit auch das Erkennen und die Analyse sozial relevanter Frage- und Problemstellungen in den Hintergrund geraten. Die Auseinandersetzung damit sei Aufgabe einer kritischen, zumindest aber aufmerksamen sozialgeographischen Forschung. Da derartige „blinde Flecken" nicht nur objektivistische sondern auch subjektivistische Perspektiven beträfen, plädiert Lippuner (2005b), ausgehend von Bourdieus Theorie der Praxis, für eine „Reflexive Sozialgeographie". Denn Bourdieu berücksichtigt die Notwendigkeit der Selbstreflexivität des eigenen Blicks sowohl bei theoretisch-konzeptionellen Überlegungen als auch während der empirischen Forschungspraxis (so z. B. bezüglich der eigenen Position und Perspektiven im Forschungsfeld oder der Produktion von „Herrschaftswissen" gegenüber den untersuchten Akteuren).

Das Konzept des sozialen Raumes als „zentrale(r) Achse" in Bourdieus Gesellschaftstheorie (Schultheis 2004) kann folglich als zielführend für eine relationale Sozialgeographie bezeichnet werden, da es „zum Denken in Relationen und Strukturen zwingt" (ibd: 15 f.). Betrachten wir einen Raumausschnitt, eine definierte Einheit, ein soziales Ensemble oder eine soziale Wirklichkeit, die einem gemeinsamen System zugehörig ist (z. B. innerhalb der gleichen Gesellschaft), so müssen wir die darin existierenden Verhältnisse (das Reale), sowie Individuen oder Gruppen in Relation zueinander setzen. Diese Verhältnisse werden aufgespannt durch die soziale Position und mit ihr verbundene Handlungsspielräume, sowie durch diejenige Position, die ein jeder „freiwillig" bezieht (wobei hier die habituellen Dispositionen entscheidend einwirken können) (Bourdieu 1998: 17). Was wir bei einer solchen relationalen Betrachtung erfassen, sind letztlich Unterschiede der Praxis der Akteure, und damit die bereits angesprochenen Differenzen in den sozialen Feldern. Eine Differenz ist „ein Abstand, ein Unterscheidungsmerkmal, kurz ein *relationales* Merkmal, das nur in der und durch die Relation zu anderen Merkmalen existiert" (Bourdieu 1998: 18, Hervorhebung im Original). „Diese Idee von Differenz, Abstand, liegt ja bereits dem Begriff des *Raums* zugrunde" (ibd., Hervorhebung im Original). Direkt oder indirekt gehen wir von derartigen sozialen Differenzen stets aus, wenn wir die Wirkungen eines spezifischen sozialen Raumes (z. B. eines Quartiers) betrachten, z. B. in Form von Gebiets- oder Quartierseffekten. Denn dieser Raum, als Ensemble von (sozialen) Positionen, wird auch bestimmt durch die „Relationen von Nähe und Nachbarschaft bzw. Entfernung" (ibd.).

4. Konsequenzen für eine sozialgeographische Betrachtungsweise des Stadtquartiers

Die hier dargestellte Perspektive stellt *eine* von verschiedenen möglichen sozialgeographischen Betrachtungsweisen von städtischen Quartieren dar. Die diskutierte Perspektive ist im speziellen charakterisiert durch eine praxistheoretische Ausrichtung.

Dies schlägt sich nicht nur in der Entwicklung der forschungsleitenden Fragestellungen nieder, sondern auch in der theoretischen Einbettung der Datenauswertung und -interpretation. Eine praxistheoretische Informiertheit bringt auch mit sich, dass der Fokus bei der Datenerhebung auf den sozialen Praktiken (Wahrnehmungs-, Denk- und Handlungsschemata) liegt. Zu deren angemessener Erfassung ist ein individueller, subjektzentrierter Zugang notwendig, wofür sich das Methodenspektrum der qualitativen Sozialforschung anbietet (qualitative Interviews, Experteninterviews, teilnehmende Beobachtung etc.). Die Interpretation der beobachteten Praktiken müsste konsequenterweise in Relation zu anderen möglichen Praktiken erfolgen, also im Rückbezug auf den sozialen Raum insgesamt. Diese Vorgehensweise erhebt keineswegs den Anspruch, der Königsweg für sozialgeographische Stadtforschung zu sein. Sie ist vielmehr ein ebenso kontingentes Unterfangen wie das zugrundeliegende Raumverständnis. Gerade darin besteht allerdings eine Chance, das Quartier neu bzw. auf andere, mehrschichtige Weise zu denken, wie es gerade für die interdisziplinäre Diskussion und Verständigung hilfreich erscheint.

Hintergrund für die hier skizzierten Überlegungen war die Frage, wie mithilfe der aktuell verhandelten sozialgeographischen „Brillen" das Quartier (als sozialer Raum) begriffen und angemessen operationalisiert werden kann. Die zentrale Herausforderung einer solchen Forschung ist, dass es sich beim Quartier als alltäglicher Lebenswelt oder sozialem Interaktionsraum immer auch um einen konkreten topographischen Ausschnitt der Stadt handelt, der den notwendigen „Forschungsrahmen" liefert. Wir können das Quartier also nicht ausschließlich als Metapher für seine Wirkungen, Symbolik und Relationalität zu anderen Ordnungen oder Prozessen betrachten, sondern müssen es immer auch in seiner Dimension als konkreter Topos für die Konstitution der sozialen Realität der betroffenen Akteure berücksichtigen, d. h. als physisch-materiellen Raumausschnitt. Bei allem Anspruch, das Quartier *als* sozialen Raum (in seiner gesellschaftlichen Konstruiertheit und Prozesshaftigkeit) untersuchen zu wollen, wird folglich immer zugleich der soziale Raum *im* Quartier untersucht. Daraus lassen sich in einem ersten Versuch drei Konsequenzen für die sozialgeographische Perspektive konstatieren, die vor allem um die Frage nach dem Raumverständnis kreisen.

4.1 Das Quartier als mehrdimensionale und relationale soziale Realität verstehen

Die erste Konsequenz aus der hier diskutierten Position, das Quartier als sozialen Raum im Sinne Bourdieus zu betrachten, ist genereller Art: Um den sozialen Raum auf eine konkrete Forschungsfrage hin zu operationalisieren, müssen die Logiken seiner Mikrokosmen (soziale Felder) untersucht und zum Forschungsgegenstand gemacht werden. Das Quartier ist als soziale Realität zu begreifen, die sich über die Relationalität von sozialen Positionen, Gütern, Handlungschancen etc. konstituiert.

Die Folgerung, die sich aus diesem Verständnis für die Forschungspraxis ergibt ist, dass die „Hülle" Quartier, in welcher gesellschaftliche Prozesse ablaufen und die das alltägliche Leben der Akteure im Quartier beeinflusst (Gebietseffekte, äußere Strukturen wie räumliche oder gesellschaftliche Normative), analytisch sorgfältig von „dem" sozialen Raum zu trennen ist, welcher als Metapher für die Summe der sozialen Distinktionslogiken fungiert. Anders ausgedrückt: Der soziale Raum ist als diejenige Realität der Quartier-Bewohnerschaft zu begreifen, in welcher jeder einzelne sein verfügbares Kapital einsetzen kann, um seine Verwirklichungschancen und Lebensbedingungen zu verbessern. Die Abgrenzung im sozialen Raum erfolgt stets in Relation zu anderen Bewohnerinnen und Bewohnern oder raumproduzierenden Akteuren. So gilt z. B. für die Analyse von Nachbarschaftseffekten – unter bewusster Vorsicht gegenüber der vorschnellen Übertragung des sozialen in den physischen Raum –, dass Nähe im sozialen Raum über ähnliche Lebensbedingungen oder Lebensstile auch zu physischer Nähe verleitet (Bourdieu 1989: 24). Wie Haferburg (2007) in Bezug auf die „sozialräumliche Differenzierung als Produkt des Habitus" konstatiert, reicht für das Verständnis des komplexen sozialen Verhältnisses, welches in Quartieren nicht zuletzt aufgrund der Aushandlung ökonomischer, politischer und sozialer Interessen herrscht, eine genaue „Kenntnis des hergestellten Raums, der gebauten Umwelt" (ibd.: 82) alleine nicht aus. Für die Interpretation, und damit die Aufdeckung der verschiedenen sozialen Felder in ihrer Relationalität, müssen „auch interne, personengebundene Habitusstrukturen sowie quartiersübergreifende, gelebte Praxisformen herangezogen werden" (ibd.).

Insgesamt gesehen ist das Quartier immer ein umkämpfter Raum, d. h. Ausdruck gesellschaftlicher Kräfteverhältnisse. Umkämpft werden sowohl die Positionen in diesem sozialen Raum, als auch konkrete Orte (z. B. im Falle von Nutzungskonflikten). Das Quartier als sozialer Raum ist daher in seiner Differenziertheit und Relationalität bezüglich seiner verschiedenen Dimensionen, z. B. als Sozialisationsinstanz (vgl. Scheffer/Voss 2008), als stigmatisierender oder benachteiligender Lebensraum, als Repräsentationsort, Bühne oder Identifikationsort (vgl. Kessl/Reutlinger 2010), ebenso wie bezüglich seiner Räumlichkeiten (physischer, sozialer und angeeigneter physischer Raum) (vgl. Haferburg 2007) sowie bezüglich der Wirkungen seiner Materialität zu analysieren. Diese Trennung ermöglicht die Erfassung der mehrdimensionalen Wirkung des „Quartiers". Wichtig für eine solche Art der Quartiersanalyse ist es, im Anschluss an die analytische Trennung auch das Zusammenspiel (oder die Relationalität) der verschiedenen sozialen Felder zu berücksichtigen. Diese überlagern sich, interferieren und konkurrieren miteinander. Für die Bedeutung der Aspekte des angeeigneten physischen Raumes Quartier für die Alltagspraxis liefern sie erst in ihrer Gesamtheit die entscheidenden Erkenntnisse für die „soziale Grammatik des urbanen Zusammenlebens" (Nikodem et al. 2001). Eine solche analytisch differenzierende Betrachtungsweise ermöglicht auch jenseits der sozialen Ebene des Quartiers im Sinne der Lebenswelt Erkenntnisse bezüglich der politischen oder wirtschaftlichen Praxis im Quartier in ihrer Relationalität zu generieren.

4.2 Differenzierte Erfassung räumlicher Praxis

Als zweite Konsequenz lässt sich aus den vorangegangenen Überlegungen festhalten, dass die hier vorgestellte theoretische Orientierung insbesondere für Sozialgeographen eine besonders reizvolle Herausforderung für die Forschungspraxis darstellt, da sie einen Weg „in Richtung einer differenzierten Fassung des sozialgeographischen Raumes" (Oßenbrügge 2004: 21) aufzeigt. Dies erscheint am Beispiel städtischer Quartiere besonders interessant, da es sich um eine quasi „natürliche" (räumliche) Einheit sozialgeographischer Stadtforschung handelt (zwischen dem Mikrolevel der Haushaltsebene und dem Makrolevel der Stadt als Ganzheit). Was hierzu benötigt wird sind „sowohl Vorstellungen über soziale Praktiken, die Räume konstruieren, als auch strukturelle Raumbegriffe, die Abhängigkeiten sozialer Praktiken von sozialen und materiellen Umweltbedingungen erfassen helfen" (ibd.). Hierzu liefert Bourdieus Habitus ein geeignetes Analysekonzept als Vermittlungsinstanz zwischen individuellen Praktiken und den durch diese selbst strukturierten und sie strukturierenden Strukturen. Diese externen Strukturen können von materieller Stofflichkeit als Lebenskontext (Umwelt, gebauter Stadtraum) oder immaterieller symbolischer Art (z. B. Raumordnungsgesetze, Raumdiskurse, gesellschaftliche Verhältnisse) sein. Einfacher formuliert verweist der Habitus darauf, „daß unserem Handeln öfter der praktische Sinn zugrundeliegt als rationale Berechnung" (Bourdieu 2001: 82). Um die räumliche Dimension sozialer Praxis, das heißt raumwirksames Handeln ebenso wie durch Raumwirkungen beeinflusstes Handeln zu erfassen, gilt es auf empirischer Ebene, die Wahrnehmungs-, Denk- und Handlungsschemata der Akteure in Bezug auf die Räumlichkeit ihres Umfeldes aufzudecken (Raumproduktionen). Konkrete Forschungsfragen zur Erfassung raumbezogener Praxis wären dann zum Beispiel:

- *Wie nehmen Akteure den Raum (Wohn-, Aufenthalts- oder Geschäftsstandort, Ort sozialer Interaktionen) wahr?*
- *Welche Vorstellungen haben sie von diesem Raum? Welche Erwartungen bzw. Erlebnisse verbinden sie mit ihm?*
- *Welche räumlichen Praktiken leben sie (Distanzüberwindungen, Aktionsräume u. a.)?*
- *Welche Einschränkungen erfahren sie durch den Raum (habituell oder mobilitätsbedingt, aufgrund von Erfahrungen, Raumsymboliken u. a.)?*

Daraus können sowohl die verschiedenen sozialen Felder als auch deren immanente Logiken erfasst werden, womit der wie oben zitierte sozialgeographische Raum als Ganzes wiederum differenzierter gefasst werden kann. Dies ermöglicht ihn in der Relationalität seiner eigenen verschiedenen Dimensionen sowie in Relationalität zu weiteren Räumen zu betrachten.

4.3 Das Quartier als soziale Sphäre denken

Als dritte Konsequenz ergibt sich ein bereits in die Diskussion gebrachter Punkt im Sinne einer weiterzuentwickelnden interdisziplinären Herausforderung: Die nicht selten auftretenden Schwierigkeiten oder sogar Widersprüche, die bei der Rede vom *Quartier als sozialem Raum* entstehen, legen es nahe, über eine andere, weniger stark besetzte Terminologie nachzudenken. Als besonders geeignet erscheint die Metapher der sozialen Sphäre (vgl. Schnur 2008a). Sie ist sozialtheoretisch bislang wenig bemüht worden und ihre Festlegung (sowohl auf ontologischer Ebene bezüglich der Grenzen, als auch auf sozialer Ebene hinsichtlich ihres Wirkungs- oder Einflussradius) erscheint deutlich widerspruchsfreier aus Sicht der Individuen möglich zu sein. Damit ist gemeint, dass die soziale(n) Sphäre(n) eines Individuums oder einer Akteursgruppe über Aktionsräume, Mobilitätsreichweiten, über die Wirkungsbereiche sozialer Interaktionen und Kontakte physisch-räumlich, oder schlichtweg über die subjektive „Überschaubarkeit" (Schnur 2008b) bestimmt werden können. Dies erleichtert die analytische Trennung von physischem und sozialem Raum, ohne den physischen Raum rein über äußere Strukturen bestimmen zu müssen. Er kann auch über die individuelle Praxis und die subjektive Einschätzung seiner „Grenzen" dafür festgelegt werden. Damit wird eine Forschungsperspektive, welche die Auswirkungen eines „Quartiers" auf die soziale Realität in den Blick nimmt, vom Problem der niemals intersubjektiv gültigen Abgrenzungen des betrachteten „Raumes" befreit. Schließlich könnte ein Begreifen des Quartiers als soziale Sphäre des Urbanen auch dem prozesshaften Charakter von Quartieren angemessen gerecht werden.

Literatur

- Bourdieu, Pierre (1985): Sozialer Raum und „Klassen". Frankfurt a. M.
- Bourdieu, Pierre (1987): Die feinen Unterschiede. Kritik der gesellschaftlichen Urteilskraft. Frankfurt a. M.
- Bourdieu, Pierre (1991): Physischer, sozialer und angeeigneter physischer Raum. In: Wentz, M. (Hrsg.): StadtRäume. Frankfurt a. M./New York: 25–34.
- Bourdieu, Pierre (1997): Ortseffekte. In: (Ders.): Das Elend der Welt. Zeugnisse und Diagnosen alltäglichen Leidens an der Gesellschaft. Konstanz: 159–167.

- Bourdieu, Pierre (1998): Praktische Vernunft. Zur Theorie des Handelns. Frankfurt a. M.
- Bourdieu, Pierre (2001): Meditationen. Zur Kritik der scholastischen Vernunft. Frankfurt a. M.
- Bourdieu, Pierre/Wacquant, Loïc J.D. (1996): Die Ziele der reflexiven Soziologie. In: (Dies.) (Hrsg.): Reflexive Anthropologie. Frankfurt a. M.: 95–249.
- Döring, Jörg/Thielmann, Tristan (Hrsg.) (2008): Spatial Turn. Das Raumparadigma in den Kultur- und Sozialwissenschaften. Bielefeld.
- Gebhardt, Hans/Reuber Paul/Wolkersdorfer, Günter (Hrsg.) (2003): Kulturgeographie. Aktuelle Ansätze und Entwicklungen. Heidelberg.
- Haferburg, Christoph (2007): Umbruch oder Persistenz? Sozialräumliche Differenzierungen in Kapstadt. Hamburger Beiträge zur Geographischen Forschung, 6. Hamburg.
- Hard, Gerhard (1985): Alltagswissenschaftliche Ansätze in der Geographie? – Zeitschrift für Wirtschaftsgeographie (29) 3/4: 190–200.
- Hard, Gerhard (2003a): Dimensionen geographischen Denkens. Aufsätze zur Theorie der Geographie, Band 2. Osnabrück.
- Hard, Gerhard (2003b): Eine „Raum"-Klärung für aufgeweckte Studenten. (1977, gemeinsam mit Dietrich Bartels). In: Ibd. (2003): Dimensionen geographischen Denkens. Aufsätze zur Theorie der Geographie, 2. Osnabrück: 15–28.
- Hard, Gerhard (2008): Der *Spatial Turn*, von der Geographie her beobachtet. In: Döring, J./Thielmann, T. (Hrsg.): Spatial Turn. Das Raumparadigma in den Kultur- und Sozialwissenschaften. Bielefeld: 263–315.
- Helbrecht, Ilse/Pohl, Jürgen (1995): Pluralisierung der Lebensstile. Neue Herausforderungen für die sozialgeographische Stadtforschung. Geographische Zeitschrift 83 (1): 222–237.
- Jones, Martin (2009): Phase space: geography, relational thinking and beyond. Progress in Human Geography 33 (4): 487–506.
- Kessl, Fabian/Reutlinger Christian (2010): Einleitung: Die Rede vom Raum und die Ordnung des Räumlichen. In: (Ibd.) (Hrsg.): Sozialraum. Eine Einführung. Wiesbaden: 7–19.
- Lefebvre, Henri (1972): Die Revolution der Städte. München.
- Lippuner, Roland (2005a): Raum, Systeme, Praktiken. Zum Verhältnis von Alltag, Wissenschaft und Geographie. Sozialgeographische Bibliothek, Band 2. Stuttgart.
- Lippuner, Roland (2005b): Reflexive Sozialgeographie. Bourdieus Theorie der Praxis als Grundlage für sozial- und kulturgeographisches Arbeiten nach dem *cultural turn*. Geographische Zeitschrift 93 (3): 135–147.
- Lossau, Julia/Lippuner, Roland (2004): Geographie und Spatial Turn. Erdkunde, 58 (3): 201–211.

- Miggelbrink, Judith (2002): Der gezähmte Blick : zum Wandel des Diskurses über „Raum" und „Region" in humangeographischen Forschungsansätzen des ausgehenden 20. Jahrhunderts. Leipzig: Institut für Länderkunde, Beiträge zur regionalen Geographie, 55.
- Nikodem, Claudia/Schulze, Erika/Yildiz, Erol (2001): Die soziale Grammatik des urbanen Zusammenlebens. In: Bukow, W.-D./Nikodem, C./Schulze, E./Yildiz, E. (Hrsg.): Auf dem Weg zur Stadtgesellschaft. Die multikulturelle Stadt zwischen globaler Neuorientierung und Restauration. Opladen: 209–226.
- Oßenbrügge, Jürgen (2004): Transstaatliche, plurilokale und glokale soziale Räume. Grundbegriffe zur Untersuchung transnationaler Beziehungen und Praktiken. In: Oßenbrügge, J./Reh, M. (Hrsg.): Social Spaces of African Societies. Applications and Critique of Concepts about "Transnational Social Spaces" Münster: 15–34.
- Painter, Joe (2000): Pierre Bourdieu. In: Crang, M./Thrift, N. (Hrsg.): Thinking Space. London: 239–259.
- Philo, Chris (2000): More words, more worlds. Reflections on the 'cultural turn' and human geography. In: Cook, I./Crouch, D./Nayler, S./Ryan, J.R. (Hrsg.): Cultural Turns/Geographical Turns. Perspectives on Cultural Geography. Harlow: 26–53.
- Scheffer, Jörg/Voss, Martin (2008): Die Privatisierung der Sozialisation. Der soziale Raum als heimlicher Lehrplan im Wandel. In: Genkova, P. (Hrsg.): Erfolg durch Schlüsselqualifikationen? „Heimliche Lehrpläne" und Basiskompetenzen im Zeichen der Globalisierung. Lengerich/Berlin/Bremen u. a.: 102–115.
- Schnur, Olaf (2008a) (Hrsg.): Quartiersforschung – Zwischen Theorie und Praxis. Wiesbaden.
- Schnur, Olaf (2008b): Quartiersforschung im Überblick: Konzepte, Definitionen und aktuelle Perspektiven. In: (Ibd.) (Hrsg.): Quartiersforschung – Zwischen Theorie und Praxis. Wiesbaden: 19–54.
- Schultheis, Franz (2004): Das Konzept des sozialen Raums. Eine zentrale Achse in Pierre Bourdieus Gesellschaftstheorie. In: Mein, G./Rieger-Ladich, M. (Hrsg.): Soziale Räume und kulturelle Praktiken. Über den strategischen Gebrauch von Medien. Bielefeld: 15–26.
- Soja, Edward W. (1989): Postmodern Geographies. The Reassertion of Space in Critical Social Theory. London/New York.
- Soja, Edward W. (2003): Third Space. Die Erweiterung des Geographischen Blicks. In: Gebhardt, H./Reuber, P./Wolkersdorfer, G. (Hrsg.): Kulturgeographie. Aktuelle Ansätze und Entwicklungen. Heidelberg/Berlin: 269–288.
- Vogelpohl, Anne (2010): Die Reproduktion urbaner Vielfalt: Ansätze im Hamburger Schanzenviertel. In: Läpple, D./Mückenberger, U./Oßenbrügge J. (Hg.): Zeiten und Räume der Stadt – Theorie und Praxis. Opladen/Farmington Hills: 91–108.

- Wardenga, Ute (2000): Paradigmenwechsel der Humangeographie des 21. Jahrhunderts – Ein Theoriediskurs (Sonderveranstaltung). In: Blotevogel, H.-H./Ossenbrügge, J./Wood, G. (Hrsg.): Lokal verankert – weltweit vernetzt. Tagungsbericht und wissenschaftliche Abhandlungen. 52. Deutscher Geographentag Hamburg, 2.–9. Oktober 1999. Stuttgart: 461–505.
- Wardenga, Ute (2006): Raum- und Kulturbegriffe in der Geographie. In: Dickel, M./Kanwischer, D. (Hrsg.): TatOrte. Neue Raumkonzepte geographiedidaktisch inszeniert. Berlin/Münster: 21–47.
- Weichhart, Peter (1980): Individuum und Raum. Ein vernachlässigter Erkenntnisbereich der Sozialgeographie. Mitteilungen der Geographischen Gesellschaft München, 65. München: 63–92.
- Weichhart, Peter (2008): Entwicklungslinien der Sozialgeographie. Von Hans Bobek bis Benno Werlen. Sozialgeographie kompakt. Stuttgart.
- Werlen, Benno (1997): Sozialgeographie alltäglicher Regionalisierungen. Globalisierung, Region und Regionalisierung. Stuttgart.
- Werlen, Benno (2005): Raus aus dem Container! Ein sozialgeographischer Blick auf die aktuelle (Sozial-)Raumdiskussion. In: Projekt „Netzwerke im Stadtteil" (Hrsg.): Grenzen des Sozialraums. Kritik eines Konzepts – Perspektiven für Soziale Arbeit. Wiesbaden: 15–35.
- Werlen, Benno (2007): Globalisierung, Region und Regionalisierung. Sozialgeographie alltäglicher Regionalisierungen, 2. Stuttgart.
- Werlen, Benno (2008): Sozialgeographie. Bern/Stuttgart/Wien.
- Werlen, Benno (2010): Gesellschaftliche Räumlichkeit, 1. Orte der Geographie. Stuttgart.

Anne Vogelpohl

Das Quartier als ein Raum des städtischen Alltages

Wird ein Quartier zum Ausgangspunkt für eine Untersuchung gemacht, wird erst im zweiten Schritt die Aufgabe angeschlossen, die im Prinzip vorangestellt werden müsste: die Frage, welcher Problemstellung nachgegangen werden soll. Insbesondere in der aktuellen sozialgeographischen Stadtforschung, die als sozialwissenschaftliche Perspektive auf räumliche Entwicklungen bezeichnet werden könnte, hat sich eine prozessorientierte Konzeptionalisierung von Räumen durchgesetzt. Dahinter verbirgt sich die Annahme, dass Räume nicht „sind", sondern permanent hergestellt werden. Entsprechend richtet sich eine geographische Perspektive nicht zuvorderst auf den empirisch beobachtbaren Raum, sondern auf soziale, politische oder wirtschaftliche Prozesse, durch die Raum entsteht. Und daran schließen sich Fragen nach der (Be-)Nutzung des Raumes an: Wer nimmt den Raum wie wahr, wer nutzt ihn wie?

Das Quartier zum Forschungsgegenstand zu machen, ist somit selbst ein Prozess, mit dem eine spezifische Untersuchungsperspektive einhergeht. Analytisch kann man ihn vielleicht mit der Wahl einer Methode vergleichen. Wenn bspw. Gentrification untersucht werden soll, kann das qualitativ über Interviews mit Betroffenen oder quantitativ über die Auswertung von Sozialstatistiken realisiert werden. Die Ergebnisse können in Texten oder kartographisch dargestellt werden. Und es können globale Finanz- und Immobilienmärkte, einzelne Haushalte oder eben Quartiere in den Blick genommen werden.

Welche besonderen Konsequenzen hat nun die Entscheidung, Quartiersprozesse zu fokussieren? Zwei Aspekte möchte ich zur Beantwortung dieser Frage in den Vordergrund stellen: Erstens sind Quartiere – wie jegliche Räume – eingebettet in andere räumliche Maßstabsebenen. Ein besonderes Merkmal dieser Ebene ist, dass in einer Stadt eine Vielzahl von Quartieren in hoher räumlicher Nähe zueinander existiert. Zweitens spielen für Quartiere, versteht man sie als Räume des Alltages, häufig emotional aufgeladene Bewertungen von Veränderungen wie baulichen Umgestaltungen, vermehrten Zu- oder Wegzügen o.Ä. eine Rolle. Um diese Aspekte zu verdeutlichen, werden im Folgenden zunächst allgemeine Überlegungen zu einer „geographischen" Perspektive vorgestellt (1). Daraufhin wird an Beispielen gezeigt, was diese Perspektive in der Quartiersforschung bedeuten kann (2), um schließlich im Fazit einen kurzen Ausblick auf interdisziplinäre Schnittstellen zu geben, der die Bedeutung einer so verstandenen geographischen Perspektive für das Verständnis von Entwicklungen städtischer Quartiere zusammenfasst (3).

1. Geographie als Forschung über Räume, Orte und Umwelten

Das Wissen, das mit einer geographischen Perspektive produziert werden kann, fasst David Harvey (2009: 272) zusammen als eines über „how spaces, places and environments get produced and with what consequences". Diese Begriffe sind vielfach und kontrovers diskutiert. Dennoch soll hier eine, wenn auch nur sehr kurze, inhaltliche Ausfüllung dieser Begriffe vorgenommen werden.

1.1 Räume

Damit Räume prozessual begriffen werden können, werden sie oftmals in verschiedene Raumdimensionen untergliedert, deren gegenseitige Beeinflussung die Prozesse greifbar macht. Meistens wird in eine materielle, eine soziale und eine symbolische Dimension unterschieden. Dieter Läpple (1991) allerdings fügt diesen noch eine institutionalisierte, normative Regulationsdimension hinzu. Die Wechselbeziehungen wiederum können in unterschiedlicher Reichweite erörtert werden (dazu Harvey 2009: 145 ff.): In absoluter Hinsicht können (ab-)messbare, skalierbare Elemente analysiert werden; das wären z. B. Stadtpläne oder Grundstückspreise. In relativer Hinsicht würde der Raum als ungleich thematisiert werden; so könnten Bevölkerungszahlen oder Mietpreise miteinander verglichen werden. Und in relationaler Hinsicht würden Beziehungen zwischen mehreren Räumen im Vordergrund stehen; z. B. würde Abhängigkeiten zwischen Büro- und Wohnquartieren in Städten oder zwischen rohstoffliefernden und rohstoffverarbeitenden Ländern nachgegangen. Räume als Prozess zu begreifen, sollte aber nicht darüber hinwegtäuschen, dass sie nicht einfach veränderbar sind. Es gibt zwar politische, planerische oder private Versuche, auf das Zusammenspiel räumlicher Dimensionen verändernd einzuwirken, um beispielsweise Investitionsanreize zu schaffen, Ungleichheiten zu verringern oder ein Image zu verändern. Mit Momenten wie Institutionalisierungen sozialer Verhältnisse oder dem gebauten Raum werden derartige Veränderungen schwierig oder gelegentlich sogar gezielt behindert (vgl. Dodgshon 1998). Mit dem hier angedeuteten Raumverständnis könnte jedoch danach gefragt werden, wie z. B. materielle oder institutionelle Stabilitäten abgesichert oder aufgeweicht werden.

Auch wenn die materielle und soziale Dimension in Quartiersforschungen Berücksichtigung finden sollten, ist vor diesem Hintergrund das Spezifische des Raumes „Quartier" vor allem in symbolischer Hinsicht erkennbar. Denn sie sind oftmals hoch imaginativ aufgeladen, bspw. als „Szene-", „Shopping-" oder als „heruntergekommenes" Quartier. Im Zuge von Reurbanisierungs-Bemühungen werden derartige Imaginationen sogar zunehmend intensiviert. Quer zu diesen Dimensionen lässt die Aufschlüsselung des Raumes hinsichtlich absoluter, relativer und relationaler Perspektiven das Spezifische des Quartiers vor allem in der (absoluten) geringen physischen Ausdehnung erkennen, die jedoch nicht unbedingt klar administrativ eingegrenzt ist; dennoch wird das Quartier auch relativiert – quantitativ vor allem entlang von statistisch erfassten Gebieten mit ähnlichen Raumeinheiten derselben Stadt, qualitativ sowohl in Gegenüberstellungen mit Quartieren derselben als auch anderer Städte; wie solche relativierenden Gegenüberstellungen sind auch Analysen relationaler Beziehungen, die fast ausschließlich qualitativ zwischen nur wenigen Quartieren innerhalb einer Stadt stattfinden, thematisch und methodisch allerdings so heterogen, dass sie kaum zur Vereindeutigung eines Konzeptes beitragen können.

1.2 Orte

Eine Folge der geringen Ausdehnung von Quartieren ist, was man alltagssprachlich „Überschaubarkeit" nennen könnte. Es ist ein Raum, der im täglichen Leben benutzt wird und der Bestandteil routinierter Aktivitäten ist. Ich bezeichne sie deswegen als „Räume des städtischen Alltags", weil in qualitativen Interviews oft betont wird, man kenne jede Ecke des Quartiers und viele Nachbarn, man gehöre dazu. Dieses Zugehörigkeitsgefühl, die individuelle Vorstellung von einem Raum, wird mit dem Begriff „place" gefasst. Er hat seinen Ursprung in der humanistischen Geographie der 1960er Jahre und ist als Gegenreaktion auf die quantitative Revolution entwickelt worden, nach der vor allem das Mess- und Zählbare im Vordergrund stand. Mit „place" hingegen sollten die subjektiven Erfahrungen von Räumen wieder mehr berücksichtigt werden, da sie oft dazu führen, dass lokale Veränderungen politisch artikuliert werden – sei es in einem progressiven, sei es in einem reaktionären Sinne (dazu Buttimer 1980; Massey/Thrift 2003).

Quartiere, als Orte betrachtet, sind angeeignet durch die alltäglich dort realisierten Aktivitäten sowie durch die subjektiven Imaginationen über sie. Die (gedachte) Nähe von Bekannten und Bekanntem legt häufig eine Grundlage für ein Gemeinschaftsgefühl. Dieses kann für die einen stärker und für die anderen schwächer sein; es kann aber auch exkludierend wirken.

1.3 Umwelten

Wenn Räume nach einer Fragestellung eingegrenzt werden, bleiben sie dennoch in einem Kontext von weiteren gesellschaftlichen Bedingungen. Sie sind also nicht aus sich selbst heraus erklärbar, sondern von ihrer politischen, ökologischen oder wirtschaftlichen Einbettung abhängig. Je nach Thema spielen diese Umwelten eine unterschiedlich starke Rolle. Zwar können nicht in jeder Analyse über eine Quartiersentwicklung jegliche Rahmenbedingungen einbezogen werden, der Hinweis auf Umwelten regt allerdings dazu an, relevante Rahmenbedingungen jenseits des Untersuchungsraumes näher zu beleuchten.

Quartiere haben also – wie jeder andere Raum – eine „Umwelt", zu der ganz unterschiedliche Bezüge hergestellt werden können: sei es zur Stadtpolitik, sei es zu einem global agierenden Unternehmensnetzwerk oder sei es zur Geschichte einer einzelnen Institution, die im Quartier verankert ist. An dieser Stelle kommt gegenüber dem Subjektiven aus der Diskussion um Orte ein anderes Moment von „Alltag" zum Tragen: Während Alltag für Einzelne die Gesamtheit all ihrer routinierten Tätigkeiten umfasst, sind diese Tätigkeiten doch nicht von den Einzelnen organisier- und bestimmbar. Aus geographischer Perspektive würde hinsichtlich beeinflussender Rahmenbedingungen gefragt werden, von was das Quartier als Raum und Ort und wie wiederum der Alltag einzelner dadurch geprägt wird. Wie wird die Verkehrsinfrastruktur geplant? Welche Fördermaßnahmen für kulturelle Einrichtungen gibt es, die es in anderen Quartieren nicht gibt? Gibt es Imagekampagnen und sind diese an die lokale Bevölkerung oder an Besucher und Besucherinnen gerichtet? Stärken oder schwächen diese die Identifikation mit dem Quartier?

Mit Quartier als Ort wird explizit berücksichtigt, dass sie als einzigartig erlebt werden können. Mit Blick auf die Umwelten des Quartiers lässt sich wiederum Verallgemeinerbares feststellen, das in vielen Städten beobachtbar wird und deren Ursachen deswegen nicht im Quartier selbst zu finden sind. Ihre Bedeutung kann auch nicht mehr entlang unterschiedlicher subjektiver Wahrnehmung erschöpfend nachvollzogen werden. Die Einrichtung von Stadtteilzentren z. B. führt generell zu einem Fokus auf Stadtteile; Gentrification findet in fast allen Städten statt und wird in der Regel nicht als städtischer, sondern als quartiersspezifischer Prozess diskutiert; die Planung von neuen Quartieren als große Neubausiedlungen am Stadtrand ist eine häufige Maßnahme, Familien in den administrativen Grenzen der Stadt zu halten. Es gibt vielleicht Variationen dieser Prozesse, die aber Kennzeichen grundlegender gesellschaftlicher Prozesse sind. Zusammenfassend möchte ich diese verschiedenen Momente mit „Quartier als ein Raum des städtischen Alltages" umschreiben: ein Raum, der einerseits als Ort auch individuell erlebt wird und andererseits durch gesellschaftliche Verhältnisse bedingt ist.

Obwohl die Entscheidung, über Quartiere zu forschen, im Prinzip erst nach der Klarstellung einer Problem- bzw. Fragestellung getroffen werden kann, kann dennoch auch umgekehrt überlegt werden, für welche Entwicklungen „Quartiere" von besonderer Bedeutung sind. In der Literatur zu Nachbarschaften und Quartieren werden zwei Thematiken besonders auffällig: Erstens stehen im Anschluss an („ethnic") urban villages Themen der Migration, Exklusion und Integration im Vordergrund (z. B. Läpple/Walter 2007; Musterd 2004); zweitens wird oftmals Bezug auf Revitalisierungsstrategien der Innenstädte genommen, insbesondere unter Vorzeichen kultur- und kreativitätsorientierter Stadtentwicklungsmaßnahmen (z. B. Bell/Jayne 2004; Bianchini/Ghilardi 2004; Bridge 2006). Wieso scheint die Quartiersebene für diese Themen nun eine wichtige räumliche Maßstabsebene zu sein, die

die jeweiligen Prozesse der Migration oder der kulturellen Produktion verständlich machen?

Eine mögliche Antwort wäre, dass veränderte Bevölkerungsstrukturen und veränderte Raumnutzungen im alltäglichen Lebensumfeld erfahren werden und deren Ursachen sowie Effekte entsprechend auf Quartiersebene analysiert werden. Das „place-Moment" des (Nicht-)Zugehörigkeitsgefühls wird in dem Raum besonders stark, der als bekannt begriffen wird. Wohlgemerkt ist das Forschen über Quartiere auch hier implizit der Entscheidung nachgeordnet, beispielsweise über Bevölkerungsdynamiken zu forschen. Eine andere mögliche Antwort wäre allerdings, dass das Interesse an Quartieren in der Stadtentwicklungs*politik* gestiegen ist (Andersson/Musterd 2010: 23). Allgemeine Urbanitätsversprechen, mit denen inzwischen fast jede Stadtregierung in städtebaulichen Projekten aufwartet, beziehen sich oftmals auf heterogene soziale Strukturen und vielfältige Nutzungen in hoher räumlicher Nähe. Auf diese Weise werden vereinzelt Quartiere sogar erst neu erfunden (z. B. das Stephaniviertel in Bremen oder die HafenCity in Hamburg). In beiden Beispielen zeigt sich, dass die räumliche Ebene „Quartier" selbst noch keine Themen vorgibt und daher auch eine klare Festlegung von Untersuchungsdesigns für die Quartiersforschung schwer möglich ist. Es zeigen sich allerdings Zugänge zur *Konzeption* einer solchen Forschung: Eine Variante wäre, von im Quartier beobachteten Phänomenen oder artikulierten Konfliktlagen auszugehen und nach deren Ursachen und Effekten zu suchen – die nicht unbedingt im Quartier selbst liegen müssen. Allgemeine gesellschaftliche Entwicklungen auf mögliche Ausprägungen auf dieser räumlichen Maßstabsebene hin zu analysieren, wäre eine andere Variante. Und schließlich wäre eine dritte Variante, überhaupt nachzuvollziehen, wie in Alltagsgesprächen oder der Stadtpolitik Quartiere in territorialen Abgrenzungen, baulichen Ensembles oder Imaginationen hergestellt werden und welche sozialräumlichen Verhältnisse mit dem Begriff „Quartier" (oder Viertel, Kiez, Stadtteil etc.) jeweils umschrieben werden.

Die eingangs herausgestrichene Vorgehensweise, zunächst die Fragestellung klarzustellen, um im zweiten Schritt möglicherweise zum Quartier als die für die Fragestellung relevante Ebene zu gelangen, erscheint in den hier angedeuteten Varianten nur bedingt zu greifen. Die erstgenannte Variante deutet z. B. an, dass im Prinzip auch ein Quartier ein Ausgangspunkt sein kann, indem dort lokalisierte Probleme benannt werden und diese letztlich zur thematischen Ausgestaltung des Forschungsvorhabens führen. In allen Varianten bleibt so die thematische Ausrichtung im Zentrum der Forschung, die in ihrer räumlichen Bedingtheit analysiert wird. Im Folgenden soll eine Variante einer geographischen Quartiersforschung vorgestellt werden, die auf eine Untersuchung über das Schanzenviertel (Hamburg) zurückgeht. Im Verlaufe der Forschung wurde eine vergleichende Gegenüberstellung mit Williamsburg (New York) möglich, durch die die Ergebnisanalyse schließlich beeinflusst wurde, so dass ich auch hier auf beide Fallbeispiele eingehen werde. Die Basis dieser Ausführungen sind qualitative Interviews und Dokumentenanalysen aus Forschungsaufenthalten zwischen 2006 und 2010 in Hamburg und New York.

2. Flexibler Alltag als Konfliktursache im Schanzenviertel und in Williamsburg

Ganz allgemein kann unter dem Begriff „Flexibilisierung" ein Prozess der De-Standardisierung verstanden werden. Statt langfristig gültiger, universaler und funktional eindeutiger Standards entstehen schnell veränderbare, vielfältige und situationsbedingte Arrangements. Bereits seit Anfang der 1970er Jahre werden Flexibilisierungstendenzen diagnostiziert und eng an die Veränderung von Städten gekoppelt: Das neue post-fordistische Akkumulationsregime zeichnet sich durch „eine erstaunliche Flexibilität in Bezug auf Arbeitsmärkte, Arbeitsprozesse, Waren- und Konsummuster" aus und hat weitreichende Effekte für die Arbeitenden wie auch das gesamte intellektuelle und kulturelle Leben (Harvey 1987: 109 f.). Diese Veränderungen beeinflussen auch, wie Städte gebaut und benutzt werden.

Mit „flexibler Alltag" sind dabei zwei Phänomene angesprochen: die Entstandardisierung sowohl klarer alltäglicher Zeitabläufe als auch klarer Abgrenzungen zwischen Lebensbereichen. Eine Folge dieser beiden Entwicklungen ist, dass die Gestaltung des Alltagsablaufs individuell organisiert werden muss, z. B. hinsichtlich des Tages- und Wochenablaufes oder hinsichtlich der Übereinstimmung von Tageszeit und Aktivität. Zugleich wird die Zuordnung von Aktivitäten zu Lebensbereichen wie Arbeitszeit, Zeit mit Freunden und Familie, Regenerationszeit etc. undeutlicher. Gleichmäßige Alltagsabläufe werden seltener und nicht durch andere ebenso deutliche Abläufe von Aktivitäten ersetzt. Dabei entstehen auch neue Ansprüche an das Wohn- und Arbeitsumfeld. Sie betreffen vor allem eine räumliche Nähe der Orte für die unterschiedlichen Lebensbereiche sowie die Möglichkeit, lose beruflich-persönliche Beziehungen zu Personen herstellen zu können, die die Unsicherheiten der flexiblen, teils prekären Arbeitsbedingungen abzufedern vermögen. Daher werden solche Quartiere stark nachgefragt, die sowohl funktional gemischt sind (denn so wird auch der Alltag einfacher realisierbar, der nicht mehr klar funktional getrennt ist), als auch durch die Konzentration bestimmter Wirtschaftsbranchen geprägt (da die Konzentration soziale Netzwerke leichter erschließen lässt bzw. ein Image der branchenspezifischen Dynamik erzeugt). Aus diesen Gründen konzentrieren sich in bestimmten Quartieren ebenfalls viele Personen mit flexiblem Alltag, die wiederum mit ihren entstandardisierten Alltagszeiten auch die quartierstypischen Zeiten verändern und schließlich auch die Nutzungs- und Sozialstruktur. Diese Veränderungen bergen ein großes Konfliktpotential. Deswegen soll (wenn auch hier nur skizzenhaft) die Fragestellung verfolgt werden, was Ursachen aktueller Nutzungskonflikte sind und welche lokalen Aushandlungs- und Lösungsmöglichkeiten es gibt.

Das Schanzenviertel als *Raum* ist ein nur 0,6 km² großer Stadtteil (s. Abb. 2), der weitgehend durch einen Altbaubestand für Wohnen und Gewerbe geprägt ist. Diese „absoluten" Eigenschaften gepaart mit der „relativen" Lage nahe der Innenstadt Hamburgs legen die Basis für die Ansiedelung von Branchen wie Medien oder Werbung, für die flexible Arbeitszeiten typisch sind. Wohnen und Arbeiten in direkter Nähe wird durch den darauf ausgerichteten Gebäudebestand möglich und die verkehrsgünstige Lage erleichtert Kundenbesuche oder Besorgungen in anderen Teilen der Stadt. Die Nachfrage nach Wohn- und Gewerberäumen hat in der Konsequenz stark zugenommen. Ab Mitte der 1990er Jahre gab es einen intensiven Zuwachs an Firmen der Neuen Ökonomie wie z. B. Photo-, Film-, Werbe- oder Internetagenturen, die noch immer in den ehemaligen Hinterhoffabriken zu finden sind. Mit ihnen hat sich auch die übrige lokale Ökonomie verändert: Die dort Arbeitenden haben andere Konsumbedürfnisse als die vorherige, zumeist ärmere und ältere Bevölkerung. Und aufgrund der wenig klar geregelten Arbeitszeiten hat sich ein neuer Rhythmus im Quartier etabliert. Das Arbeiten bis in den Abend hinein ist üblich in der Werbe- und Designbranche und im Anschluss werden oftmals gastronomische Angebote wahrgenommen (dazu Vogelpohl 2010). Der Zuwachs an gastronomischen Einrichtungen hat seit 2002 eine extreme Dynamik erfahren, da die innenstadtnahe Lage umgekehrt dazu führt, dass das Schanzenviertel von Touristen leicht erreichbar ist und viel frequentiert wird (nicht zuletzt auch, weil es inzwischen in jedem Reiseführer und auf Stadtrundfahrten empfohlen wird). Diese Entwicklung kann auch „relational" gelesen werden, denn vorher konzentrierten sich die touristischen Ziele vor allem auf die Innenstadt und den Hafenrand. Und hätte dort kein Tourismus stattgefunden, wäre die Entwicklung im Schanzenviertel wahrscheinlich nicht so schnell und nicht in einer so starken Intensität verlaufen.

Eine vergleichbare Quartiersentwicklung ist in Williamsburg zu beobachten. Ähnlichkeiten bestehen in der Mischung aus alten Wohn- und Gewerbegebäuden, der zentralen Lage als direkt an Manhattan angrenzender Stadtteil in Brooklyn (s. Abb. 1) und der Verlagerung tageszeitlicher Rhythmen in den späten Abend. Unterschiede sind in Bezug auf die hier erörterte Frage, wie flexibilisierte Alltagsformen das Quartier beeinflussen, vor allem in der Art des Gebäudebestands zu suchen. Denn am Ufer des East Rivers, der Manhattan und Brooklyn trennt, hatten sich zu Beginn des 19. Jahrhunderts Großindustrien wie Raffinerien oder Werften angesiedelt, die nicht einfach in Büroräume für kleinere Firmen umgewandelt werden konnten. Stattdessen haben sich Musiker dort Bandproberäume und Konzerthallen eingerichtet. Die Etablierung neuer Veranstaltungsorte war eine zentrale Ursache für das derzeitig intensive Nachtleben. Darüber hinaus wurden seit 2005 neue Hochhäuser gebaut, die bis zu 30 Stockwerke umfassen – eine auffällige Höhe für Williamsburg, in dem vor allem dreigeschossige Häuser stehen. Diese als „Luxuswohnungen" angepriesenen Wohneinheiten werden sowohl mit der zentralen Lage als auch mit dem kulturellen, intensiven Nachtleben im direkten Umfeld beworben.

In beiden Quartieren lassen sich im Zuge der Veränderungen ähnliche Konflikte erkennen, die unter anderem auf ihrer neuen Zeitlichkeit basieren. Einerseits drehen sie sich ganz konkret um Nachtruhe, andererseits um grundsätzlich unterschiedliche Bedürfnisse der langjährigen bzw. der neu hinzuziehenden Anwohnenden, für die der ausgedehnte lokale Rhythmus ein Zuzugsgrund war. Letztere betreffen vor allem die rasant steigenden Mieten, für die die neuen Anwohnenden verantwortlich gemacht werden. Aber auch das veränderte (und verteuerte) Warenangebot in den Geschäften erzeugt bei langjährigen Anwohnenden das Gefühl, dass das Quartier nicht mehr „ihr" Schanzenviertel bzw. „ihr" Williamsburg ist. An dieser Stelle kommt nun zum Tragen, dass die Quartiere nicht nur die Räume sind, in denen alltägliche Aktivitäten erledigt werden, sondern auch *Orte*, an die individuelle Erwartungen und subjektive Vorstellungen geknüpft sind. Mit qualitativen Interviews lässt sich dieses Moment erheben, wenn nach der Bewertung der jüngsten Entwicklungen im Quartier sowie nach Erwartungen für dessen Zukunft gefragt wird.

Die bisherigen Ausführungen haben gezeigt, dass die Mischung aus funktionaler Diversität und der zentralen Lage flexible Alltage erleichtert. In den Interviews mit Personen aus der Werbebranche und Musikern wurde jedoch ebenso klar die Erwartung an mögliche Anknüpfungspunkte zu anderen Werbern bzw. Musikern als Zuzugsgrund betont. Ein Grafikdesigner aus dem Schanzenviertel (WS 5) drückt das so aus: „Das war dann auch bewusst gewählt, dass man ein Viertel hat, wo man auch ein bisschen Inspiration findet, auch wenn man das nicht tagtäglich nutzt, wo man aber schon das Gefühl hat, dass man sozusagen schon da ist, wo die Musik spielt." (09. 02. 2007) Und auf die anschließende Frage, wie wichtig die Anwesenheit vor Ort tatsächlich für Netzwerke und Kooperationen ist, antwortet er: „Ich glaube, das ist in erster Linie atmosphärisch." Während für die einen das Leben im Schanzenviertel das Gefühl begründet, im Zentrum branchenspezifischer Innovation zu sein, entsteht für andere gerade deshalb das Gefühl, nicht mehr dazuzugehören. Speziell im Schanzenviertel identifizieren sich viele Alteingesessene mit den politisch-alternativen, aber heterogenen Koalitionen, die sich beispielsweise im Kampf um das linksalternative Zentrum Rote Flora um 1990 gebildet hatten. So definiert jemand, der daran beteiligt war (S 23), „Gemeinschaftsgefühl" als „man hat Interesse aneinander, man achtet auch aufeinander." (25. 10. 2006) Allerdings beklagt er: „Ich kann auch nicht genau sagen, woran das liegt, ob das die hohe Fluktuation oder die Leute selber sind: Ich glaube das ist abgestumpft." Diese Aussage lässt sich so interpretieren, dass wenn Personen im Quartier vermehrt nur nach einer „inspirierenden Atmosphäre" suchen, die Möglichkeit politischer Koalitionen oder auch nur des Austausches verringert wird.

Austausch und das Kontakteknüpfen ist für die Williamsburger Musiker eine in den Interviews immer wieder geäußerte Erwartung, die allerdings über das Atmosphärische hinausgeht. Ein Musiker (MW 8) erklärt, warum er dorthin gezogen ist: „There is so much out there and so many opportunities. It is so much easier than in any place elsewhere in America. ... Just like the critical mass of musicians floating around. ... Here you have the right guys to hear the show, someone that owns the studio that believes in you and can be making it in a year, six months. There are more opportunities like that stuff." (24. 02. 2009) Diese Netzwerke bleiben allerdings gruppenspezifisch und nehmen kaum die Form eines quartiersbezogenen Gemeinschaftsgefühls an, das auf dem Wohnen am gleichen Ort basiert. Im Gegenteil sagt ein älterer Bewohner (W 8), dass ihm die neuen Hochhäuser oder Angebote in den Geschäften zeigen, dass die jüngste Entwicklung nur auf die neu Hinzuziehenden zugeschnitten ist: „Now there's not just milk, but soy milk, organic milk, ultra-pasteurized milk. This is not for me." (28. 10. 2010) Williamsburg ist ein gutes Beispiel dafür, wie die eine Entwicklung – hin zu mehr „organic food" oder zu weniger „bread stores" – ein Gefühl des Ausgeschlossenwerdens auslöst und gleichzeitig für ein Quartiersmarketing instrumentalisiert werden kann. Denn nicht nur werden Wohnungskleinanzeigen mit dem metaphorisch für Nachtleben oder Bioläden stehenden „Williamsburg" markiert, obwohl die Wohnung in einem benachbarten, manchmal sogar weiter entfernten Stadtteil liegt. Auch die Immobilienunternehmen setzen dieses Image zu Marketingzwecken ihrer „Luxuswohnungen" ein, für die die Flächen am East River von der Stadtpolitik sogar neue Nutzungsvorschriften veranlasste, die eine Wohnnutzung erst zuließ (vgl. http://www.williamsburgedge.com/neighborhood, letzter Zugriff: 06. 06. 2011).

Hier zeigt sich besonders deutlich, dass die *Umwelten* der Quartiere die lokalen Entwicklungspfade wesentlich bedingen: Wie werden sie geplant? Welche politischen, gesetzlichen oder ökonomischen Kontexte kommen hier besonders zum Tragen? Welche Rolle spielt das Quartier in der gesamtstädtischen Entwicklung? Für die zwei Beispielquartiere kann an dieser Stelle nur ein kurzes Schlaglicht für solche Fragen gegeben werden. Flexibilisierung – als Trend ohnehin nur im Kontext ökonomischer Restrukturierungen hin zu einer spezialisierten, zunehmend dienstleistungsgeprägten Produktion verstehbar – hat in der Alltagsorganisation einzelner das Bedürfnis zur Folge, kurze Wege schnell und häufig zurücklegen zu können. Erreichbarkeit wird damit zu einem zentralen Faktor für die Bevölkerungs- und oftmals Verdrängungsdynamiken. Die Zuzüge nach Williamsburg sind deswegen wesentlich mit der Verkehrsplanung und der U-Bahn-Linie „L" zu erklären, durch die die im Zentrum des Quartiers liegende Station „Bedford Avenue" nur eine Station von Manhattan entfernt liegt. Die Bedeutung der Linie zeigt sich auch darin, dass ähnliche Veränderungen wie die in Williamsburg sich entlang dieser Linie entwickeln.

Abb. 1: Die U-Bahn-Linie ‚L' in New York verbindet Williamsburg mit Manhattan und vielen weiteren Brooklyn-Quartieren. Kartengrundlage: http://www.oasisnyc.net/map.aspx, letzter Zugriff: 21.04.2011; eigene Kartographie

Im Schanzenviertel ist nicht die Verkehrsplanung, sondern eine neue Territorialisierung des vormals nur als Quartier bekannten, aber nicht administrativ festgelegten Quartiers eine wichtigere Entscheidung gewesen: Seit dem 01. März 2008 ist das Schanzenviertel offiziell ein Stadtteil, obwohl zu dem Zeitpunkt Maßnahmen wie Sanierungen, die eventuell eine klarere bezirkliche Zuordnung erfordert hätten, bereits fast beendet waren.

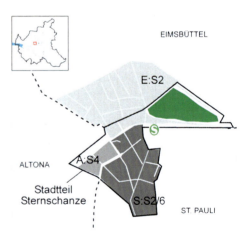

Abb. 2: Die Karte zeigt die seit März 2008 geltenden Stadtteilgrenzen und die Sanierungsgebiete Altona-Eifflerstraße (A:S4), Eimsbüttel Sternschanze (E:S2) sowie St. Pauli Schulterblatt/Rosenhofstraße (S:S2/6), die auch vor 2008 schon als ‚Sternschanze' bezeichnet wurden. Kartengrundlage: http://www.schanzen-info.de/sqm_14/sqm14_04.html, letzter Zugriff: 21.04.2011; eigene Kartographie

Die Entscheidung, das Viertel auf diese Art aufzuwerten, ist ein Kennzeichen für eine imageorientierte Stadtentwicklungspolitik, die das Schanzenviertel als ein vermarktbares Gut versteht, das für neue Anwohnende und Touristen zugleich attraktiv sein soll. Die Konflikte zwischen der neuen und alten Bevölkerung oder zwischen Aktivitäten zu verschiedenen Tageszeiten werden auf diese Weise noch einmal verschärft. Um auf die Frage zurückzukommen, welche lokalen Verarbeitungsmöglichkeiten für die Konflikte bestehen, lässt sich für beide Beispiele behaupten, dass sich aktuell weniger eine Aushandlung denn eine Zuspitzung abzeichnet. Informelle Auseinandersetzungen werden durch die zunehmende Fluktuation und auch durch die große Masse an temporären Besuchern behindert, die letztlich nicht als Gruppierung kontaktiert werden kann und zudem den Austausch zwischen dauerhaften Nutzern erschwert. Formelle Mediationen wiederum sind im Schanzenviertel erfolglos eingestellt worden und haben in Williamsburg gar nicht stattgefunden. Stattdessen wird durch die Stadtpolitik beider Städte weiterhin der Zuzug von Bevölkerung forciert – sei es durch Flächennutzungsverordnungen oder durch Stadtmarketing – ohne die lokalen Konsequenzen ernsthaft zu berücksichtigen.

3. Geographie in einer interdisziplinären Quartiersforschung

Mit dem Blick auf das Schanzenviertel und Williamsburg als Räume (im oben genannten Sinne) wird deutlich, dass die Umnutzung des alten Gebäudebestands sowie deren baurechtliche Regulation einen wesentlichen Einfluss auf die neuen Zeiten des Quartiers hatten. Verstanden als Orte wird insbesondere bei älteren Anwohnenden erkennbar, dass ein Gefühl des Ausgeschlossenwerdens entsteht, das jedoch nicht in aktive Kritik oder in direkte Auseinandersetzungen übersetzt wird. Und die Kontextualisierung der Quartiere – der Blick auf ihre Umwelten – macht deutlich, dass bestimmte Alltagsformen, die durch das postfordistische, flexible Akkumulationsregime gefördert werden, sich in bestimmten Quartieren besonders stark konzentrieren und das wiederum dazu verleiten kann, diese Quartiere in einer wachstumsorientierten Stadtpolitik zu Magneten potenziell neuer Bevölkerung zu machen.

Weniger schwierig sind hier Schnittstellen mit anderen Disziplinen zu erkennen: Die Organisation des Alltages und soziale Konflikte sind auch soziologische Untersuchungsfelder; die aktuellen Entwicklungen der Quartiere basieren wesentlich auf der lokalen Industriegeschichte, weshalb eine historische Perspektive ebenfalls zum Tragen kommt; die Suche nach Investitionsmöglichkeiten für die Wohnungswirtschaft machen Quartiere ebenfalls zu einem Untersuchungsgegenstand in der Ökonomie – sei es nur für das Erzielen höherer Renditen, sei es für die Eruierung von Möglichkeiten des sozialen Wohnungsbaus; und mit der besonderen Rolle von Sanierungsprogrammen und städtischen Leitbildern ist der Bezug zur Stadtplanung unverkennbar. Schwieriger ist die Frage, welchen Beitrag eine geographische Perspektive leisten kann. Die hier genannten Disziplinen könnten die Frage, wie die Flexibilisierung des Alltages sich in Quartieren auswirkt, vielleicht auch ohne eine geographische Fundierung analysieren. Allerdings lässt sich feststellen, dass ein „spatial turn" in Nachbardisziplinen oftmals zur Reaktivierung des „altgeographischen" Raumes geführt hat (dazu Hard 2008), mit dem wieder die Dinge im Raum so analysiert werden, wie sie sich beobachten lassen. Wenn Geographie bedeutet, stattdessen verstärkt die soziale, materielle und symbolische Herstellung der Dinge im Raum zu fokussieren, mag ihr wichtigster Beitrag in der Quartiersforschung sein, nicht die lokal beobachtbaren Bedingungen als Ursachen für Veränderungen zu sehen. Dann können z. B. nicht mehr die Kneipiers für Lärm oder die „Hipster" für steigende Mieten verantwortlich gemacht werden, sondern würden die gesellschaftlichen Verhältnisse problematisiert werden, die sich in eine daran angepasste Stadtentwicklung ausbuchstabiert und in funktionalen wie sozialen Merkmalen manifestiert. Für eine interdisziplinäre Zusammenarbeit in der Quartiersforschung hieße das schließlich, dass nicht unterschiedliche Themen im Quartier von den unterschiedlichen Disziplinen bearbeitet werden, sondern dass ein Thema (Flexibilisierung, Migration, Demographie etc.) aus unterschiedlicher Perspektive daraufhin analysiert wird, wie es ein „Quartier" erzeugt und verändert.

Literatur

- Andersson, Roger/Musterd, Sako (2010): What Scale Matters? Exploring the Relationships between Individual's Social Position, Neighbourhood Context and the Scale of Neighbourhood. In: Geografiska Annaler B: Human Geography, Jg. 91, H. 1: 23–43.
- Bell, David/Jayne, Mark (2004): Conceptualizing the City of Quarters. In: Bell, D./Jayne, M. (Hg.): City of Quarters – Urban Villages in the Contemporary City. Aldershot/Burlington: 1–12.
- Bianchini, Franco/Ghilardi, Lia (2004): The Culture of Neighbourhoods: A European Perspective. In: Bell, D./Jayne, M. (Hg.): City of Quarters – Urban Villages in the Contemporary City. Aldershot/Burlington: 137–248.
- Bridge, Gary (2006): Perspectives on Cultural Capital and the Neighbourhood. In: Urban Studies, Jg. 43, H. 4: 719–30.
- Buttimer, Anne (1980): Home, Reach, and the Sense of Place. In: Buttimer, A./Seamon, D. (Hg.): The Human Experience of Space and Place. London: 166–87.
- Dodgshon, Robert A. (1998): Society in Time and Space – A Geographical Perspective on Change. Cambridge.
- Hard, Gerhard (2008): Der *Spatial Turn*, von der Geographie her beobachtet. In: Döring, J./Thielmann, T. (Hg.): Das Raumparadigma in den Kultur- und Sozialwissenschaften. Bielefeld: 263–315.

- Harvey, David (1987): Flexible Akkumulation durch Urbanisierung: Reflektionen über „Postmodernismus" in amerikanischen Städten. In: Prokla, Jg. 17, H. 69: 109–31.
- Harvey, David (2009): Cosmopolitanism and the Geographies of Freedom. New York.
- Läpple, Dieter (1991): Essay über den Raum. In: Häußermann, H. (Hg.): Stadt und Raum – Soziologische Analysen. Pfaffenweiler: 157–207.
- Läpple, Dieter/Walter, Gerd (2007): Stadtquartiere und gesellschaftliche Integrationsmuster. In: Dangschat, J./Hamedinger, A. (Hg.): Soziale Lagen, Lebensstile und Siedlungsstrukturen. Hannover: 111–38.
- Massey, Doreen/Thrift, Nigel (2003): The Passion of Place. In: Johnston, Ron/Williams, Michael (Hg.): A Century of British Geography. Oxford: 275–99.
- Musterd, Sako (2004): Die europäische Stadt als Ort der Integration? Das Beispiel Amsterdam. In: Siebel, Walter (Hg.): Die europäische Stadt. Frankfurt a. M.: 219–30.
- Vogelpohl, Anne (2010): Die *Re*produktion urbaner Vielfalt: Ansätze im Hamburger Schanzenviertel. In: Läpple, Dieter/Mückenberger, Ulrich/Oßenbrügge, Jürgen (Hg.): Zeiten und Räume der Stadt – Theorie und Praxis. Opladen/Farmington Hills: 91–108.

Andreas Farwick

Städtische Wohnquartiere als Orte sozialer Benachteiligung

Seit den Arbeiten der Chicagoer Schule zu Beginn des 20. Jahrhunderts bildet die Analyse der sozialen Strukturen städtischer Quartiere einen wesentlichen Aspekt der sozialwissenschaftlichen Stadtforschung. Aufgrund von Prozessen der residentiellen Segregation verteilt sich die städtische Bevölkerung auf verschiedene Wohnquartiere, die gleichsam die Bausteine eines größeren Mosaiks darstellen, in dem sich die Dimensionen sozialer und kultureller Ungleichheit der Gesellschaft ausdifferenzieren.

Bei der Betrachtung der sozialen Strukturen von Wohnquartieren steht vor allem der Aspekt des Einflusses spezifisch ausgeprägter Wohnumgebungen auf das soziale Handeln der Bewohnerinnen und Bewohner im Mittelpunkt des Interesses. Von besonderer Bedeutung ist die Frage, inwieweit das Wohnquartier die Lebenschancen seiner Bewohner prägt. So zeichnen sich die bürgerlichen Quartiere oder die Szene-Viertel der Städte durch ein hohes Maß an ökonomischem und kulturellem Kapital ihrer Bewohner aus und stellen in beträchtlicher Weise soziale und materielle Ressourcen bereit. Demgegenüber sind es vor allem die Quartiere einkommensärmerer Gruppen sowie von Zuwanderern, denen aufgrund der hohen Konzentration von Haushalten in oftmals prekärer Lebenslage, einer verminderten Ressourcenausstattung sowie eines häufig negativen Images eine benachteiligende Wirkung beigemessen wird. Die Bedingungen in den Wohnquartieren und deren symbolische Bedeutung, so wird argumentiert, tragen damit zu einer deutlichen Verfestigung der problematischen sozialen Lage der Bewohner bei (vgl. Farwick 2001, Farwick 2004; Häußermann/Kronauer 2009). Die Frage nach den sozialen Konsequenzen der durch benachteiligte Bevölkerungsgruppen geprägten Quartiere stellt sich umso dringlicher, als dass sich das Ausmaß der sozialen Ungleichheit innerhalb der städtischen Gesellschaft aufgrund von Prozessen des ökonomischen und gesellschaftlichen Wandels innerhalb der westlichen Industrieländer seit mehr als zwei Jahrzehnten deutlich verschärft (vgl. OECD 2011).

Im Folgenden geht dieser Beitrag aus einem sozialgeographischen Blickwinkel auf die Bedeutung des Wohnquartiers für die Lebenschancen seiner Bewohner ein. Dabei werden zunächst mögliche negative Einflüsse von Armut geprägter Wohnquartiere auf die soziale Lage der Quartiersbewohner untersucht und empirische Befunde zu dieser Problematik vorgestellt. Darüber hinaus wird gefragt, inwieweit auch Quartiere, die sich durch eine hohe räumliche Konzentration von Zuwanderern auszeichnen, benachteiligend wirken, indem sie einer Eingliederung der in diesen

Gebieten wohnenden Migranten in die sozialen Systeme der Aufnahmegesellschaft entgegenstehen. Es wird zuerst auf die bestehende theoretische Debatte eingegangen, um anschließend empirische Ergebnisse vorzustellen. Abschließend werden offene methodische Fragen der Analyse negativer Wohnquartierseffekte auf die soziale Lage der Bewohner diskutiert.

1. Benachteiligende Einflüsse durch von Armut geprägte Wohnquartiere

Eine Auseinandersetzung mit möglichen negativen Effekten des Wohnquartiers wird seit Anfang der 1980er Jahre insbesondere in den USA geführt. So stellt Wilson in seinem Klassiker *The Truly Disadvantaged* (1987) heraus, dass es aufgrund der räumlichen und sozialen Isolation der afroamerikanischen Bevölkerung in den Ghettos der US-amerikanischen Städte zu einem Ausschluss der Armutsbevölkerung von informellen Systemen der Arbeitsbeschaffung und -vermittlung komme. Darüber hinaus fehle es gerade der heranwachsenden Jugend in den Ghettos an Interaktionsmöglichkeiten mit positiven Rollenvorbildern. Abweichende Verhaltensweisen unter der Armutsbevölkerung würden so immer alltäglicher. Die Thesen Wilsons waren Ausgangspunkt einer großen Zahl von Studien, die sich mit den Effekten der räumlichen Konzentration von sozial benachteiligten Bevölkerungsgruppen in den Wohnquartieren befassten und versucht haben, die Bandbreite potentieller Einflussfaktoren zu systematisieren (vgl. Friedrichs/Galster/Musterd 2003; Galster 2010; Jencks/Mayer 1990; Leventhal/Brooks-Gunn 2000; Manski 1995).

Wird die Analyse möglicher benachteiligender Effekte von Wohnquartieren aus einer dezidert handlungstheoretisch fundierten sozialgeographischen Perspektive unternommen, stellt sich zunächst die Frage nach einer *generellen* Bedeutung räumlicher Strukturen für das soziale Handeln von Akteuren (Werlen 2004: 310 f.). Nach Werlen (1997: 259 ff.) gibt es in der gesellschaftstheoretischen Literatur vielfältige Belege dafür, dass der räumlichen Anordnung von Sachverhalten als notwendiger Bedingung und Folge menschlichen Handelns Bedeutung zukommt. Im Wesentlichen lassen sich diese zu den drei folgenden Grundaspekten bündeln:
- Die chorische Anordnung von Objekten und Artefakten ist eine bedeutende Einflussgröße für die Konstruktion sozialer Beziehungen.
- Die Anordnung von Objekten und Artefakten impliziert einen sozialen Sinngehalt, der zur physisch-weltlichen Differenzierung sozial-weltlicher Gegebenheiten beiträgt.
- Objekte und Artefakte, die der räumlichen Differenzierung sozial-weltlicher Gegebenheiten dienen, stellen Vehikel symbolischer Kodierung dar.

Auf der Basis dieser Gegebenheiten kann nun weiter nach den handlungsrelevanten räumlichen Strukturen in *Wohnquartieren* gefragt werden. Diesbezüglich stellen sich drei sozial relevante Elemente von Quartieren heraus (Farwick 2001: 150 ff.). Diese sind erstens die Sachausstattung des Wohnquartiers mit sozialer und kommerzieller Infrastruktur (hierzu zählen Schulen, Kindertagesstätten, Stadtteil- und Gemeindezentren sowie Geschäfte, Restaurants, Kneipen und Cafés); zweitens das Wohnquartier als Drehpunkt sozialer Beziehungen und drittens die symbolische Bedeutung des Quartiers (s. Abbildung 1).

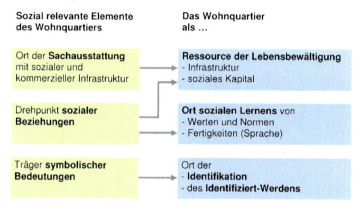

Abb. 1: Einflussfaktoren von Wohnquartieren auf soziales Handeln. Quelle: eigene Darstellung

Aus den benannten Elementen lassen sich wiederum drei Aspekte ableiten, die einen negativen Einfluss von Wohnquartieren begründen. Sie werden im Folgenden näher erläutert.

1.1 Das Wohnquartier als Ort mangelnder Ressourcenausstattung

Zusammen mit der im Wohnquartier vorhandenen Infrastruktur bildet das in den lokalen Beziehungen der Bewohner verankerte soziale Kapital wichtige Ressourcen der Lebensbewältigung. Sind diese Ressourcen insgesamt nur gering ausgeprägt, kann dies zu einer sozialen Benachteiligung führen. Betroffen sind insbesondere statusniedrige Bevölkerungsgruppen, da diese sich durch eine stärker auf das Wohnquartier orientierte Lebensweise auszeichnen (vgl. Blasius/Friedrichs/Klöckner 2008: 94; Friedrichs/Blasius 2000: 82). Sie unterhalten häufiger lokale Beziehungen, aus denen aufgrund der geringen Ressourcenausstattung der Kontakte nur in geringem Maße gegenseitige Hilfen abzuleiten sind. Da informelle Informationsnetzwerke häufiger auf das eigene benachteiligte Milieu beschränkt bleiben, sind diese z. B. für die Arbeits- oder Ausbildungsplatzsuche nur wenig ertragreich. Es mangelt an Gelegenheiten der Herausbildung sogenannter *weak ties* (Granovetter 1973), das heißt schwacher Brückenbeziehungen, die Zugang zu Netzwerken mit neuen Informationen und Ressourcen ermöglichen (Pinkster 2007, Pinkster 2009; Pinkster/Völker 2009).

Im Bereich der sozialen Infrastruktur ergeben sich Benachteiligungen insbesondere bei Kindertagesstätten und Schulen. Diese Einrichtungen sehen sich aufgrund der problematischen sozialen Zusammensetzung der Bewohner im Quartier erhöhten Anforderungen ausgesetzt, denen sie aufgrund einer häufig ungenügenden personellen Ausstattung und Qualifizierung nicht gewachsen sind. Empirische Analysen in verschiedenen europäischen Ländern können belegen, dass sich benachteiligende Effekte auf den Bildungserfolg und das berufliche Fortkommen vor allem über den Kontext der Schule vermitteln (Brännström 2008; Kauppinen 2007; Sykes/Kuyper 2009; Sykes/Musterd 2010).

Aufgrund der geringen Kaufkraft der Bewohner stellt sich vielfach auch die Qualität der kommerziellen Infrastruktur im Quartier in Form des lokalen Waren- und Dienstleistungsangebots als mangelhaft dar (vgl. Häußermann/Kronauer 2009: 167). Besonders betroffen sind diesbezüglich vor allem die peripher gelegenen Großwohnanlagen, die meist wegen ihrer auf das reine Wohnen orientierten Monostruktur seit ihrer Erbauung eine schlechte Ausstattung mit Versorgungseinrichtungen aufweisen.

Mit der begrenzten Ressourcenausstattung im Quartier geht zudem ein erhöhter Wettbewerb um diese Ressourcen einher. Können einige Individuen oder Gruppen bei der Inanspruchnahme von Ressourcen auf Dauer erfolgreicher agieren (z. B. bei der Besetzung öffentlicher Räume), sind Konflikte innerhalb der Quartiersbevölkerung häufig unvermeidbar (Galster 2010: 15).

1.2 Das Wohnquartier als Ort sozialen Lernens, abweichender Normen und Werte

Über die sozialen Beziehungen im Quartier werden Prozesse des sozialen Erlernens induziert. Finden diese Prozesse vorrangig innerhalb von Netzwerken statt, deren Mitglieder sich durch eine gleich schlechte Lage auszeichnen, besteht die Gefahr begrenzter sozialer Erfahrungen und der Entwicklung abweichender Normen und Verhaltensweisen, die sich innerhalb der peer group durch Anpassungen immer weiter verfestigen. Ein solcher Prozess des sozialen Lernens trägt dazu bei, dass sich benachteiligte Bevölkerungsgruppen immer weiter von der „Normalgesellschaft" entfernen. Häufig ist der Konformitätsdruck innerhalb der Gruppe im Sinne einer Anpassung „nach unten" so hoch, dass selbst diejenigen, die sich zunächst (noch) vehement einem Leben in Abhängigkeit von staatlichen Transferzahlungen widersetzen, sich diesem Druck auf Dauer nicht mehr entziehen können (Häußermann/Kronauer 2009: 165).

Verschiedene Studien belegen, dass sich die lokalen sozialen Netzwerke der Bewohner von benachteiligten Quartieren in hohem Maße aus Personen der gleichen sozialen Lage zusammensetzen. So sind nach Herlyn, Lakemann und Lettko (1991: 136) lokale Kontakte entstanden, weil die entsprechenden Personen ebenfalls arbeitslos sind bzw. Sozialhilfe beziehen. Auch Untersuchungen von Friedrichs und Blasius (2000: 65) sowie Blasius, Friedrichs und Klöckner (2008: 100) zeigen, dass Arbeitslose überproportional häufig mit Arbeitslosen verkehren. Aber auch ohne direkte Interaktionen können Prozesse des sozialen Lernens einsetzen. Aufgrund der stetigen Wahrnehmung von Verhaltensweisen der übrigen Bewohner im Quartier in Form von Rollenvorbildern bildet sich ein ausgeprägtes Bewusstsein für deren Werte und Normen heraus, die im Laufe der Zeit sukzessive übernommen werden (Wilson 1987: 57).

1.3 Das Wohnquartier als Ort der negativen Identifikation sowie der Stigmatisierung und Diskriminierung

Über seinen symbolischen Gehalt gewinnt das Wohnquartier als Kristallisationspunkt für verschiedene Formen der Identifikation eine große Bedeutung. So sind die Prozesse der Selbst-Identifikation und des Identifiziert-Werdens mit dem Wohnquartier als Einflussfaktoren auf die Handlungschancen von Bewohnern benachteiligter Wohnquartiere von hoher Relevanz. Über die eigene Identifikation der Bewohner mit ihrer Wohnumgebung kann die diskreditierende symbolische Bedeutung eines Gebiets die Selbstidentität und das Selbstwertgefühl der Bewohner nachhaltig negativ beeinflussen (Bourdieu 1991; Dean/Hastings 2000; Taylor 1998). Auf die Verminderung der Eigenidentität reagieren die Bewohner häufig mit dem Rückzug in einen eng begrenzten Interaktionskreis, verbunden mit einer in Form von Diffamierung und sozialer Ächtung praktizierten bewussten Distanzierung von den übrigen Bewohnern (Atkinson/Kintrea 2001; Blokland 2008; Farwick 2001: 170; Permentier/van Ham/Bolt 2007; Tobias/Boettner 1992).

Überdies kann das Identifiziert-Werden mit dem negativen symbolischen Gehalt des Quartiers vonseiten der außenstehenden Bevölkerung zu Diskriminierungen führen, die eine Einschränkung der sozialen Teilhabechancen der Bewohner, z. B. bei der Suche nach einem Ausbildungsplatz oder einer Arbeitsstelle, bedeuten (Bauder 2002; Wacquant 1993). Eine Studie von Permentier, van Ham und Bolt (2008) in Utrecht zeigt diesbezüglich, dass die Reputation des Wohnquartiers bei Außenstehenden insbesondere von den sozioökonomischen Charakteristika der Bewohner abhängt.

Insgesamt ist davon auszugehen, dass die jeweils beschriebenen Quartierseffekte nicht isoliert auftreten. Stattdessen kommt es zu Überlagerungen, Wechselwirkungen und gegenseitigen Verstärkungen. So können Effekte der negativen Ressourcenausstattung im Quartier einhergehen mit Prozessen des sozialen Lernens negativer Werte und Normen und zusätzlich durch Stigmatisierungen und Diskriminierungen der Bewohner verstärkt werden.

Empirische Studien, die einen möglichen negativen Effekt des Wohnquartiers auf die soziale Lage ihrer Bewohner belegen, stammen vor allem aus den USA. Hier wurden erste Analysen von Wohnquartierseffekten im Hinblick auf die Aspekte Bildungsaspiration und -beteiligung, Wahrscheinlichkeit unehelicher Mutterschaft, Integration in das Erwerbsleben und Verdienstaussichten, deviantes Verhalten sowie Gesundheit unternommen (vgl. die Zusammenfassungen bei Crane 1991; Jencks/Mayer 1990). Auch in der Folgezeit wurden sehr zahlreich Studien zu Wohnquartierseffekten durchgeführt, die nahezu einhellig einen negativen Einfluss eines durch Armut geprägten Wohnumfelds auf die Lebenslagen der Bewohner bestätigen (vgl. Ellen/Turner 2003; Friedrichs 1998; Galster 2008, Galster 2010; Galster et al. 2010; Leventhal/Brooks-Gunn 2000; Sampson/Morenoff/Gannon-Rowley 2002; Sampson 2008).

Aber auch im europäischen Kontext können zahlreiche Untersuchungen negative Quartierseffekte belegen. So dokumentieren Studien aus Großbritannien Einflüsse deprivierter Wohnquartiere auf das Ausmaß individueller Benachteiligung in verschiedenen Dimensionen (Buck 2001; Bramley/Karley 2007; Bolster et al. 2004; McCulloch/Heather 2001; Gordon/Monastiriotis 2006). Aufgrund des gegenüber den US-amerikanischen Verhältnissen geringeren Ausmaßes an sozialer Ungleichheit sowie einer geringeren räumlichen Konzentration benachteiligter Bevölkerungsgruppen im Quartier sind diese Einflüsse jedoch schwächer ausgeprägt und nicht immer konsistent. Überdies verweisen Studien aus den Niederlanden auf einen benachteiligenden Effekt des Wohnquartiers (Musterd/Ostendorf/De Vos 2003; Sykes/Kuyper 2009; Sykes/Musterd 2010; van der Klaauw/van Ours 2003). Untersuchungen in Schweden greifen auf Registerdaten der gesamten Bevölkerung zurück. Auch hier zeigt sich insgesamt ein ausgeprägter Effekt benachteiligter Quartiere auf das Risiko, von Arbeitslosigkeit betroffen zu sein (Galster/Andersson/Musterd 2010).

Für Deutschland liegen bisher nur wenige Untersuchungen vor. Eine frühe Studie zum Einfluss der Wohnquartiere auf die Dauer von Armutslagen in den Städten Bremen und Bielefeld stellt heraus, dass mit dem Anstieg der räumlichen Konzentration von Armut im Quartier die Dauer von Armutslagen der Bewohner signifikant zunimmt (Farwick 2001: 123 ff.; Farwick 2004). Dieser Effekt zeigt sich umso deutlicher, je kleinräumiger die räumliche Konzentration im jeweiligen Stadtgebiet gemessen wurde.

Ferner kann Oberwittler (2004 und 2007) im Rahmen einer Untersuchung in den Städten Köln und Freiburg einen signifikanten Zusammenhang zwischen der räumlichen Konzentration von Sozialhilfeempfängern im Wohnquartier und dem Ausmaß schwerer Jugenddelinquenz aufzeigen. Einen Einfluss der Arbeitslosenquote im Wohnquartier auf das Ausmaß verschiedener Dimensionen von Arbeitslosigkeit (Eintrittsrisiko, Zahl der Arbeitslosenphasen, Dauer der Arbeitslosigkeit) der Bewohner hat Nonnenmacher (2009) in Köln untersucht. Insgesamt zeigte sich nur eine bedingte Wirkung der räumlichen Konzentration von Arbeitslosigkeit im Quartier. Aufgrund der hochgradigen Selektivität der in der Stichprobe untersuchten Personen müssen die Ergebnisse jedoch mit einer gewissen Vorsicht interpretiert werden (ebd.: 198 ff.).

Insgesamt können die Studien einen negativen Einfluss sozial benachteiligter Wohnquartiere auf verschiedene Dimensionen der Lebenslage der Bewohner belegen. Allerdings werden keine abschließenden Aussagen getroffen, auf welchen der oben aufgezeigten Mechanismen diese Effekte beruhen.

2. Folgen ethnisch geprägter Wohnquartiere auf den Eingliederungsprozess von Migranten

Auch im Hinblick auf die hohe räumliche Konzentration von Migranten in bestimmten städtischen Quartieren wird von einer benachteiligenden Wirkung ausgegangen. Insbesondere Esser (1980; 1986a und 2001) hat die negativen Auswirkungen ethnisch geprägter Wohnquartiere auf den Prozess der Eingliederung von Migranten herausgestellt. Ausgehend von der Prämisse, dass mit der räumlichen Konzentration von Migranten in bestimmten Wohnquartieren in der Regel auch die Herausbildung von sozialen Subsystemen in Form ethnischer Gemeinden bzw. ethnischer Kolonien verbunden ist (vgl. Esser 1980: 155, 2001: 35), bezeichnet Esser (1980: 93, 2001: 23 f.) diese Gebiete als eine dem Eingliederungsprozess konträr gegenüberstehende Handlungsalternative. Er argumentiert, dass das Wohnen in ethnisch geprägten Wohnquartieren zu einer Stabilisierung binnenethnischer kultureller Orientierungen und zu einer Behinderung des Erlangens aufnahmelandbezogener kultureller Fertigkeiten beiträgt.

Esser bezieht sich bei dieser Annahme unter anderem auf die Thesen des Kanadiers Raymond Breton (1964). Danach bilden die Quartiere der Zuwanderer – insbesondere bei institutioneller Vollständigkeit – den Rahmen für eine vollständige Alltagsgestaltung und Anspruchserfüllung der Migranten, so dass für diese keinerlei Veranlassungen mehr bestehen aus ihren Quartieren herauszutreten, die Sprache des Aufnahmelands zu erlernen, Kontakte zur Bevölkerung im Aufnahmeland aufzubauen sowie Bemühungen zu unternehmen, sich den Werten und Normen des Aufnahmelands anzunähern (vgl. auch Esser 2008a: 99 f.).

Insgesamt sieht Esser (1980: 98) die Auflösung der bindenden Kraft ethnischer Gemeinden als zentrale Voraussetzung für das Einsetzen einer positiv verlaufenden Eingliederung der Migranten an. Bleibt dieser Auflösungsprozess aus, so ist im zeitlichen Verlauf mit einer defizitären sozialen und strukturellen Eingliederung zu rechnen (Esser 2001: 19). In einem solchen Fall bleiben die Migranten – insbesondere in Bezug auf das Sprachverhalten, die alltäglichen Gewohnheiten und Interaktionen sowie die emotionale Identifikation – ausschließlich mit der Kultur ihres Herkunftslandes verbunden (ebd.: 35).

Konträr zu der These einer eingliederungshemmenden Wirkung ethnisch geprägter Wohnquartiere wird seit längerem auch ein integrierender Einfluss binnenethnisch orientierter Sozialsysteme herausgestellt. So argumentieren bereits die Soziologen der Chicagoer Schule, Thomas, Park und Miller (1971 [1921]), dass der ethnischen Gemeinschaft im Rahmen des durch vielfältige Verunsicherungen gekennzeichneten Migrationsprozesses eine herausragende Bedeutung für die soziale und psychische Stabilisierung der Persönlichkeit der Migranten zukommt.

Im US-amerikanischen Kontext haben in jüngerer Zeit vor allem Portes und Rumbaut (1996 und 2001) im Rahmen ihres Konzepts der *segmentierten Assimilation* auf die positiven Wirkungen ethnischer Gemeinden aufmerksam gemacht. Besonders dann, wenn diese über ein hohes Maß an ökonomischen und sozialen Ressourcen verfügen, kann das in den intraethnischen Netzwerken eingebundene soziale Kapital den Zugang der Migranten zu gehobenen Segmenten des Arbeitsmarktes im Aufnahmeland sowie zu qualifizierten Beschäftigungsverhältnissen innerhalb der ethnischen Ökonomie erleichtern. Darüber hinaus hilft die Vermittlung und Aufrechterhaltung aufstiegsorientierter Werte und Normen, eine Verbreitung dysfunktionaler Verhaltensweisen zu vermeiden und so ein Abgleiten der Mitglieder der ethnischen Gemeinden in die benachteiligten Schichten von Angehörigen des Aufnahmelands abzuwenden.

Innerhalb der deutschsprachigen Literatur hat vor allem Heckmann (1981) die positiven Funktionen ethnischer Gemeinden hervorgehoben. Im Rahmen seines Konzepts der ethnischen Kolonie (vgl. 1981: 208 ff., 1992: 96 ff.) stellt er – in Anlehnung an die Erkenntnisse der Chicagoer Schule – die große Bedeutung der von Migranten aufgrund ihrer spezifischen Bedürfnisse selbst geschaffenen Sozialstrukturen, Institutionen und Organisationen für die Eingliederung in das Aufnahmeland heraus.

Neben Heckmann (1981, 1992 und 1998) hat sich explizit auch Elwert (1982) mit seiner These der *Integration durch Binnenintegration* gegen die Annahme überwiegend negativer Wirkungen ethnischer Gemeinden auf den Verlauf der Eingliederung gewandt. Anhand der beschriebenen Zusammenhänge verdeutlicht Elwert (1982: 721 ff.), dass erst die Binnenintegration – vermittelt über die mit der Herausbildung ethnischer Gemeinden entstandene Solidarität der Migranten untereinander – die wesentlichen Voraussetzungen für eine weitere Aufnahme von Kontakten mit der Bevölkerung des Aufnahmelands schafft und somit ein wichtiges Element im Eingliederungsprozess der Migranten darstellt.

Die Ambivalenz, die sich in der Beschreibung der Wirkungen ethnisch geprägter Quartiere zeigt, ist unverkennbar. So wird den Gebieten mit einer hohen räumlichen Konzentration von Migranten einerseits die Funktion eines Brückenkopfes für den Einstieg in die wesentlichen Systeme des Aufnahmelandes zugeschrieben, zugleich wird ihnen der Effekt einer Eingliederungsblockade beigemessen. Eine weitgehend geteilte Einschätzung über die sozialen Konsequenzen der ethnischen Kolonie besteht jedoch darin, dass sich eine Binnenorientierung der Migranten nicht zu einem Dauerzustand entwickeln darf. Die ethnische Kolonie sollte demnach nur ein Durchgangsstadium auf dem Weg zu einer weitgehenden Eingliederung der Zuwanderer in die Systeme des Aufnahmelands darstellen (vgl. Esser 1986a: 114; Häußermann/Siebel 2001: 73; Heckmann 1998: 40; Heitmeyer 1998: 447).

Empirische Analysen zum Einfluss ethnisch segregierter Wohnquartiere auf den Eingliederungsprozess von Migranten beziehen sich im Wesentlichen auf die Annahme, die ethnische Segregation verhindere aufgrund von fehlenden Gelegenheiten oder/und durch verstärkt binnenethnische Orientierungen das Ausmaß an Kontakten zu Mitgliedern des Aufnahmelandes (siehe auch Abbildung 2). Diese fehlenden interethnischen Kontakte wiederum führen zu Defiziten bei der Herausbildung aufnahmelandspezifischen Humankapitals (z. B. bezüglich der Sprache des Aufnahmelands, vgl. Esser 2008b) und tragen so zu einer verminderten strukturellen Eingliederung bei. Mangelnde interethnische Beziehungen haben zudem eine defizitäre Ausstattung mit sozialem Kapital der ansässigen deutschen Bevölkerung zur Folge, das, wenn vorhanden, durch die Erweiterung des erreichbaren Ressourcenspektrums die strukturelle Eingliederung begünstigen kann (Farwick 2009: 243 ff.).

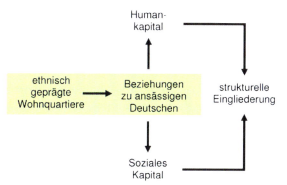

Abb. 2: Der Einfluss ethnisch geprägter Wohnquartiere auf die strukturelle Eingliederung. Quelle: eigene Darstellung

Nordamerikanische Studien zum Einfluss der ethnischen Struktur im Wohnquartier auf das Ausmaß interethnischer Beziehungen zeigen uneinheitliche Ergebnisse. Während sich die Wahrscheinlichkeit informeller Kontakte von weißen Quartiersbewohnern zu afroamerikanischen Bewohnern mit dem Anstieg des Anteils der letztgenannten Bevölkerungsgruppe signifikant erhöht, ist ein umgekehrter Effekt im Sinne einer angestiegenen Kontaktwahrscheinlichkeit bei geringeren Anteilen afroamerikanischer Bewohner nicht festzustellen (Welch et al. 2001). Ein nicht vorhandener Einfluss der ethnischen Zusammensetzung im Wohnquartier auf die Herausbildung interethnischer Freundschaften zeigt sich zudem auch im Rahmen von Studien in kanadischen Städten (Fong/Isajiw 2000). Als Ursache wird das geringe Ausmaß der residentiellen Segregation zwischen den ethnischen Gruppen und der Mehrheitsbevölkerung in den kanadischen Städten genannt. Dagegen können jüngere Studien aus den Niederlanden deutliche Einflüsse des Anteils der Migranten in einem Wohnquartier auf das Ausmaß interethnischer Beziehungen zur ansässigen niederländischen Bevölkerung belegen: je höher der Anteil der Migranten, desto geringer die sozialen Beziehungen zu den ansässigen Niederländern (Gijsberts/Dagevos 2007; van der Laan Bouma-Doff 2008). Diese Ergebnisse sind im Zusammenhang mit den sehr hohen Migrantenanteilen niederländischer Städte zu deuten.

Auch im deutschen Kontext vorgenommene Analysen zeichnen ein uneindeutiges Bild. So ergibt sich in frühen Studien auf der räumlichen Ebene von Wohnquartieren zunächst kein signifikant negativer Einfluss auf das Ausmaß freundschaftlicher Kontakte der Migranten zu deutschen Bewohnern, während auf der Basis der ethnischen Zusammensetzung der Bewohner von Wohnhäusern oder innerhalb von Nachbarschaften durchaus ein vermindernder Effekt der Konzentration von Migranten auf deren Kontakte zu ansässigen Deutschen zu verzeichnen ist (Kremer/Spangenberg 1980; Schöneberg 1982; Bürkner 1987). Ein eher kleinräumiger Einfluss der ethnischen Struktur im Quartier auf interethnische Kontakte lässt sich auch aus multivariaten Analysen ablesen. So kann Hill (1984: 368 f.) für die deutsche Bevölkerung einen signifikant negativen Effekt der räumlichen Konzentration von Migranten in der direkten Wohnumgebung unter Kontrolle verschiedener anderer Kontexte und bedeutender Individualmerkmale bestätigen. Ferner verweisen Esser (1986b: 48) und Schöneberg (1993: 119 f.) auf einen bedeutsamen negativen Einfluss der Konzentration türkischer Bewohner im Wohnhaus auf das Ausmaß interethnischer Beziehungen. Demgegenüber zeigen sich bei Alpheis (1990) auf verschiedenen räumlichen Bezugsebenen sowie bei Drever (2004) und auch bei Haug (2005) keinerlei Auswirkungen der ethnischen Zusammensetzung des Wohnquartiers auf das Ausmaß von Kontakten zu Deutschen.

Die Ergebnisse decken sich mit anderen Analysen des Autors (z. B. Farwick 2009). Unter Einbezug multivariater Analysen auf der Basis einer Befragung in Bremen konnte kein Einfluss des Anteils türkischer Migranten im Wohnquartier auf das Ausmaß an freundschaftlichen Beziehungen zwischen türkischstämmigen Migranten und der ansässigen deutschen Bevölkerung ausgemacht werden. Allerdings ergeben sich negative Effekte der ethnischen Zusammensetzung in der näheren Wohnumgebung auf das Ausmaß interethnischer Beziehungen und zwar umso deutlicher, je höher die Verweildauer der Migranten in der näheren Wohnumgebung ist.

Insgesamt wird deutlich, dass die Frage des Einflusses ethnisch geprägter Wohnquartiere auf die Chance der Herausbildung interethnischer Beziehungen nicht abschließend geklärt ist. Viele der vorgestellten Untersuchungen deuten jedoch darauf hin, dass derartige Zusammenhänge vor allem auf der kleinräumigen Ebene der näheren Wohnumgebung zum Tragen kommen. Letztlich ist es die nähere Wohnumgebung, die einen bedeutenden Drehpunkt sozialer Beziehungen im Quartier darstellt. Folglich zeigt sich die ethnische Zusammensetzung der Bewohner in der *näheren Nachbarschaft* – unabhängig davon, in welchem Wohnquartier sie liegt – als signifikante Einflussgröße, die das Ausmaß interethnischer Beziehungen bestimmt.

3. Wohnquartiere als Orte sozialer Benachteiligung – offene Fragen

Die Ausführungen zu den benachteiligenden Effekten von Wohnquartieren für deren Bewohner verdeutlichen die Komplexität der Thematik und verweisen auf vielfältige bisher nicht geklärte Aspekte. Neben der Frage, welche der oben beschriebenen Mechanismen letztlich einen negativen Einfluss auf die Lage der Bewohner haben, stellen sich methodische Probleme bei der Analyse und Bewertung von Wohnquartierseffekten (Lupton 2003; Galster 2008, 2010).

So ist bisher nicht geklärt, auf welcher räumlichen Maßstabsebene (Wohnquartier vs. nähere Wohnumgebung) Wohnquartierseffekte zum Tragen kommen (vgl. z. B. Nonnenmacher 2007). Anzunehmen ist, dass Prozesse der Stigmatisierung erst im Falle größerer Raumeinheiten mit stadtübergreifender Bedeutung einsetzen und auch die benachteiligende Wirkung von Infrastruktureinrichtungen sich auf Quartiere größeren Zuschnitts bezieht. Demgegenüber sind Vorgänge des sozialen Lernens auf eine Interaktion der Bewohner innerhalb von *peer groups* angewiesen und somit eher kleinräumig zu verankern. Um diesbezüglich mehr Klarheit zu schaffen, und auch die je nach Alter, Geschlecht und sozioökonomischem Status differierenden Aktionsräume der Bewohner zu berücksichtigen, bedarf es Analysen, die entsprechende Wohnquartierseffekte möglichst auf verschiedenen Maßstabsebenen analysieren (Galster 2008).

Ein weiterer Aspekt betrifft die Frage nach den unterschiedlichen Wirkungen von Quartierseffekten, je nach der sozialen Bedeutung der Wohnumgebung für die Bewohner (vgl. Lupton 2003). So treffen Defizite der Infrastruktur im Wohnquartier nur diejenigen, die auf die entsprechenden Einrichtungen auch tatsächlich angewiesen sind. Prozesse des sozialen Lernens können innerhalb des Quartiers nur dann wirken, wenn die Netzwerkbeziehungen auch zu großen Teilen lokal verankert sind. Hinsichtlich der Relevanz des Quartiers für die Bewohner zeigen sich besonders je nach sozialem Status und Stellung im Lebenszyklus deutliche Unterschiede. Während die symbolische Bedeutung des Quartiers bei jungen, mobilen Erwachsenen als nur sehr gering einzustufen ist, besitzen gerade ältere Menschen aufgrund ihres geringeren Aktionsradius einen deutlich stärkeren Bezug zum Quartier. Und auch Familien mit Kindern sind aufgrund der lokal ausgeprägten Aktivitäten der Kinder in stärkerem Maße an das Quartier gebunden. Wohnquartierseffekte sind folglich nach verschiedenen sozialen Gruppen getrennt zu analysieren.

Schließlich ist zu fragen, in welchem zeitlichen Verlauf die einzelnen Wohnquartierseffekte wirken. Während Effekte der Stigmatisierung und Diskriminierung auf der Basis eines bereits vorhandenen negativen Images des Wohnquartiers für alle Bewohner gleich und unmittelbar nach Einzug in das Gebiet einsetzen, kommen Prozesse des sozialen Lernens erst ab einer gewissen Intensität der Interaktion mit den übrigen Bewohnern und nach einer bestimmten Wohndauer im Quartier zur Wirkung (Galster 2008: 16). Bisher ist noch zu wenig über die zeitliche Dimension negativer Effekte des Wohnquartiers bekannt. Insbesondere die Analyse von Längsschnittdaten, die es erlauben, die Wirkung von Quartierseffekten über einen längeren Zeitraum zu beobachten, kann hier Abhilfe schaffen.

Insgesamt verweisen die zahlreichen ungeklärten Aspekte hinsichtlich der von Wohnquartieren ausgehenden Effekte auf einen weiterhin bestehenden Forschungsbedarf, der sich sowohl auf quantitative als auch auf qualitative Ansätze bezieht. Quantitative Analysen sollten – neben dem Einbezug verschiedener Maßstabsebenen – den Bezug der Bewohner zum Quartier (z. B. in Form der unterschiedlichen Bedarfe im Hinblick auf lokale Infrastruktur, des Ausmaßes lokaler Netzwerkbeziehungen, der täglichen Aufenthaltsdauer, die Wahrnehmung des Raumes) sowie die Wohndauer der im Quartier lebenden Menschen immer mitberücksichtigen. Mit Hilfe qualitativer Studien ist der Prozesscharakter des benachteiligenden Einflusses von Wohnquartieren weiter zu analysieren.

Literatur

- Alpheis, Hannes (1990): Erschwert die ethnische Konzentration die Eingliederung? In: Esser, H./Friedrichs, J. (Hrsg.): Generation und Identität. Theoretische und empirische Beiträge zur Migrationssoziologie. Opladen: 147–184.
- Atkinson, Rowland/Kintrea, Keith (2001): Disentangling Area Effects: Evidence from Deprived and Non-deprived Neighbourhoods. In: Urban Studies 38 (12): 2277–2298.
- Bauder, Harald (2002): Neighbourhood Effects and Cultural Exclusion. In: Urban Studies 39 (1): 85–93.
- Blasius, Jörg/Friedrichs, Jürgen/Klöckner, Jennifer (2008): Doppelt benachteiligt? – Leben in einem deutsch-türkischen Stadtteil. Wiesbaden.
- Blokland, Talja (2008): „You Got to Remember you live in Public Housing": Place-Making in an American Housing Project. In: Housing, Theory and Society 25 (1): 31–46.
- Bolster, Anne/Burgess, Simon/Johnston, Ronald D./Jones, Kelvyn/Propper, Carol/Sarker, Rebecca (2004): Neighborhoods, Households and Income Dynamics. Bristol, UK: University of Bristol, CMPO Working Paper Series No. 04/106.
- Bourdieu, Pierre (1991): Physischer, sozialer und angeeigneter physischer Raum. In: Wentz, M. (Hrsg.): Stadt-Räume. Frankfurt a. M./New York: 25–34.
- Bramley, Glen/Karley, Noah Kofi (2007): Home-Ownership, Poverty and Educational Achievement: School Effects as Neighbourhood Effects. In: Housing Studies 22 (5): 693–722.
- Brännström, Lars (2008): Making their Mark: The Effects of Neighbourhood and Upper Secondary School on Educational Achievement. In: European Sociological Review, 24 (4): 463–478.
- Breton, Rymond (1964): Institutional Completeness of Ethnic Communities and the Personal Relation of Immigrants. In: American Journal of Sociology 70: 193–205.
- Buck, Nick (2001): Identifying Neighbourhood Effects on Social Exclusion. In: Urban Studies 38 (12): 2251–2275.
- Bürkner, Hans-Joachim (1987): Die soziale und sozialräumliche Situation türkischer Migranten in Göttingen. Saarbrücken [u. a.].
- Crane, Jonathan (1991): Effects of Neighborhoods on Dropping Out of School and Teenage Childbearing. In: Jencks, C./Peterson, P.E. (Hrsg.): The Urban Underclass. Washington D.C.: Brookings Institute: 299–320.
- Dean, Jo/Hastings, Annette (2000): Challenging Images: Housing Estates, Stigma and Regeneration. Bristol: The Policy Press and Joseph Rountree Foundation.
- Drever, Anita I. (2004): Separate Spaces, Separate Outcomes? Neighbourhood Impacts on Minorities in Germany. In: Urban Studies 41: 1423–1439.

- Ellen, Ingrid G./Turner, Margery A. (2003): Do Neighborhoods Matter and Why? What Have We Learned from MTO? In: Goering J./Feins, J. (Hrsg.): Choosing a Better Life? A Social Experiment in Leaving Poverty Behind: Evaluation of the Moving to Opportunity Program. Washington DC: 313–338.
- Elwert, Georg (1982): Probleme der Ausländerintegration. Gesellschaftliche Integration durch Binnenintegration? In: Kölner Zeitschrift für Soziologie und Sozialpsychologie 34: 717–731.
- Esser, Hartmut (1980): Aspekte der Wanderungssoziologie. Assimilation und Integration von Wanderern, ethnischen Gruppen und Minderheiten. Eine handlungstheoretische Analyse. Darmstadt [u. a.].
- Esser, Hartmut (1986a): Ethnische Kolonien: „Binnenintegration" oder gesellschaftliche Isolation? In: Hoffmeyer-Zlotnik, J.H.P. (Hrsg.): Segregation und Integration. Die Situation von Arbeitsmigranten im Aufnahmeland. Berlin: 106–117.
- Esser, Hartmut (1986b): Social Context and Inter-Ethnic Relations. The Case of Migrant Workers in West German Urban Areas. In: European Sociological Review 2: 30–51.
- Esser, Hartmut (2001): Integration und ethnische Schichtung. Arbeitspapier Nr. 40. Mannheim: Zentrum für Europäische Sozialforschung.
- Esser, Hartmut (2008a): Assimilation, ethnische Schichtung oder selektive Akkulturation? Neuere Theorien der Eingliederung von Migranten und das Modell der intergenerationalen Integration. In: Kalter, F. (Hrsg.): Migration und Integration. Kölner Zeitschrift für Soziologie und Sozialpsychologie, Sonderband 48. Wiesbaden: 81–107.
- Esser, Hartmut (2008b): Spracherwerb und Einreisealter: Die schwierigen Bedingungen der Bilingualität. In: Kalter, F. (Hrsg.): Migration und Integration. Kölner Zeitschrift für Soziologie und Sozialpsychologie, Sonderband 48. Wiesbaden: 202–229.
- Farwick, Andreas (2001): Segregierte Armut in der Stadt. Ursachen und soziale Folgen der räumlichen Konzentration von Sozialhilfeempfängern. Opladen.
- Farwick, Andreas (2004): Segregierte Armut und das Risiko sozialer Ausgrenzung. Zum Einfluß städtischer Wohnquartiere auf die Dauer von Armutslagen. In: Häußermann, H./Kronauer, M./Siebel, W. (Hrsg.): An den Rändern der Städte. Frankfurt a. M.: 286–314.
- Farwick, Andreas (2009): Segregation und Eingliederung. Zum Einfluss der räumlichen Konzentration von Zuwanderern auf den Eingliederungsprozess, Reihe: Stadt, Raum und Gesellschaft. Wiesbaden.
- Fong, Eric/Isajiw, Wsevolod (2000): Determinants of Friendship Choices in Multiethnic Society. In: Sociological Forum 15: 249–271.

- Friedrichs, Jürgen (1998): Do Poor Neighborhoods make their Residents Poorer? Context Effects of Poverty Neighborhoods on Residents. In: Andreß, H.-J. (Hrsg.): Empirical Poverty Research in a Comparative Perspective. Aldershot: 77–98.
- Friedrichs, Jürgen/Blasius, Jörg (2000): Leben in benachteiligten Wohngebieten. Opladen.
- Friedrichs, Jürgen/Galster, George/Musterd, Sako (2003): Neighbourhood Effects on Social Opportunities: The European and American Research and Policy Context. In: Housing Studies 18 (6): 797–806.
- Galster, George (2008): Quantifying the Effect of Neighbourhood on Individuals: Challenges, Alternative Approaches and Promising Directions, In: Schmollers Jahrbuch – Zeitschrift für Wirtschafts- und Sozialwissenschaften 128: 7–48.
- Galster, George (2010): The Mechanism(s) of Neighborhood Effects. Theory, Evidence, and Policy Implications. Abstract der Präsentation für das ESRC Seminar „Neighbourhood Effects: Theory & Evidence" an der St. Andrews University in Schottland, Großbritannien. St. Andrews.
- Galster, George/Andersson, Roger/Musterd, Sako (2010): Who Is Affected by Neighbourhood Income Mix? Gender, Age, Family, Employment and Income Differences. In: Urban Studies 47: 2915–2944.
- Galster, George/Marcotte, Dave/Mandell, Marv/Wolman, Hal/Augustine, Nancy (2007): The Influence of Neighbourhood Poverty during Childhood on Fertility, Education and Earnings Outcomes. In: Housing Studies 22 (5): 723–752.
- Gijsberts, Mérove/Dagevos, Jaco (2007): The Socio-cultural Integration of Ethnic Minorities in the Netherlands: Identifying Neighbourhood Effects on Multiple Integration Outcomes. In: Housing Studies 22 (5): 805–831.
- Gordon, Ian/Monastiriotis, Vassilis (2006): Urban Size, Spatial Segregation and Inequality in Educational Outcomes. In: Urban Studies 43 (1): 213–236.
- Granovetter, Mark S. (1973): The Strength of Weak Ties. In: American Journal of Sociology 78: 1360–1380.
- Haug, Sonja (2005): Interethnische Kontakte, Homogenität und Multikulturalität der Freundesnetzwerke. In: Haug, S./Diehl, C. (Hrsg.): Aspekte der Integration. Eingliederungsmuster und Lebenssituation italienisch- und türkischstämmiger junger Erwachsener in Deutschland. Wiesbaden: 251–275.
- Häußermann, Hartmut/Kronauer, Martin (2009): Räumliche Segregation und innerstädtisches Ghetto. In: Stichweh, R./Windhoff, P. (Hrsg.): Inklusion und Exklusion: Analysen zur Sozialstruktur und sozialen Ungleichheit. Wiesbaden: 157–173.
- Häußermann, Hartmut/Siebel, Walter (2001): Soziale Integration und ethnische Schichtung. Zusammenhänge zwischen räumlicher und sozialer Integration. Gutachten im Auftrag der Unabhängigen Kommission „Zuwanderung", Berlin [u. a.].

- Heckmann, Friedrich (1981): Die Bundesrepublik: Ein Einwanderungsland? Zur Soziologie der Gastarbeiterbevölkerung als Einwandererminorität. Stuttgart.
- Heckmann, Friedrich (1992): Ethnische Minderheiten, Volk und Nation. Soziologie inter-ethnischer Beziehungen. Stuttgart.
- Heckmann, Friedrich (1998): Ethnische Kolonien. Schonraum für Integration oder Verstärker der Ausgrenzung? Bonn.
- Heitmeyer, Wilhelm (1998): Versagt die „Integrationsmaschine" Stadt? Zum Problem der ethnisch-kulturellen Segregation und ihrer Konfliktfolgen. In: Heitmeyer, W./Dollase, R./Backes, O. (Hrsg.): Die Krise der Städte. Analysen zu den Folgen desintegrativer Stadtentwicklung für das ethnisch-kulturelle Zusammenleben. Frankfurt a. M.: 443–467.
- Herlyn, Ulfert/Lakemann, Ulrich/Lettko, Barbara (1991): Armut und Milieu. Benachteiligte Bewohner in großstädtischen Quartieren. Basel [u. a.].
- Hill, Paul Bernhard (1984): Räumliche Nähe und soziale Distanz zu ethnischen Minderheiten. In: Zeitschrift für Soziologie 13: 363–370.
- Jencks, Christopher/Mayer, Susan E. (1990): The Social Consequences of Growing Up in a Poor Neighborhood. In: Lynn, L.E./McGeary, M.G. (Hrsg.): Inner-City Poverty in the United States. Washington D.C.: Brookings Institute, S. 111–186.
- Kauppinen, Timo M. (2007): Neighborhood Effects in a European City: Secondary Education of Young People in Helsinki. In: Social Science Research 36: 421–444.
- Kremer, Manfred/Spangenberg, Helga (1980): Assimilation ausländischer Arbeitnehmer in der Bundesrepublik Deutschland. Königstein im Taunus.
- Leventhal, Tama/Brooks-Gunn, Jeanne (2000): The Neighborhoods They Live. In: Psychological Bulletin 126(2): 309–337.
- Lupton, Ruth (2003): „Neighbourhood Effects": Can we measure them and does it matter? In: LSE STICERD Research Paper CASE. 73.
- Manski, Charles F. (1995): Identification Problems in the Social Sciences. Cambridge, Massachusetts.
- McCulloch, Andrew/Heather, E. Joshi (2001): Neighbourhood and Family Influences on the cognitive Ability of Children in the British National Child Development Study. London.
- Musterd, Sako/Ostendorf, Wim/De Vos, Sjoerd (2003): Neighbourhood Effects and Social Mobility: A Longitudinal Analysis. In: Housing Studies 18 (6): 877–892.
- Nonnenmacher, Alexandra (2007): Eignen sich Stadtteile für den Nachweis von Kontexteffekten? Eine empirische Analyse am Beispiel von Disorder und Kriminalitätsflucht. In: Kölner Zeitschrift für Soziologie und Sozialpsychologie 59 (3): 439–511.

- Nonnenmacher, Alexandra (2009): Ist Arbeit eine Pflicht? Normative Einstellungen zur Erwerbsarbeit, Arbeitslosigkeit und der Einfluss des Wohngebiets. Wiesbaden.
- Oberwittler, Dietrich (2004): Stadtstruktur, Freundeskreise und Delinquenz. Eine Mehrebenenanalyse zu sozialökologischen Kontexteffekten auf schwere Jugenddelinquenz. In: Oberwittler, D./Karstedt, S. (Hrsg.): Soziologie der Kriminalität, Sonderheft 43 der Kölner Zeitschrift für Soziologie und Sozialpsychologie. Wiesbaden: 135–170.
- Oberwittler, Dietrich (2007): The Effects of Neighbourhood Poverty on Adolescent Problem Behaviour – A Multi-Level Analysis differentiated by Gender and Ethnicity. In: Housing Studies 22(5): 781–803.
- OECD (2011): Divided We Stand: Why Inequality Keeps Rising.
- Permentier, Matthieu/van Ham, Marteen/Bolt, Gideon (2007): Behavioural Responses to Neighbourhood Reputations. In: Journal of Housing and the Built Environment 22: 199–213.
- Permentier, Matthieu/van Ham, Marteen/Bolt, Gideon (2008): Same Neighbourhood ... Different Views? A Confrontation of Internal and External Neighbourhood Reputations. In: Housing Studies 23 (6): 833–855.
- Pinkster, Fenne (2007): Localised Social Networks, Socialisation and Social Mobility in a Low-income Neighbourhood in the Netherlands. In: Urban Studies 44 (13): 2587–2603.
- Pinkster, Fenne (2009): Neighbourhood-Based Networks, Social Resources, and Labor Market Participation in two Dutch Neighbourhoods. In: Journal of Urban Affairs 31 (2): 213–231.
- Pinkster, Fenne/Völker, Beate (2009): Local Social Networks and Social Resources in Two Dutch Neighbourhoods. In: Housing Studies, 24 (2): 225–242.
- Portes, Alejandro/Rumbaut, Rubén G. (1996): Immigrant America. A Portrait. Berkeley [u. a.].
- Portes, Alejandro/Rumbaut, Rubén G. (2001): Legacies. The Story of the Immigrant Second Generation. Berkeley [u. a.].
- Sampson, Robert J. (2008): Moving to inequality: Neighborhood Effects and Experiments meet Social Structure. In: American Journal of Sociology 114(1): 189–231.
- Sampson, Robert J./Morenoff, Jeffrey D./Gannon-Rowley, Thomas (2002): Assessing „Neighborhood Effects": Social Processes and New Directions in Research. In: Annual Review of Sociology 28: 443–478.
- Schöneberg, Ulrike (1982): Bestimmungsgründe der Integration und Assimilation ausländischer Arbeitnehmer in der Bundesrepublik Deutschland und der Schweiz. In: Hoffmann-Nowotny, H.-J./Hondrich, K.-O. (Hrsg.): Ausländer in der Bundesre-

publik Deutschland und in der Schweiz. Segregation und Integration: Eine vergleichende Untersuchung. Frankfurt a. M. [u. a.]: 449–568.
- Schöneberg, Ulrike (1993): Gestern Gastarbeiter, morgen Minderheit. Frankfurt a. M.
- Sykes, Brooke/Kuyper, Hans (2009): Neighbourhood effects on youth educational achievement in the Netherlands: can effects be identified and do they vary by student background characteristics? In: Environment and Planning A 41: 2417–2436.
- Sykes, Brooke/Musterd, Sako (2010): Examining Neighbourhood and School Effects Simultaneously: What Does the Dutch Evidence Show? In: Urban Studies Vorveröffentlichung, Urban Studies Online First 47: 1–25.
- Taylor, Marilyn (1998): Combating the Social Exclusion of Housing Estates. In: Housing Studies 13 (6): 819–832.
- Thomas, William I./Park, Robert E./Miller, Herbert A. (1971): Old World Traits Transplanted (repr., zuerst 1921). Montclair, New Jersey.
- Tobias, Gertrud/Boettner, Johannes (1992): Von der Hand in den Mund. Armut und Armutsbewältigung. Essen.
- van der Klaauw, Bas/van Ours, Jan C. (2003): From Welfare to Work: Does the Neighborhood Matter? In: Journal of Public Economics 87: 957–985.
- van der Laan Bouma-Doff, Wenda (2008): Concentrating on Participation: Ethnic Concentration and Labour Market Participation of Four Ethnic Groups. In: Schmollers Jahrbuch – Zeitschrift für Wirtschafts- und Sozialwissenschaften 128: 153–173.
- Wacquant, Loïc J. D. (1993): Urban Outcasts: Stigma and Division in the American Ghetto and the French Urban Periphery. In: International Journal of Urban and Regional Research Jg. 17,3: 366–383.
- Welch, Susan/Sigelman, Lee/Bledsoe, Timothy/Combs, Michael (2001): Race and Place. Race Relations in an American City. Cambridge [u. a.].
- Werlen, Benno (1997): Gesellschaft, Handlung und Raum (3. überarbeitete Auflage). Stuttgart.
- Werlen, Benno (2004): Sozialgeographie. Eine Einführung. Bern [u. a.].
- Wilson, William Julius (1987): The Truly Disadvantaged. The Inner City, the Underclass, and Public Policy. Chicago [u. a.].

Tobias Mettenberger

Stadtsoziologische Zugänge zum Sozialraum Quartier

Sind benachteiligte Quartiere auch benachteiligende Quartiere? Mit dieser Frage nähert sich ein großer Teil der stadtsoziologischen Arbeiten zum Thema Quartier seinem Gegenstand. Der Fokus ist somit auf jene städtischen Teilräume gerichtet, in denen vermeintlich de-privilegierte Bevölkerungsgruppen, wie etwa Sozialleistungsempfänger oder bestimmte migrantische Milieus, einen besonders großen Anteil der Wohnbevölkerung bilden. Die Analyseperspektive ist dabei problemzentriert. Die Studien sollen Aufschluss darüber geben, ob die räumliche Konzentration eben jener Bevölkerungsgruppen tatsächlich als zusätzliche Ursache einer ohnehin schon tiefgreifenden Benachteiligungssituation zu werten ist und vielfach auch, ob im Umkehrschluss eine stärkere soziale Mischung zur Verbesserung der Situation beitragen kann.

Allgemeiner gefasst, rankt sich das stadtsoziologische Forschungsinteresse in seinem Kern um die Konsequenzen sozialer Ungleichheit für die Entwicklung der Städte und die daraus resultierenden Lebensbedingungen in den unterschiedlichen Teilgebieten. Den Ausgangspunkt bildet dabei das Konzept der residentiellen Segregation, wie es bereits durch die frühen Arbeiten der U.S.-amerikanischen Chicago School (Park 1952; Burgess 1967) geprägt wurde: „Die Analyse der Segregation ist ein zentraler Bestandteil der sozialwissenschaftlichen Stadtforschung. Sie richtet sich auf die räumlichen Auswirkungen sozialer Ungleichheit, z. B. durch Einkommen, Bildung oder ethnische Zugehörigkeit. Unter Segregation ist eine disproportionale Verteilung sozialer Gruppen über die Stadtteile [oder andere räumlicher Einheiten] zu verstehen" (Friedrichs/Triemer 2009: 16). Somit besteht ein erster Schritt der stadtsoziologischen Analyse vielfach darin, einen Eindruck zu gewinnen, aus welchen sozialen Gruppen sich die Bewohner eines bestimmten Quartiers zusammensetzen. In einem zweiten Schritt kann dann der oben skizzierten Frage nachgegangen werden, welche negativen oder auch positiven Konsequenzen das Leben in einem bestimmten Wohnumfeld für die Individuen hat.

Jene, zumeist mit Fokus auf eine zusätzliche Benachteiligung fokussierten Konsequenzen werden in der Stadtforschung gemeinhin als negative *Quartiers-*, *Gebiets-* oder *Kontexteffekte* bezeichnet und somit analytisch von Prozessen abgegrenzt, welche auf die soziale Lage der Individuen und Haushalte zurückzuführen sind (Kronauer/Vogel 2004: 235). Die entsprechenden Untersuchungen basieren auf der zentralen theoretischen Annahme, dass der lokale, durch eine Konzentration benachteiligter Haushalte geprägte Kontext bestimmte (destruktive) Handlungen der Bewohner befördert und andere (konstruktive) Handlungsmöglichkeiten eingeschränkt werden. Diese problemzentrierte Überlegung lässt sich auf eine generelle Ebene übertragen und führt dabei zu der Frage, durch welche Prozesse und Strukturen Quartiere die Lebensbedingungen ihrer Bevölkerung beeinflussen und welche Folgen dies für die Individuen hat. Die theoretische Vorstellung von Konzentrations- bzw. Nachbarschaftseffekten (z. B. Farwick 2001; Sampson 2001; Wilson 1987) kann somit einen Ausgangspunkt bilden, um aus der soziologischen Perspektive einen systematischen Überblick darüber zu gewinnen, welche Wirkungen Quartiere unterschiedlichster Art im Alltag ihrer Bewohner entfalten können. Dabei wird deutlich, dass städtische Gebiete in den entsprechenden Studien als „Sozialräume" und somit als lokale Kontexte, in denen sich soziale Prozesse abspielen, konzipiert werden. Jene Prozesse können durch eine Vielzahl gebietsinterner und gebietsexterner Einflussfaktoren beeinflusst werden (Sampson 2001). Somit lässt sich u. a. erläutern, welche Rolle die physisch-materiellen Strukturen eines Gebietes mitsamt der ihnen anhaftenden Symboliken in diesem Kernbereich der stadtsoziologischen Forschung spielen, und welche Bezüge zu Architektur und Städtebau somit evident werden.

Der vorliegende Beitrag systematisiert zunächst die theoretischen Grundannahmen bezüglich der möglichen Einflüsse von Quartieren auf die Handlungen und Wahrnehmungen ihrer Bewohner. Daraufhin werden empirische Zugänge und die mit ihnen verbundenen konzeptionellen Stärken und Schwächen beleuchtet, um einen Eindruck davon zu vermitteln, wie sich die Stadtsoziologie konkreten Forschungsfragen nähert und welche Berücksichtigung Architektur und Städtebau dabei finden. Dies wird in Bezug zu einer generellen Herausforderung erläutert, welche die soziologische Forschung darin sieht, physisch-materielle Strukturen in ihre Theoriebildung zu integrieren. Abschließend werden ausgewählte Forschungslücken und Perspektiven für eine zukünftige stadtsoziologische und interdisziplinäre Quartiersforschung skizziert.

1. Unterschiedliche Arten von Gebietseffekten

Ein genaueres Verständnis der möglichen Quartierseffekte setzt eine differenzierte Betrachtung verschiedener Prozesse voraus, durch welche die Bewohner in ihrer Alltagspraxis beeinflusst werden. Andreas Farwick entwirft seine Typologie der „möglichen Einflussfaktoren von Armutsquartieren auf soziales Handeln" (2001: 151, siehe auch Beitrag in diesem Band) auf Basis der Unterscheidung verschiedener potentieller Einflüsse der physisch-materiellen Strukturen eines Gebietes auf die menschlichen Handlungen und Wahrnehmungen. Er unterscheidet dabei drei Dimensionen möglicher kausaler Zusammenhänge (ebd.: 152 ff.): Im Sinne eines *physisch-materiellen Artefakts* (1) übe das Wohngebiet aufgrund seiner Sachausstattung eine handlungsstrukturierende Wirkung aus. Von besonderer Bedeutung seien dabei Einrichtungen der sozialen Infrastruktur (ebd.: 153): Diese ermöglichten den Bewohnern die Versorgung mit den notwendigen Gütern und Dienstleistungen, darüber hinaus konstituierten diese Orte (zufällige) nachbarschaftliche Kontakte und stellten folglich gleichermaßen eine Determinante sozialer Beziehungen dar. Als *materiell-physische Determinante sozialer Beziehungen* (2) strukturiere das Quartier – bzw. das Prinzip der geographischen Nähe – die sozialen Kontakte der Bewohner. Hierbei müsse grundlegend zwischen flüchtigen nachbarschaftlichen Kontakten und gefestigten Netzwerken, d. h. Beziehungen zu Verwandten, Freunden und Bekannten, unterschieden werden (ebd.: 152). Auch aufgrund der ihnen eingeschriebenen *symbolischen Codierungen* (3) prägten die materiellen Strukturen eines städtischen Gebietes die Wahrnehmungen der Bewohner, aber auch von gebietsexternen Personen.

Farwick deutet hier in enger inhaltlicher Überschneidung mit den Typologien anderer deutschsprachiger und internationaler Autoren (Häußermann 2008; Häußermann/Kronauer 2009; Häußermann/Siebel 2004; Kapphan 2002; Keller 1999; zu den Typisierungen im U.S.-amerikanischen Diskurs z. B. Sampson 2001; Elliott et. al. 2006) Effekte des Wohnumfeldes an, deren mittelbare Wirkkraft sich zwar aus dem räumlich-geographischen Kontext des Quartiers generiert, deren unmittelbare Einflüsse jedoch entweder auf die physisch-materiellen, die sozialen oder die symbolischen Charakteristika des Gebietes zurückzuführen sind. Somit lassen sich ganz unterschiedliche Prozesse unter dem Konzept der Nachbarschaftseffekte subsumieren. Im Folgenden wird ein skizzenhafter Überblick gegeben und eine analytische Unterscheidung verschiedener Dimensionen vorgenommen.

1.1. Effekte in der physisch-materiellen Dimension

Einflussreiche U.S.-amerikanische Autoren (Elliott et. al. 2006) ergänzen in ihrem theoretischen Modell der Gebietseffekte die oben beschrieben Konzentrationseffekte durch die Kategorie der „Neighborhood Deterioration" (ebd.: 50), d. h. Einflüsse, die unmittelbar auf die defizitäre und im Niedergang begriffene bauliche Gestalt des Quartiers zurückzuführen sind. In vielen deutschsprachigen Arbeiten hingegen wird diese Dimension in die Modelle der Konzentrationseffekte integriert. Gemäß einer verbreiteten Grundannahme des Diskurses wird folglich davon ausgegangen, dass die Wohngebiete sozial benachteiligter Gruppen durch eine qualitativ minderwertige Gebietsausstattung gekennzeichnet sind (z. B.: Häußermann/Siebel 2004: 168 f.; Kapphan/Dorsch/Siebert 2002: 23) und überwiegend den Gebietstypen der innerstädtischen Altbaugebiete oder aber der Großwohnsiedlungen am Stadtrand entsprechen (Kronauer/Vogel 2004). Darin wird zugleich eine Voraussetzung und eine Folge der verstärkten Ansiedlung marginalisierter Personen gesehen: Aufgrund geringer verfügbarer wohnungsmarktrelevanter Ressourcen seien sozial benachteiligte Bewohner bei der Wohnungssuche auf bestimmte, weniger nachgefragte Gebiete beschränkt. Durch die resultierende lokale Konzentration benachteiligter Bevölkerungsgruppen wiederum käme es zu einem zusätzlichen Qualitätsverlust des Wohnumfeldes, einer Überlastung der öffentlichen Einrichtung und einer Abwanderung kommerzieller Infrastrukturen, wodurch die Lebensbedingungen der Bewohner signifikant erschwert würden (Häußermann/Kronauer 2009: 164). Ein Großteil der Argumentationen zu den Gebietseffekten in der physisch-materiellen Dimension betont die empirisch gesicherte Erkenntnis, dass sich im Falle benachteiligter, statusniedriger Personen die Aktionsräume und somit auch die Nutzungen infrastruktureller Einrichtungen überdurchschnittlich stark im näheren Wohnumfeld konzentrieren (Farwick 2007: 48; Hamm 2000: 177; Herlyn/Lakemann/Lettko 1991: 132 ff.), bzw. dass überdurchschnittlich viel Zeit im Wohnquartier verbracht wird (Friedrichs/Blasius: 2000: 77 ff.). Dies trifft vor allem auf mobilitätseingeschränkte Gruppen, wie z. B. ältere Menschen, zu.

1.2. Effekte in der sozialen Dimension

Negative Effekte der räumlichen Konzentration sozial benachteiligter Bevölkerungsgruppen werden darüber hinaus auf die innerhalb des Wohngebiets lokalisierbaren sozialen Kontakte zurückgeführt. Dabei werden zum einen Sozialisationseffekte, als Folgen von nachbarschaftlicher Interaktion und von Beobachtungen im öffentlichen Raum, zum anderen defizitäre soziale Netzwerke und fehlende Möglichkeiten zur Bildung und Nutzung von Sozialkapital problematisiert (Häußermann/Kronauer 2009: 164).

1.2.1. Sozialisationseffekte

Ein negativer Effekt der sozialen Kontakte zwischen benachteiligten Personen wird, gemäß einer u. a. durch die richtungsweisende Arbeit des U.S.-amerikanischen Stadtforschers Lewis Wilson (1987) geprägten These, in der Übernahme und Verstärkung abweichender Normen und Verhaltensweisen und einer daraus resultierenden weiteren Verschlechterung der Lebenschancen gesehen. Jene Prozesse des sozialen Lernens sind in ihrem Wesen komplex und lassen unterschiedliche Erklärungen zu: Sie lassen sich sowohl auf die einseitige Wahrnehmung und Beobachtung der Verhaltensweisen anderer Menschen als auch auf die wechselseitigen Interaktionen zwischen Individuen zurückführen (Friedrichs/Blasius 2000: 24). Die entsprechenden sozialen Kontakte können somit einen zufälligen und flüchtigen Charakter haben, aber auch dauerhaft und in die sozialen Netzwerke der jeweiligen Freundschaften, Bekanntschaften und Verwandtschaften eingebunden sein.

Da sich die sozialen Kontakte benachteiligter Personengruppen, gemäß einer Grundannahme der diesbezüglichen Forschung in großen Teilen innerhalb ihres

Wohnumfeldes vollziehen, bilde das Quartier folglich einen bedeutenden „Lernraum" destruktiver Handlungsmuster (Farwick 2001: 167f; Friedrichs/Blasius 2000: 19 ff.) und evoziere eine daraus hervorgehende „Subkultur" (Häußermann/Kronauer 2009: 164). Problematisiert wird jene Übernahme anormaler Verhaltensweisen insbesondere vor dem Hintergrund einer Minderung der Chancen zur Arbeitsmarktintegration (Häußermann/Siebel 2004: 28 f.), aber auch im Kontext der Toleranz gegenüber deviantem Verhalten (Friedrichs/Blasius 2000) und der Ausübung von delinquenten Delikten (Oberwittler 2003; 2007).

1.2.2. Soziale Netzwerke als defizitäre Stützstrukturen

Soziale Netzwerke werden im Falle ökonomisch benachteiligter Menschen als potentiell relevante Stützstrukturen bewertet, die wichtige Ressourcen für die Bewältigung alltäglicher Herausforderungen bieten. Im Falle jener sozial benachteiligten Personen, die in bestimmten Quartieren konzentriert leben, wird die Struktur der Netzwerke jedoch in vielen Argumentationen als problematisch eingeschätzt. Es wird dabei auf die renommierte These Granovetters (1973) verwiesen, gemäß derer die Stärke über den engeren Bekanntenkreis hinausgehender – und somit sozial heterogener – Beziehungen darin bestünde, einen besseren Zugang zu Informationen und Unterstützungsleistungen, vor allem im Kontext der Arbeitsplatzsuche erhalten zu können (Blasius/Friedrichs/Klöckner 2008: 88; Häußermann 1997: 23; 2003: 157). Da sich diese Zugänge den Bewohnern benachteiligter Gebiete oftmals versperrten, wären diese Menschen mit Informationsdefiziten, z. B. bezüglich unbesetzter Jobs oder des Umgangs mit Verwaltungsstellen, konfrontiert. Darüber hinaus seien die sozialen Netzwerke benachteiligter Personen durch den Mangel jeweils ähnlicher materieller und monetärer Ressourcen geprägt, wodurch wechselseitige Unterstützungsleistungen erschwert würden (Farwick 2001: 156).

1.3 Effekte in der symbolischen Dimension

Der Außenwahrnehmung eines benachteiligten Gebiets läge vielfach eine diskriminierende Perspektive zugrunde (Keller 1999: 98). Leicht wahrnehmbare Merkmale der baulichen Strukturen würden mit scheinbaren Charaktereigenschaften der dort lebenden Personen verknüpft, wobei Angehörige der benachteiligten Gruppen in einem besonderen Maße Aufmerksamkeit hervorriefen (Vascovics 1982: 219). Jene Eindrücke konstituierten ein negatives Gesamtimage. Das Gebiet würde mit einem *Stigma* (Goffman 1967) versehen. Die Ursachen jener Stigmatisierung lägen, nach Häußermann und Siebel, in vier Dimensionen begründet (2004: 170). Neben den bereits implizit erwähnten Kategorien der baulichen (1) und der sozialen Strukturen

(2) werden die geographische Lage (3) sowie die historische Entwicklung (4) als Determinanten negativ konnotierter Wahrnehmungs- und Bewertungsmuster betrachtet (auch Keller 1999: 98). Externe Stigmatisierung wird als Ursache unmittelbarer Benachteiligungen der Gebietsbewohner kategorisiert. Besonders hervorgehoben werden Akte der Diskriminierung, welchen die Bewohner aufgrund ihrer Adresse in einem benachteiligten Quartier ausgesetzt seien (Bourdieu 2005: 122). Dabei werden vor allem Benachteiligungen im Kontext der Bewerbung um Arbeits- und Ausbildungsplätze oder aber auf dem Wohnungsmarkt problematisiert (Häußermann/Kronauer/Siebel 2004: 29; Häußermann/Kronauer 2009: 168; Kapphan/Dorsch/Siebert 2002: 25). Ebenso wird die These geprägt, dass die stigmatisierende Außenperspektive auf ein Gebiet zugleich einen Einfluss darauf hätte, wie die Bewohner sich selbst sowie ihr gebautes und soziales Umfeld wahrnehmen würden (Farwick 2001: 168; Vascovics 1982: 218). Stigmatisierungserfahrungen könnten z. B. in einem passiven Erdulden der negativen Zuschreibungen und einer damit verbundenen Übertragung des Fremdbildes auf das Selbstbild (Farwick 2001:169), einem negativen Empfinden der eigenen Lebenssituation (Häußermann/Kronauer 2009: 168) sowie in einem verstärkten sozialen Rückzug (Vascovics 1982: 218) münden.

2. Empirische Zugänge zu den Wirkungen von Quartieren

2.1. Annäherung über die Strukturebene

Zahlreiche statistische Untersuchungen, welche die Frage nach den Gebietseffekten behandeln, setzen mit ihren Analysen auf der Strukturebene an (z. B. für Deutschland: Blasius/Friedrichs/Klöckner 2009; Drever 2004; Farwick 2001; Friedrichs/Blasius 2000; Oberwittler 2003; 2007). Auf der Grundlage statistisch ermittelter Kriterien (Arbeitslosenquote, Sozialhilfeanteil, Anteil sozialen Wohnungsbaus, Ausländeranteil) wird festgestellt, in welchen Quartieren sich die Wohnorte vermeintlich benachteiligter Personengruppen vornehmlich konzentrieren. Dies ermöglicht es den Forschenden, ein städtisches Gebiet objektiv mess- bzw. nachvollziehbar abzugrenzen, in dem große Teile der Bevölkerung durch vergleichsweise homogene soziale Lagen und Entwicklungsperspektiven gekennzeichnet sind. Anhand festgelegter Indikatoren wird somit für eine ausgewählte sozial benachteiligte gesellschaftliche Gruppe (z. B. erwerbslose Menschen) untersucht, inwiefern sich die Lebenssituation der lokal konzentriert lebenden Gruppenmitglieder im Problemgebiet, von jenen nicht konzentriert lebender Gruppenmitglieder in sozial durchmischten Gebieten unterscheidet. Lassen sich hierbei trotz identischer individueller bzw. gruppenspezifischer Merkmale und der auf sie zurückgehenden „Lageeffekte"

(Kronauer/Vogel 2004: 235), unterschiedliche „Outcomes" feststellen, kann ein Gebietseffekt nachgewiesen werden. Auf Grundlage der ersten großen Untersuchung für deutsche Städte weist Andreas Farwick für kleinräumige Gebiete in Bremen und Bielefeld nach, dass Sozialhilfeempfänger, die in benachteiligten Gebieten konzentriert leben, für einen überdurchschnittlich langen Zeitraum Transferleistungen beziehen. Friedrichs und Blasius (2000), sowie Blasius, Friedrichs und Klöckner (2007) zeigen mit ihrer Untersuchung Kölner Quartiere, dass in Gebieten mit einem hohen Anteil sozial benachteiligter Bewohner die Gleichgültigkeit gegenüber abweichendem und delinquentem Verhalten stark ausgeprägt ist. Oberwittler (2003; 2007) weist einen Einfluss des Wohnquartiers auf die Gewaltbereitschaft von autochthonen Jugendlichen in Köln und Freiburg nach. Drever (2004) widmet sich dem, in einem breiten gesonderten Diskurs behandelten Themenfeld der ethnischen Segregation (siehe auch Beitrag von Farwick in diesem Band) und fragt, inwiefern Gebiete mit einem hohen Bevölkerungsanteil bestimmter Migrantengruppen den Effekt haben, dass sie deren Integration in die Mehrheitsgesellschaft erschweren. Sie kommt, stark vereinfacht zusammengefasst, zu dem Schluss, dass ein derartiger Gebietseffekt empirisch nicht zu belegen ist.

Derartige Studien können statistisch valide Erkenntnisse darüber liefern, inwiefern es hinsichtlich der Wahrscheinlichkeit bestimmter individueller „Outcomes" entscheidend ist, ob eine Person in einem benachteiligten Gebiet lebt. Die tatsächlichen Gebietseffekte können dabei aber zunächst nur als „Black Boxes" konzipiert werden: Es kann statistisch nachgewiesen werden, dass es eine Benachteiligung lokal konzentriert lebender Personen gibt und diese mit der sozialstrukturellen Zusammensetzung des Quartiers in Zusammenhang steht. Es kann aber nicht erklärt werden, auf welche Mechanismen diese Benachteiligung exakt zurückzuführen ist. Somit bleibt ebenfalls ungeklärt, welchen Einfluss die baulichen und symbolischen Strukturen des Quartiers in diesem Kontext nehmen.

2.2. Annäherung über eine Rekonstruktion der Alltagspraxis in den Quartieren

Zur Beantwortung der Fragen, welche Handlungen und Handlungsrestriktionen für sozialräumliche Benachteiligungsphänomene ausschlaggebend sind, werden weiterführende, detailliertere empirische Untersuchungen der vielfältigen, im Stadtviertel lokalisierten sozialen Prozesse und Situationen, sowie der in ihnen zum Vorschein kommenden Alltagspraktiken und Wahrnehmungsmuster notwendig. Darüber hinaus ist es von Bedeutung herauszustellen, welche intendierten und nicht-intendierten Folgen quartiersexterne Prozesse, Handlungen und Wahrnehmungen für die Lebenswirklichkeit vor Ort haben, z. B. hinsichtlich der Stigmatisierung bestimmter

Stadtgebiete. Im deutschsprachigen Kontext gibt es einige, wenn auch vielfach ältere derartige Untersuchungen, die in der Regel einem rekonstruktiven Ansatz folgen und auf einem qualitativen Design aufbauen (z. B. Keim/Neef 2007; Kronauer/Vogel 2004; Pott 2002; Tobias/Boettner 1992). In den Ergebnissen ausgewählter Untersuchungen, welche die physisch-materielle und die symbolische Dimension der Gebietseffekte fokussieren, spiegeln sich an verschiedenen Punkten die analytische Relevanz baulicher Strukturen und die ihnen zugeschriebenen symbolischen Bedeutungen wider.

Kronauer und Vogel (2004) zeigen anhand ihres Hamburger Vergleichsbeispiels, dass die monofunktionale Großwohnsiedlung Mümmelmannsberg und das multifunktionale Altbauquartier St. Pauli aufgrund ihrer baulichen Gestalt und infrastrukturellen Ausstattung jeweils andere Nutzungen ermöglichen, respektive einschränken. Beispielsweise wird Mümmelmannsberg aufgrund der vorhandenen Grünanlagen und Betreuungseinrichtungen in einem vergleichsweise hohen Maße den Anforderungen junger Familien und alleinerziehender Mütter gerecht, stellt jedoch aus der Sicht arbeitsloser Männer einen Ort der sozialen Isolation und Langeweile dar. St. Pauli hingegen offeriert jüngeren arbeitslosen Männern gefragte und zugleich ambivalent bewertbare infrastrukturelle Angebote, wie beispielsweise die örtlichen Kneipen, durch welche soziale Kontakte ermöglicht und teilweise auch Gelegenheitsjobs vermittelt werden. Jene Angebote würden jedoch von den unfreiwillig hinzugezogenen Arbeitslosen kaum genutzt. Die soziale Relevanz der baulichen Arrangements und Infrastrukturen eines Quartiers kann somit nur unter Berücksichtigung heterogener subjektiver Bedürfnisse und Bedeutungszuschreibungen erfasst werden.

Darüber hinaus zeigen Kronauer und Vogel anhand des Beispiels St. Pauli auf, wie sich das Image eines Gebietes auf die Selbstwahrnehmung seiner Bevölkerung auswirkt. Während, wie beschrieben, viele der ökonomisch benachteiligten männlichen Bewohner die lokalen Infrastrukturen positiv bewerten, hat ein großer Teil der unfreiwillig hinzugezogenen arbeitslosen Bewohner unter der symbolischen Außenwirkung dieser Institutionen zu leiden:

> „Das Leben in St. Pauli, die öffentlich sichtbare Obdachlosigkeit und Drogensucht, die Dominanz einer Armutsökonomie von Billigdiscountern und Secondhandgeschäften, das als Belästigung empfundene Rotlichtmilieu, die ebenso aggressive wie repressive Atmosphäre des Sozialamtes – das alles erleben diese Arbeitslosen als Manifestation und Demonstration ihres sozialen Scheiterns." (Kronauer/Vogel 2004: 255)

Die Ergebnisse Kronauers und Vogels unterstreichen somit, dass es, neben der sozialen Komposition, bestimmte bauliche und infrastrukturelle Arrangements sind, welche die symbolische Wirkung eines Quartiers konstituieren und hierdurch z. B. die Selbstwahrnehmung der Bewohner beeinflussen.

Andreas Pott (2002) relativiert mit seinen empirischen Erkenntnissen die vielen Arbeiten zu benachteiligten Stadtteilen implizit inhärente Vorstellung grundsätzlich homogener Gebietswahrnehmungen seitens der Bewohner. Pott untersucht die Wahrnehmung der einkommensschwachen und durch einen hohen Migrantenanteil geprägten Dortmunder Nordstadt. Dabei fokussiert er eine spezifische Bewohnergruppe (die nur bedingt einem sozial benachteiligten Milieu zugerechnet werden kann): im Quartier aufgewachsene AbiturientInnen und StudentInnen mit türkischem Migrationshintergrund. Vor dem Hintergrund der Frage, welche Bedeutung das Wohnquartier für den Bildungsaufstieg der untersuchten Personen hat – d. h. auf der Suche nach einem „positiven Gebietseffekt" – entwickelt der Autor eine detaillierte Rekonstruktion heterogener Lebenswelten und daraus hervorgehender Fallstrukturen. Hierbei wird deutlich, dass die Wahrnehmung des Wohnquartiers einen Bestandteil höchst individueller Interpretations- und Syntheseprozesse bildet und dass diesem Gebiet, als einem unter mehreren subjektiv relevanten Orten, heterogene Bedeutungen zugeschrieben werden (Pott 2002: 241 ff., 409 ff.): z. B. im Sinne eines Erfahrungshintergrundes für die bewusste Abgrenzung gegenüber dem Herkunftsmilieu, einer Projektionsfolie individueller Negativerfahrungen oder auch eines Feldes der persönlichen und evtl. zukünftigen beruflichen Profilierung.

In ihrer wechselseitigen Ergänzung ermöglichen die beiden Zugänge ein differenziertes Bild von Wirkungen zu erhalten, welche die Quartiere in der Alltagswirklichkeit ihrer Bewohner entfalten können. Dabei wird deutlich, dass die bauliche Struktur der Gebiete sowie die mit ihr verbundenen symbolischen Außenwirkungen einen Einfluss auf die dort stattfindenden sozialen Prozesse und Mechanismen haben. Abbildung 1 illustriert zunächst diesen argumentativen Gesamtzusammenhang, bevor im folgenden Kapitel vertiefend und zugleich in einem größeren Rahmen auf die Bedeutung eingegangen wird, welche die baulichen Strukturen und ihre symbolischen Außenwirkungen für die unterschiedlichen sozialwissenschaftlichen Vorstellungen von sozialräumlicher Wirklichkeit haben.

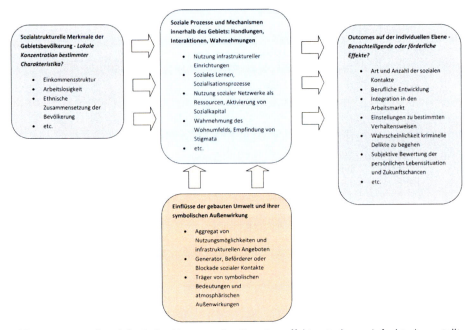

Abb. 1: Das stadtsoziologische Konzept der Quartierseffekte stark vereinfacht dargestellt. Der blaue Kasten, im Diagramm oben mittig, steht für die in diesem Kapitel „geöffnete Black Box". Der orangene Kasten unten mittig stellt die bereits zu Anfang thematisierten Bedeutungen dar, welche die gebaute Umwelt mitsamt ihrer symbolischen Außenwirkungen in diesem Zusammenhang einnimmt. Quelle: eigene Darstellung

3. Vertiefende Überlegungen zur Rolle der baulichen Strukturen und ihrer symbolischen Außenwirkungen

Diese Einblicke in ausgewählte qualitative Untersuchungen machen deutlich, dass die baulichen Strukturen und ihre symbolischen Wirkungen im Kontext von Gebietseffekten durchaus erklärungsrelevant sind. Allerdings wurden derartige gesellschaftliche Bedeutungen materieller Kontexte in der Soziologie lange Zeit nur randständig behandelt, rückten jedoch in den letzten Jahren aufgrund eines zunehmenden Interesses an raumtheoretischen Konzepten in den Vordergrund der Aufmerksamkeit. Die grundlegende Frage, inwiefern der Dimension des *Raumes* als einer analytischen Kategorie bei der soziologischen Theoriebildung zukünftig verstärkt Beachtung zu schenken ist, wurde sowohl in der internationalen als auch in der hiesigen Forschung zum Thema zahlreicher einflussreicher Beiträge und Konzepte (Lefebvre 1991 [1974]; Läpple 1991; Löw 2001; Sturm 2000), so dass die Sozialwissenschaften nach der Meinung vieler Wissenschaftler einem „spatial turn" (z. B. Döring/Thielmann 2008: 7) oder eine „Renaissance des Raumes" (z. B. Reutlinger 2008: 71) erlebt haben. Mit den theoretischen Formulierungen der Raumkategorie geht die zentrale Annahme einher, dass soziale Prozesse durch ihren lokal-räumlichen Kontext entscheidend geprägt werden und folglich u. a. die Aspekte physisch-materieller Strukturen, symbolischer Außenwirkungen und geographischer Distanzen in den Gegenstandsbereich der Sozialwissenschaften zu integrieren sind. Hiermit wird eine grundlegende Abkehr von den Grundannahmen eines bis dato verbreiteten positivistischen Forschungsverständnisses vollzogen, welches das vorrangige Ziel implizierte, verallgemeinerbare Erkenntnisse über das menschliche Zusammenleben zu generieren, deren Gültigkeit über einen spezifischen zeitlichen, räumlichen und somit auch physisch-materiellen Kontext hinaus besteht.

Raumtheoretische Argumentationen basieren zumeist auf einer kritischen Auseinandersetzung mit der Vorstellung eines so genannten „Container-Raums". Räume, wie z. B. Quartiere, werden als physische Hüllen oder „Umweltbedingungen" (Läpple 1991: 165) betrachtet, in denen sich gesellschaftliche Prozesse abspielen. Dies legt wiederum reduktionistische Schlussfolgerungen, entweder in Form eines einseitigen *Raumdeterminismus* oder aber im Sinne eines unreflektierten *Sozialdeterminismus,* nahe. Raumdeterministische Perspektiven, wie von Seiten der Sozialwissenschaften gerne den Vertretern städtebaulich-orientierter Disziplinen unterstellt wird, liegt die Annahme zugrunde, dass die physisch-materiellen Strukturen des Raumes eine einseitige und ubiquitäre Wirkung auf die Handlungen und Wahrnehmungen der Menschen ausüben (Kessl/Reutlinger 2007: 21 ff.). Dies bedingt die Entstehung reduktionistischer Erklärungsansätze für komplexe soziale Phänomene. So kritisiert beispielsweise der Sozialgeograph Benno Werlen:

„Da die traditionellen Raumbegriffe lediglich auf die Repräsentation ausgedehnter, körperlicher Gegebenheiten zugeschnitten sind, erlangen die physisch-materiellen/biologischen Gegebenheiten bei der sozialräumlichen Analyse von Situationen des Handelns eine reduktionistische Überbetonung". (2005: 18)

Demgegenüber gilt das Interesse sozialdeterministisch ausgerichteter Arbeiten einseitig der Wirkkraft sozialer Prozesse (Holzinger 2007: 64). Diametral zu den raumdeterministischen Erklärungen wird dem materiell-physischen Kontext folglich keinerlei Einfluss auf die in ihm stattfindenden gesellschaftlichen Prozesse zugeschrieben. Räumliche Strukturen, wie z. B. jene eines städtischen Quartiers, werden somit als reine Ausdrucksformen bzw. Spiegelbilder der prägenden sozialen Prozesse betrachtet. Sie hätten demnach keine theoretische Relevanz für die soziologische Forschung, sondern böten lediglich die Möglichkeit, gesellschaftliche Phänomene in einem begrenzten lokalen Rahmen und auf einer konkreten, empirisch leichter erfassbaren Mikroebene abzubilden und zu analysieren (kritische Auseinandersetzungen hierzu: Krämer-Badoni 1991: 1 ff.; Saunders 1987: 15 f.).

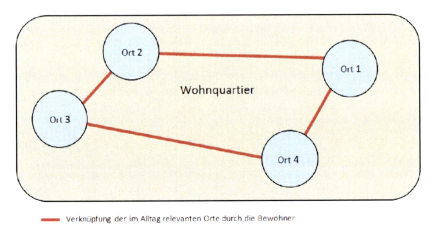

Abb. 2: Die „Container-Perspektive". Das Quartier als Rahmen vermeintlich homogener sozialer Handlungen. Quelle: eigene Darstellung

Handlungstheoretisch und sozialkonstruktivistisch fundierte Raumtheorien (Werlen 1997; Löw 2001) erheben den Anspruch, die Handlungsrelevanz physisch-materieller Arrangements differenziert zu betrachten und dadurch den argumentativen Verfall in einen der beiden oben skizzierten Fehlschlüsse zu vermeiden. Räume sind demnach die Verknüpfungen jener lokalen Bezüge, welche für die Alltagspraxis der Subjekte relevant sind. Sie sind Produkte menschlicher Handlungen, Verhaltensweisen, Wahrnehmungen und Interpretation und somit heterogen und geographisch dispers. Komplementär dazu wird in der Analyse vielfach auf die Kategorie des Ortes zurückgegriffen. Für Martina Löw zum Beispiel, stellt ein Ort „einen Platz, eine Stelle, konkret benennbar, meist geographisch markiert" dar (2001: 199). Im Gegensatz zu Räumen seien Orte als ein konkretes Ensemble platzierter physisch-materieller Objekte und Menschen für das Subjekt unmittelbar als eine Einheit wahrnehmbar. Ausdruck dessen sei die Bezeichnung mit einem Namen, oftmals verbunden mit einer Betonung persönlicher Bezüge, wie z. B. „mein Kiez" (ebd.: 200).

Die gesellschaftliche Relevanz physischer Elemente erklärt sich aus dieser raumtheoretischen Perspektive durch die ihnen zugeschriebenen subjektiven Bedeutungen; materielle Arrangements werden „durch ein tradiertes System von Sinngebungen und damit symbolischen Besetzungen" (Löw 2007: 97) wahrgenommen. „Nicht also physikalische Raumstrukturen als solche determinieren [...] menschliches Verhalten, sondern die Bedeutungen und Wertigkeiten, die Menschen bestimmten Strukturen und Orten attribuieren, legen auch das ihnen entsprechende Verhalten nahe" (Kruse/Graumann 1978: 190, zitiert in Schroer 2006: 176 f.).

Wird aus stadtsoziologischer Perspektive davon ausgegangen, dass städtische Quartiere mit ihrer infrastrukturellen Ausstattung als Generatoren sozialer Kontakte oder als Träger symbolischer Bedeutungen eine handlungsstrukturierende Wirkung entfalten, so ist der inhaltliche Bezug zum Gegenstandsbereich der städtebaulich-orientierten Disziplinen offensichtlich. Gleichwohl verdeutlichen die hier dargestellten raumtheoretischen Überlegungen, dass es aus sozialwissenschaftlicher Perspektive evident erscheint, die menschliche Alltagspraxis als Ausgangspunkt der Analyse städtischer Kontexte zu betrachten. Dies impliziert zum einen die Fokussierung der Subjektivität, Heterogenität und geographischen Dispersität menschlicher Handlungen, zum anderen den Einbezug der Ressourcenverteilungen und gültigen Normen, welche diese Handlungen ermöglichen oder erschweren können.

4. Das behutsame Öffnen der „Black Boxes": Wie lassen sich Gebietseffekte präzise verstehen?

Ob in benachteiligten Quartieren oder anderen Gebietstypen – die Erfassung und Rekonstruktion von Effekten des Wohnumfelds auf die menschliche Alltagspraxis ist ein äußerst komplexes Unterfangen. Die baulich-physischen, sozialen und die symbolischen Charakteristika des Quartiers haben weder für alle dort agierenden Subjekte dieselbe subjektive Bedeutung und Handlungsrelevanz, noch konzentrieren sich alle Handlungen und Wahrnehmungen auf einen statisch abgrenzbaren Bereich des Wohnumfeldes. Folglich greift es meist zu kurz, von einer ubiquitären handlungsstrukturierenden Wirkung des Quartiers als „Container" auszugehen.

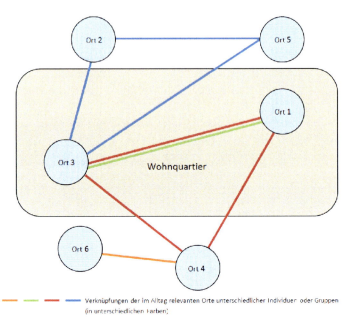

Abb. 3: Die Rolle des Quartiers für die Alltagspraxis unterschiedlicher Individuen oder sozialer Gruppen. Quelle: eigene Darstellung

Das Konzept der Gebietseffekte (nach Farwick 2001) impliziert die Grundannahme, dass durch das Wohnumfeld bestimmte, typischerweise sozial inkludierende Handlungsmöglichkeiten erschwert und andere, typischerweise destruktive und sozial exkludierende Handlungsmöglichkeiten befördert werden. Aus dieser Perspektive betrachtet erscheint es offensichtlich, dass Quartierseffekte, wie etwa jene die eine kumulative Benachteiligung implizieren, nicht *unmittelbar* durch den Kontext Wohnumfeld und die baulich-physische Substanz determiniert werden, sondern aus alltagspraktischen Handlungssituationen und den mit ihnen verbundenen Möglichkeiten und Einschränkungen hervorgehen. Ein Quartier wirkt somit *mittelbar*, in dem es Einfluss auf die alltäglichen sozialen Prozesse und Mechanismen nimmt, die sich in diesem lokalen Rahmen und auch außerhalb seiner Grenzen abspielen. Gemäß der Vielfalt möglicher Gebietseffekte in unterschiedlichen Dimensionen, sind die analyserelevanten Prozesse mehrdimensional und wirken sich auf unterschiedliche Aspekte der Alltagspraxis aus.

Auf jener Mikro-Ebene der Alltagspraktiken erscheint es evident, einen wechselseitigen Zusammenhang zwischen objektiv-beobachtbaren Verhaltensweisen und Handlungen auf der einen sowie kognitiven und emotionalen Wahrnehmungs- und Erfahrungsprozessen auf der anderen Seite zu subsumieren sowie die Einflüsse wirksamer Normen und Ressourcen auf all diese Prozesse mit einzubeziehen. Die Frage nach potenziellen Gebietseffekten ist folglich die Frage danach, inwiefern und auf welche Art und Weise der Kontext des Wohnumfeldes in diesen unterschiedlichen Dimensionen der Alltagspraxis zum Tragen kommt. Durch die bauliche Struktur hervorgerufene Begegnungen und Interaktionen im öffentlichen Raum können zum Beispiel die Wahrnehmung der lokalen Wirklichkeit beeinflussen, Werturteile gegenüber infrastrukturellen Einrichtungen zu deren (Nicht-)Nutzung motivieren. Bestimmte Orte und Situationen können Prozesse der Quartierswahrnehmung nachhaltig prägen.

Die offensichtliche Vielfalt möglicher Handlungen, Interaktionen und Alltagssituationen lässt auf eine große Bandbreite möglicher Gebietseffekte schließen. Die Bezüge, die Menschen mit ihren Handlungen zu ihrem Wohnumfeld herstellen, können zugleich hochgradig subjektiv und geographisch dispers sein. Dies macht es äußerst kompliziert, benachteiligende Outcomes, wie etwa eine höhere Kriminalitätsrate, auf einen oder mehrere präzise bestimmbare Gebietseffekte zurückzuführen. In der Realität werden auf der Meso-Ebene der lokalen Alltagspraxis zumeist mehrere unterschiedliche Effekte gleichzeitig ihre Wirkung entfalten. Teilweise können sich hierbei auch positive und negative Gebietseffekte gegenseitig relativieren. So können besondere infrastrukturelle Einrichtungen, wie z. B. die Anlaufstellen des Quartiersmanagements, zur besonderen Unterstützung sozial benachteiligter Gruppen beitragen, aber zugleich in ihrer Sichtbarkeit auch die externe Stigmatisierung des Gebiets.

Auf der analytischen Ebene des Quartiers ist nicht nur der Heterogenität der sich dort vollziehenden sozialen Prozesse, im Sinne von Handlungen, Wahrnehmungen, und Interaktionen Rechnung zu tragen. Komplementär ist der Fokus auf die lokal spezifischen und historisch gewachsenen baulichen, symbolischen aber auch sozialen Strukturen zu richten, welche gegenwärtig die Alltagspraxis der Bewohner prägen. Zugespitzt formuliert ist jedes Quartier immer auch durch eine in ihrem zeitlichen Verlauf pfadabhängig geprägte und eigenständige Entwicklung geprägt. Mit exemplarischem Blick auf benachteiligte Sozialräume ist es auch in dieser Hinsicht eine reduktionistische Annahme, deutschland-, europa- oder gar weltweit von *den allgemeingültigen Gebietseffekten* benachteiligter Quartiere zu sprechen. Ein besonderes Augenmerk kann hierbei auf der Persistenz baulicher Arrangements und der ihnen anhaftenden Außenwirkungen liegen.

Eine Analyse der Gebietseffekte, die auf der Mikro-Ebene der sozialen Handlungen, Wahrnehmungen und Interaktionsprozesse innerhalb der Gebiete ansetzt, impliziert zugleich die Annahme, dass sich die durch das Wohngebiet geprägten Dispositionen in bestimmten Situationen widerspiegeln, die nicht zwangsläufig innerhalb des Quartiers lokalisiert sein müssen, sondern unter Umständen erst außerhalb der Grenzen des Wohngebietes wirksam werden können (Pott 2002) – z. B. wenn sich die im Gebiet erlernten Handlungsmuster in anderen Teilen der Stadt und den dortigen Institutionen als destruktiv erweisen, oder wenn Stigmatisierungserfahrungen in einem besonderen Maße durch den Kontakt mit den Bewohnern anderer Gebiete zum Tragen kommen. Effekte des Quartiers zu verstehen macht es auch in dieser Hinsicht erforderlich, die Grenzen des Containers zu überschreiten und Studien von Gebietseffekten nicht als isolierte Untersuchungen in einem festgelegten Gebiet zu limitieren.

Gerade um die Handlungen der Individuen in ihrer Subjektivität, Heterogenität und geographischen Dispersität empirisch nachvollziehen zu können, erscheint es notwendig breit angelegte standardisierte statistische Untersuchungen intensiver als bislang durch qualitative Analysen jener Bedeutungen zu ergänzen, welche die Individuen und gesellschaftlichen Institutionen städtischen Quartieren zuschreiben.

Literatur

- Blasius, Jörg/Friedrichs, Jürgen/Klöckner, Jennifer (2008): Doppelt benachteiligt? Leben in einem deutsch-türkischen Stadtteil. Wiesbaden.
- Bourdieu, Pierre (2005): Ortseffekte. In: ders. (Hrsg.): Das Elend der Welt. Studienausgabe. Konstanz: 117–123.
- Döring, Jörg/Thielmann, Tristan (2008): Einleitung: Was lesen wir im Raume? Der Spatial Turn und das geheime Wissen der Geographen. In: dies. (Hrsg.): Spatial Turn. Das Raumparadigma in den Kultur- und Sozialwissenschaften. Bielefeld: 7–45.
- Drever, Anita (2004): Separate spaces, separate outcomes? Neighborhood impacts on minorities in Germany. Urban Studies 41(8): 1423–1439.
- Elliott, Delbert S./Menard, Scott/Rankin, Bruce/Elliott, Amanda/Wilson, William J./Huizinga, David (2006): Good Kids from Bad Neighborhoods. Successful Development in Social Context. New York u. a.
- Farwick, Andreas (2001): Segregierte Armut in der Stadt. Opladen.
- Farwick, Andreas (2007): Die räumliche Polarisierung von Armut in der Stadt – Ursachen, Ausprägungen und soziale Folgen. In: Arbeitnehmerkammer Bremen (Hrsg.): Armutsbericht 2007. Bremen: 38–53.
- Friedrichs, Jürgen/Blasius, Jörg (2000): Leben in benachteiligten Wohngebieten. Opladen.
- Friedrichs, Jürgen/Triemer, Sascha (2009): Gespaltene Städte? Soziale und ethnische Segregation in deutschen Großstädten. Wiesbaden.
- Goffman, Erwing (1967): Stigma. Über Techniken zur Bewältigung beschädigter Identität. Frankfurt a. M.
- Granovetter, Mark (1973): The Strength of Weak Ties. In: American Journal of Sociology 78 (6):1360–1380.

- Hamm, Bernd (1982): Einführung in die Siedlungssoziologie. München.
- Hamm, Bernd (2000): Nachbarschaft. In: Häußermann, H. (Hrsg.): Großstadt. Soziologische Stichworte. Opladen: 173–182.
- Häußermann, Hartmut (1997): Armut in den Großstädten – eine neue städtische Unterklasse? In: Leviathan 25 (1): 12–27.
- Häußermann, Hartmut (2003): Armut in der Großstadt. Die Stadtstruktur verstärkt soziale Ungleichheit. In: Informationen zur Raumentwicklung Heft 3/4 (2003): 147–159.
- Häußermann, Hartmut (2008): Wohnen und Quartier: Ursachen sozialräumlicher Segregation. In: Huster, E.-U./Boeckh, J./Mogge-Grotjahn, H. (Hrsg.): Handbuch Armut und soziale Ausgrenzung. Wiesbaden: 335–349.
- Häußermann, Hartmut/Kronauer, Martin (2009): Räumliche Segregation und innerstädtisches Ghetto. In: Stichweh, R./Windolf, P. (Hrsg.): Inklusion und Exklusion. Analysen zur Sozialstruktur und sozialen Ungleichheit. Wiesbaden: 157–173.
- Häußermann, Hartmut/Kronauer, Martin/Siebel, Walter (2004): Stadt am Rand. Armut und Ausgrenzung. In: dies. (Hrsg.): An den Rändern der Städte. Frankfurt a. M.: 7–42.
- Häußermann, Hartmut/Siebel, Walter (2004): Stadtsoziologe. Eine Einführung. Frankfurt a. M./New York.
- Herlyn, Ulfert/Lakemann, Ulrich/Lettko, Barbara (1991): Armut und Milieu. Benachteiligte Bewohner in großstädtischen Quartieren. Boston/Basel/Berlin.
- Holzinger, Elisabeth (2007): Räume verloren, Räume gewonnen – Veränderungstendenzen der räumlichen Organisation der Gesellschaft. In: Dangschat, J.S./Hamedinger, Alexander (Hrsg.): Lebensstile, soziale Lagen und Siedlungsstrukturen. Akademie für Raum- und Landesplanung, Hannover: 52–70.
- Kapphan, Andreas (2002): Das arme Berlin. Sozialräumliche Polarisierung, Armutskonzentration und Ausgrenzung in den 1990er Jahren. Opladen.
- Kapphan, Andreas/Dorsch, Pamela/Siebert, Ingo (2002): Sozialräumliche Segregation in der Stadt. Literaturbericht. Deutsches Jugendinstitut, Berlin.
- Keim, Karl-Dieter/Neef, Rainer (2007): ‚Wir sind keine Sozialen'. Marginalisierung und Ressourcen in deutschen und französischen Problemvierteln. Konstanz.
- Keller, Carsten (1999): Armut in der Stadt. Zur Segregation benachteiligter Gruppen in Deutschland. Opladen/Wiesbaden.
- Kessl, Fabian/Reutlinger, Christian (2007): (Sozial) Raum – ein Bestimmungsversuch. In: dies. (Hrsg.): Sozialraum. Eine Einführung. Wiesbaden: 19–35.
- Krämer-Badoni, Thomas (1991): Die Stadt als sozialwissenschaftlicher Gegenstand. In: Häußermann, H./Ipsen, D./ders./Läpple, D./Rodenstein, M./Siebel, W. (Hrsg.): Stadt und Raum. Soziologische Analysen: Pfaffenweiler:1–29.

- Kronauer, Martin/Vogel, Berthold (2004): Erfahrung und Bewältigung von sozialer Ausgrenzung in der Großstadt: Was sind Quartierseffekte, was Lageeffekte? In: Häußermann, H./Kronauer, M./Siebel, W. (Hrsg.): An den Rändern der Städte. Frankfurt a. M.: 235–257.
- Läpple, Dieter (1991): Essay über den Raum. In: Häußermann, H./Ipsen, D./Krämer-Badoni, T./Läpple, D./Rodenstein, M./Siebel, W. (Hrsg.): Stadt und Raum. Soziologische Analysen. Pfaffenweiler: 157–207.
- Levebvre, Henri (1991 [1974]): The Production of Space. Oxford.
- Löw, Martina (2001): Raumsoziologie. Frankfurt a. M.
- Löw, Martina (2007): Zwischen Handeln und Struktur. Grundlagen einer Soziologie des Raums. In: Kessl, F./Otto, H.-U. (Hrsg.): Territorialisierung des Sozialen. Regieren über soziale Nahräume. Opladen/Farmington Hills: 81–100.
- Oberwittler, Dietrich (2003): Stadtstruktur, Freundeskreis und Delinquenz. Eine Mehrebenenanalyse zu sozialökologischen Kontexteffekten auf schwere Jugenddelinquenz. In: ders./Karstedt, S. (Hrsg.): Soziologie der Kriminalität. Wiesbaden: 135–170.
- Oberwittler, Dietrich (2007): The Effects of Ethnic and Social Segregation on Children and Adolescents: Recent Research and Results from a German Multilevel Study. WZB Discussion Paper. Wissenschaftszentrum Berlin für Sozialforschung (WZB), Berlin.
- Park, Robert E. (1952): Human Communities. New York.
- Pott, Andreas (2002): Ethnizität und Raum im Aufstiegsprozess. Eine Untersuchung zum Bildungsaufstieg in der zweiten türkischen Migrantengeneration. Opladen.
- Reutlinger, Christian (2008): Raum und soziale Entwicklung. Kritische Reflexion und neue Perspektiven für den sozialpädagogischen Diskurs. Weinheim/München.
- Sampson, Robert J. (2001): How Do Communities Undergird or Undermine Human Development? Relevant Contexts and Social Mechanisms. In: Booth, A./Crouter, A.C. (Hrsg.): Does It Take a Village? Community Effects on Children, Adolescents, and Families. New York/London: 3–30.
- Saunders, Peter (1987): Soziologie der Stadt. Frankfurt a. M./New York.
- Schroer, Markus (2006): Räume, Orte, Grenzen. Auf dem Weg zu einer Soziologie des Raums Frankfurt a. M.
- Sturm, Gabriele (2000): Wege zum Raum. Methodologische Annäherungen an ein Basiskonzept raumbezogener Wissenschaften. Opladen.
- Tobias, Gertrud/Boettner, Johannes (1992): Von der Hand in den Mund. Armut und Armutsbewältigung in einer deutschen Großstadt. Essen.
- Vascoviscs, Laszlo A. (1982): Residentiale Segregation und soziale Probleme. In: ders. (Hrsg.): Raumbezogenheit sozialer Probleme. Opladen: 200–227.

- Werlen, Benno (1997): Sozialgeographie alltäglicher Regionalisierungen. Globalisierung, Region und Regionalsierung. Stuttgart.
- Werlen, Benno (2005): Raus aus dem Container! Ein sozialgeographischer Blick auf die aktuelle (Sozial-)Raumdiskussion. In: Projekt ‚Netzwerke im Stadtteil' (Hrsg.): Grenzen des Sozialraums. Kritik eines Konzepts – Perspektiven für die Soziale Arbeit. Wiesbaden: 15–35.
- Wilson, William J. (1987): The truly disadvantaged: The Inner-City, the Underclass, and Public Policy. Chicago.

Guido Spars

Stadtquartiere als Investitionsobjekte
Ökonomische Perspektiven

In diesem Beitrag wird das Quartier aus der ökonomischen Forschungsperspektive betrachtet. Hierbei soll ganz bewusst ein Themenfächer aufgespannt werden, um die verschiedenen thematischen und auch methodischen Zugänge erläutern zu können. Es werden zunächst die Besonderheiten des Quartiers aus der ökonomischen Sicht erläutert, bevor auf die Frage des Quartiers als Investitionsobjekt eingegangen wird. Eng verwoben mit dieser Frage sind die Themen „Stadtrendite und Quartier" sowie Stadtwert beziehungsweise Quartierswert, die im Anschluss dargelegt werden. Am Ende wird dann zusammenfassend auf den interdisziplinären Beitrag der Wirtschaftswissenschaften für die Quartiersforschung eingegangen.

Aus ökonomischer Perspektive ist das Quartier ein Ort von sozialen und ökonomischen Austauschprozessen, der ähnlich wie die Stadt selbst aufgrund der Agglomerationsvorteile unterschiedlicher Nutzungen entstanden ist. Es überlagern sich dort auf engem Raum lokale Märkte für private Güter, öffentliche Güter und verschiedenste Nutzungen und Tauschprozesse, wie z. B. der lokale Arbeitsmarkt, der Bodenmarkt sowie die Immobilienteilmärkte (Wohnungsmarkt, Märkte für Büro- und Einzelhandelsflächen). Auch die informelle Seite des Wirtschaftens lässt sich im Quartier beobachten. Man kann ein Quartier somit als einen Nukleus der gesamten Volkswirtschaft bezeichnen, weil fast alle volkswirtschaftlichen Prozesse im Quartier ihren Niederschlag finden. Hierfür erscheint es sinnvoll aus pragmatischen Gründen von einer gewissen Mindestgröße des Quartiers auszugehen. So verwendet das BBSR in einer Publikation zu neuen Stadtquartieren in Deutschland beispielsweise folgende quantitativen Kriterien: mindestens 500 Wohneinheiten oder 1.000 Einwohner oder eine Flächengröße größer als 10 Hektar (BBSR 2007).

Die bereits angesprochenen Agglomerationsvorteile sind hierbei ein Spezialfall der in der wirtschaftswissenschaftlichen Literatur als eine Spielart der Marktunvollkommenheiten diskutierten externen Effekte, die ihren besonderen Einfluss auch für ein Quartier entfalten (Eekhoff 1987). Die technologischen externen Effekte sind hierbei definiert als Auswirkungen des Konsums oder der Produktion auf Dritte, die keine Berücksichtigung im Marktpreisbildungsprozess erlangen. Technologische externe Effekte sind abgegrenzt von rein pekuniären externen Effekten, die keine Marktunvollkommenheit darstellen. Es gibt positive, wie die Agglomerationseffekte oder Aufwertungsmaßnahmen und negative externe Effekte wie beispielsweise Vandalismus, Lärm oder Staukosten. Letztere sind diejenigen volkswirtschaftlichen Kosten die in der Stadt entstehen, da aufgrund der Ballung sehr viele Menschen zeitgleich (unproduktiv) im Stau stehen. Aus Sicht der Allokationstheorie führt die Nichtberücksichtigung der externen Effekte im Marktpreis zu einer Mengenfehlsteuerung, da der Verursacher des positiven externen Effektes diesen nicht ausreichend entgolten bekommt und der Verursacher des negativen externen Effektes die Kosten der negativen Auswirkungen in der Regel nicht tragen muss. So kommt es zu „falschen" Anreizen, sodass von den positiven Effekten in der Regel (obwohl gewünscht) zu wenig, und von den negativen externen Effekten zu viel produziert werden.

Diese Ausstrahlungseffekte und Interdependenzen von Aktivitäten im Quartier beeinflussen sehr stark die räumliche Arbeitsteilung, sie geben Anreize zur Ansiedlung und Ballung (Agglomerationseffekte) und sie können eine räumliche (Weiter-)Entwicklung des Quartiers „blockieren". Letzteres ist häufiger der Fall, wenn Unsicherheit und Informationsprobleme über die Investitionsbereitschaft der Akteure im Quartier (meist der Eigentümer und Unternehmen) oder auch der öffentlichen Hand bestehen.

Aufgrund der Ausstrahlungseffekte ist der Erfolg der Investitionen des einzelnen stark von den Investitionen anderer abhängig. Es kann zu abwartendem und strategischem Verhalten kommen, das im schlimmsten Fall in einem sogenannten Gefangenendilemma endet, bei dem aus rationaler Sicht derjenige verliert, der als erster investiert (Beermann 2006). Für derartige kollektive Blockaden einer Quartiersentwicklung gibt es einige Instrumente, mithilfe derer man die vertrackte Situation auflösen, beziehungsweise Investitionsbereitschaft wieder herstellen kann. Hierzu zählen z. B. die Programme der Städtebauförderung oder das privatwirtschaftliche Instrument der „Business Improvement Districts" (BID) oder „Housing Improvement Districts" (HID).

Generell wird aus der Beschäftigung mit den ökonomischen Besonderheiten deutlich, wie wichtig die institutionelle Dimension der Quartiersentwicklung ist. Die Neue Institutionen-Ökonomik ist als (relativ neue) Forschungsrichtung innerhalb der Wirtschaftswissenschaften angetreten, die institutionelle Ebene des Wirtschaftens zum Gegenstand ihrer Untersuchungen zu machen. Institutionen werden aus der Sicht dieser Forschungsrichtung relativ breit definiert, es gehören z. B. Gesetze und Organisationen genauso dazu wie die Eigentums- und Verfügungsrechte (zum Beispiel am Boden) oder die Verträge, die zwischen Tauschpartnern geschlossen werden (Richter/Furubotn 1987; Spars 2001).

Ein wichtiger Begriff ist in diesem Zusammenhang der der Transaktionskosten (Williamson 1990). Transaktionskosten sind jene Such-, Verhandlungs-, Kontroll- und Durchsetzungskosten, die beim Austausch von Gütern und Dienstleistungen sowie im arbeitsteiligen Wirtschaftsprozess in nicht unerheblicher Höhe anfallen. Manche Autoren sprechen davon, dass mehr als 50 Prozent unseres Bruttosozialproduktes aus Transaktionskosten bestehen. Die Transaktionskosten generell zu mindern und damit allokative Vorteile und Wohlfahrtsgewinne zu erzielen, stellt eine Herausforderung für die modernen Institutionalisten dar. Sie erklären die Entstehung von (Markt-)Institutionen mit ihrer Transaktionskosten sparenden Wirkung und diskutieren für die vielfältigen Entwicklungsprobleme – auch der Wirtschaft in Quartieren – die Entwicklung neuer Institutionen, die helfen können, auf hohe Transaktionskosten und dadurch nicht zustande kommende wirtschaftliche Aktivitäten einzuwirken, und letztere zu begünstigen.

Das oben erläuterte Gefangenendilemma kann aus institutioneller Sicht auch in seiner Transaktionskosten verursachenden Eigenschaft interpretiert werden, und die Instrumente zur „Heilung" dieser Marktunvollkommenheiten wiederum in ihrer Transaktionskosten-sparenden Qualität.

Insbesondere die Anzahl der Immobilien- bzw. Bodeneigentümer kann große Relevanz für die Lösung von Quartiersentwicklungsproblemen entfalten. Bei Bestandsquartieren liegt in der Regel eine Vielzahl von Eigentümern und Nutzern mit meist unterschiedlichen Interessenlagen und Investitionsneigungen vor. Diese alle annähernd „unter einen Hut" zu bringen stellt eine große Aufgabe für die Quartiersentwicklung dar. Die Institutionen-ökonomische Forschungsperspektive kann hier fruchtbare Untersuchungs- und Lösungsansätze beisteuern.

1. Das Quartier als Investitionsobjekt

Betrachtet man das Quartier insgesamt als Investitionsobjekt, so macht es Sinn, zunächst zwischen dem Bestandsquartier und dem Neubauquartier zu unterscheiden. Hierbei ist das Neubauquartier, insbesondere aus der immobilienwirtschaftlichen Sicht, insofern aktuell, da in den letzten Jahren vermehrt in Deutschland große Neubauvorhaben im Quartiersmaßstab entstanden sind (wie z. B. das Quartier am Turm in Heidelberg, Projekte in München Riem oder Hannover Kronsberg). Inzwischen treten vermehrt auch professionelle Entwickler auf, die eine privatwirtschaftliche Entwicklung eines Quartiers, also eine private Projektentwicklung viel größeren Ausmaßes als bislang üblich umsetzen.

Eine Studie zum Projektentwicklungsmarkt in den sieben größten deutschen Städten (Berlin, Düsseldorf, Frankfurt am Main, Hamburg, Köln, München und Stuttgart) zeigt zwar den Hauptanteil der Projekte von über 55 Prozent in den Größenordnungen zwischen 10.000 und 50.000 Quadratmeter Brutto-Grundfläche (BulwienGesa 2008); auf Projektgrößen über 50.000 Quadratmeter Brutto-Grundfläche entfallen jedoch bereits rund 18 Prozent des Gesamtvolumens. Dies bedeutet, dass annähernd ein Fünftel der Projektentwicklungen in den Großstädten eine Größenordnung erreichen, die sich als Quartiersentwicklung bezeichnen lassen. Es lässt sich somit eine Zunahme dieser großmaßstäblichen, städtebaulichen Projektentwicklungen ablesen, die sich als neues Geschäftsfeld der großen Projektentwickler zunehmend etablieren wird (Spars/Mrosek 2010).

Das Bundesinstitut für Bau-, Stadt- und Raumforschung (BBSR) veröffentlichte eine vorne bereits angesprochene Bestandserhebung von mehr als 280 neuen Stadtquartieren, die seit 1990 in Deutschland sowohl im Siedlungsbestand als auch als Stadterweiterungen entstanden sind (BBSR 2007, 2011). Hierbei sind jedoch sowohl die öffentlichen als auch die privatwirtschaftlichen Projekte zusammengefasst und nicht differenziert. Die Schwerpunkte dieser Quartiersentwicklungen liegen in den Verdichtungsräumen, besonders in NRW, im Rhein-Ruhr- und dem Rhein-Main-Gebiet. Bei fast zwei Dritteln der bekannten Fälle handelt es sich um Projekte der Flächenwiedernutzung im Siedlungsbestand. Mit diesen mehr als 280 Projekten verbinden sich eine Anzahl von insgesamt 270.000 Wohnungen und 380.000 Arbeitsplätzen sowie eine Gesamtfläche von 12.000 Hektar (BBSR 2011).

Die privatwirtschaftliche Quartiersentwicklung ist ein neues Geschäftsfeld für Projektentwicklungsunternehmen, die sich für dieses besondere Segment spezialisiert haben. Es handelt sich hierbei um die Herausbildung eines neuen Marktes, dessen Marktpotenzial von verschiedenen Faktoren abhängt (Spars/Mrosek 2010):
- dem Angebot an innerstädtischen oder innenstadtnahen Flächen in dieser Größenordnung,
- der Immobilien- und Entwicklungskompetenz des Flächeneigentümers,
- der politischen Haltung der Kommune in Bezug auf diese Form der privaten städtebaulichen Projektentwicklungen,
- der kommunalen Leistungsfähigkeit, Kapazität und Kompetenz.

In der Regel handelt es sich bei diesen Spezialisten um sogenannte Trader Developer, also Immobilienprojektentwickler, die diese Quartiere entwickeln, um sie alsbald nach der Fertigstellung wieder an einen oder mehrere Endinvestoren zu veräußern (kurze Haltedauer) und dabei eine Projektentwicklungsmarge zu erzielen.

Mit solchen Quartiersentwicklungen ist jedoch meist ein hohes Risiko verbunden, da die Größenordnung der entwickelten Flächen die Absorptionsfähigkeit lokaler Flächenmärkte besonders stark „auf die Probe stellt" und ein sogenanntes Klumpenrisiko vorliegt. Mit Klumpenrisiken ist die kumulative Häufung von Risiken mit ähnlichen oder identischen Korrelationswerten innerhalb eines Portfolios gemeint, das dazu führt, dass ein Investor nicht mehr ausreichend diversifiziert ist (Gondring 2007).

Die Frage nach der Wirtschaftlichkeit und der Investitionsbereitschaft der Privatwirtschaft bei einer Quartiersentwicklung kann vereinfacht aus dem Verhältnis des Bodenwertes nach Sanierung zu den Aufbereitungskosten des Quartiersprojektes beantwortet werden. Ein Privater wird in der Regel nur bei einem hohen erwarteten

Überschuss des Bodenwerts nach der Quartiersentwicklung über die Aufbereitungskosten der Maßnahme investieren (Abb. 1). Sofern das Verhältnis der beiden Größen ungünstiger wird, könnte es zu einem Public-Private-Partnership-Projekt kommen, im extremen Fall wird es gar keinen Privaten mehr geben, der sich für dieses Projekt engagieren will.

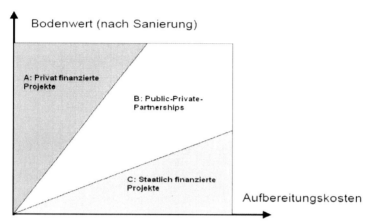

Abb. 1: Formen der Quartiersentwicklung in Abhängigkeit von Bodenpreisen und Aufbereitungskosten. Quelle: Mrosek (2011)

Aufgrund der Größenordnung und der Notwendigkeit der Beteiligung vieler Akteure (wie in der Abbildung 2 dargestellt) führen die Prozessschritte der Quartiersentwicklung: Grundstückssicherung, Bodenbevorratung, Finanzierung sowie Planung, Bauleitplanung und Bürgerbeteiligung zu hohen Transaktionskosten (Meyer zum Alten Borgloh 2011).

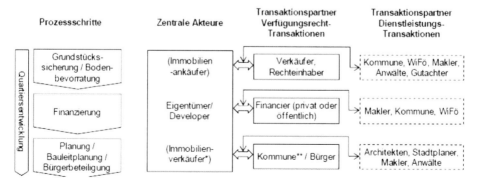

Abb. 2: Transaktionskosten bei der Quartiersentwicklung. Quelle: Meyer zum Alten Borgloh (2011)

Dennoch haben derartige Quartier-Neubauprojekte gegenüber den Bestandsprojekten den Vorteil, dass zu Beginn eine einheitliche Eigentümerstruktur vorliegt und somit eine Entwicklung „aus einem Guss" erfolgen kann, die eine zielgerichtete und effiziente Planung und Produktion derartiger Quartiere enorm begünstigt.

Im Vergleich dazu ist die Entwicklung von bestehenden Quartieren auf die Unterstützung einer heterogenen Eigentümerstruktur mit unterschiedlichen Investitionspräferenzen und -möglichkeiten angewiesen. Auch ist das Planen und Bauen im Bestand der Quartiere mit besonderen Herausforderungen konfrontiert, die bei einer Neubauplanung entfallen. Bestandsquartiere sind komplexe Gebilde der sozialen und ökonomischen Interaktion. In ihnen können die erläuterten Ausstrahlungseffekte und Informations- bzw. Koordinationsprobleme (unvollkommene Märkte) zu sich selbst verstärkenden Prozessen führen, wie sie in der Negativspirale von Abbildung 3 bildlich dargestellt sind.

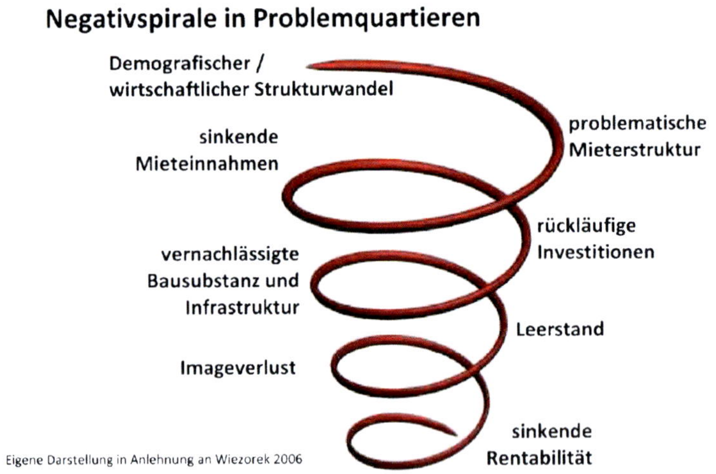

Negativspirale in Problemquartieren

- Demografischer / wirtschaftlicher Strukturwandel
- problematische Mieterstruktur
- sinkende Mieteinnahmen
- rückläufige Investitionen
- vernachlässigte Bausubstanz und Infrastruktur
- Leerstand
- Imageverlust
- sinkende Rentabilität

Eigene Darstellung in Anlehnung an Wiezorek 2006

Abb. 3: Negativspirale in Problemquartieren. Quelle: eigene Darstellung in Anlehnung an (Wiezorek 2004)

Hierbei sind Quartiere mit ausschließlicher Wohnnutzung häufig der Gegenstand des betriebswirtschaftlichen Portfolio- oder Assetmanagements einzelner oder weniger Eigentümer. Aufgrund der Monofunktion „Wohnen" dieser Quartiere ist die Entwicklung einer stringenten Planung und Umbaustrategie weniger komplex und damit einfacher als bei gemischt genutzten Quartieren. Für die Umsetzung baulicher oder sozialer Projekte und deren Management ist hierbei ebenfalls die Eigentümeranzahl entscheidend. Mit einer steigenden Eigentümerzahl steigen ebenfalls die Transaktionskosten, da strategisches Verhalten wahrscheinlicher, und die Vereinbarungs-, Kontroll- und Durchsetzungskosten in der Regel höher sind.

Bei gemischt genutzten Quartieren sind die Urbanisationseffekte als Agglomerationseffekte zwischen unterschiedlichen Nutzungen höchst relevant. Die Analyse der Wirkungszusammenhänge zwischen den Nutzungen und ihren Standorten im Quartier, insbesondere die Untersuchung von Wertschöpfungsketten unter Einbindung des Quartiers, sowie die Bedeutung des Kaufkraftniveaus für diese stellen hierbei interessante ökonomische Forschungszugänge dar.

2. Bestimmungsprobleme beim ökonomischen Wert eines Quartiers

Nähert man sich der Aufgabe, den volkswirtschaftlichen Wert eines Quartiers zu bestimmen, wie es derzeit ein Arbeitskreis der Gesellschaft für immobilienwirtschaftliche Forschung (gif) unter dem Titel „Stadtwert" diskutiert, so wird schnell deutlich, dass es etliche methodische Probleme gibt, dies seriös zu tun.

Aus volkswirtschaftlicher Sicht kann man sich einer Messung nähern, in dem man entweder versucht
- den Kapitalstock des Quartiers zu bewerten (Bestandsgrößenkumulation) oder aus den
- im Quartier erwirtschafteten Stromgrößen (Einkommen, Ertrag) auf den Quartierswert zu schließen.

Bei der auf den Kapitalstock orientierten Messung müssten alle produzierten Vermögensgüter des Quartiers, die länger als ein Jahr wiederholt oder dauerhaft „in der Produktion eingesetzt" werden, in ihrem Wert ermittelt und als durchschnittlicher Wert aufaddiert werden. Hierbei existiert beim Kumulationsverfahren ein Schätzproblem aufgrund der historischen Kapitalgrößen, die ja ebenfalls berücksichtigt werden müssten.

Es existierte z. B. in Nordrhein-Westfalen aufgrund gesetzlicher Vorgaben im Zusammenhang mit der Einführung des „Neuen Kommunalen Finanzmanagements" in den Kommunen die Notwendigkeit der Bilanzierung kommunalen Vermögens in den Städten bis spätestens zum 1.1.2009 (Budäus/Hilgers 2009). Die Stadt Essen hat hier bereits im Jahre 2007 die erste Eröffnungsbilanz ihrer öffentlichen Vermögensgegenstände (Gebäude, Liegenschaften, Infrastrukturen etc.) erstellt und dabei das Anlagevermögen der Stadt auf etwas über 3,5 Milliarden Euro geschätzt. Hiervon beziehen sich rund 1,6 Milliarden Euro auf die bebauten Grundstücke und ca. 1,3 Milliarden auf die Infrastruktur der Stadt Essen (Raskop 2011). Dies ließe sich mit derselben Methode auch auf räumlich abgegrenzte Einheiten wie Quartiere herunter brechen. Die ermittelten Werte müssten dann um die ebenfalls einzuschätzenden privaten Vermögenswerte im Quartier ergänzt werden, um so einen Kapitalstock bezogenen Quartierswert zu erhalten. In diesen Werten sind jedoch in der Regel keine Erwartungswerte enthalten, da es sich um „vorsichtig" nach dem Niederstwertprinzip ermittelte Werte handelt.

BulwienGesa (Bulwien 2011) hat in einer ersten Grobschätzung den Stadtwert öffentlicher und privater Gebäude in München auf 8,85 Billionen Euro geschätzt. Auch hier könnte eine entsprechende Einschätzung auf Quartiersebene vorgenommen werden. Bei dieser jedoch rein auf Gebäudewerte bezogenen Schätzung fehlen jedoch vermutlich die Werte der im Quartier vorhandenen Maschinen und Anlagen etc. Die Immobilienwerte können jedoch gut als eine erste Näherung an den Quartiers- oder Stadtwert herangezogen werden.

Der zweite Zugang zur Quartierbewertung kann aus der Perspektive der Stromgrößen erfolgen. Erfasst wird der Quartierswert als Kapitalisierung der Summe an Einkommen die jährlich im Quartier erzielt werden (Kapitalisierung des quartiersbezogenen Bruttoinlandsproduktes). Klar ist allerdings, dass es keine amtliche Statistik gibt, die das Bruttoinlandsprodukt einer Stadt auf Teilräume (z. B. Quartiere) herunter bricht. Darüber hinaus ist auch die Frage der Höhe des Kapitalisierungszinssatzes relevant. Überdies wären in einem solchen Wertprodukt ebenfalls die Einkommen aus Schattenwirtschaft, Subsistenzwirtschaft, unbezahlten Tätigkeiten etc. nicht enthalten.

Neben dieser wenig praktikablen Herangehensweise spricht für eine Kapitalstock bezogene Ermittlung auch, dass sich die Stromgrößen ohnehin in Boden- und Immobilienwerten kapitalisieren. In der Theorie müssten die Bodenwerte unter optimalen neoklassischen Annahmen ceteris paribus die Standortattraktivität preislich exakt widerspiegeln. Empirische Studien belegen zwar grundsätzlich dass eine Kapitalisierung vorliegt, streiten jedoch über das Ausmaß. Vier Faktoren verhindern hierbei eine vollständige Kapitalisierung:

- Wanderungshemmnisse (z. B. Kosten),
- staatliche Regulierung,
- mangelhafte Informationen und
- die zum Teil ebenfalls stattfindende Kapitalisierung über den Lohn (Arbeitsmarkt) anstatt über den Boden.

Auch ist hierbei die langfristige Angebotselastizität des Bodenangebotes nicht zu vernachlässigen, da die städtische Flächenausweisungspolitik großen Einfluss auf die Knappheit des Bodens und damit wiederum auf seinen Wert hat. Somit lässt sich auch aus der Theorie kein eindeutiges Maß der Kapitalisierung belegen, was die Verwendung der Boden- und Immobilienpreise als Ausgangspunkt der Wertbestimmung des Quartierswertes einschränken könnte.

Es kann zwar davon ausgegangen werden, dass sich die Wertschöpfung des Quartiers in Immobilienpreisen spiegelt, aber nicht überall gleich und nur in Abhängigkeit von zahlreichen anderen Bedingungen (z. B. Angebotselastizität des Bodens). Der Quartierswert scheint also mehr zu sein als die Summe der reinen Immobilienwerte. Für eine erste Näherung der volkswirtschaftlichen Bewertung von Quartieren scheint diese Vorgehensweise jedoch legitim und zielführend zu sein. Auch ist hier aufgrund der Datenverfügbarkeit über Gutachterausschüsse, Immobilienmakler und die Eröffnungsbilanzen der Kommunen ein pragmatischer Weg der Ermittlung möglich.

3. Stadtrendite in Quartieren

Ein weiterer (Wert-)Ansatz in der fachlich-politischen Diskussion um Quartiers- und Stadtentwicklung ist der Begriff der Stadtrendite. Dieser Begriff wurde ursprünglich in die stadtpolitische Debatte eingeführt um auf die besondere Rolle kommunaler Wohnungsunternehmen für die Stadtentwicklung hinzuweisen. Spars, Heinze und Mrosek (2009) haben in einem Forschungsprojekt für das Bundesinstitut für Bau-, Stadt- und Raumforschung (BBSR) einen wohlfahrtsökonomischen Zugang zu diesem Thema begründet und dessen Operationalisierung aufgezeigt. Diese Sichtweise lässt sich auch auf die Frage der Quartiersentwicklung beziehen. Aus wohlfahrtsökonomischer Sicht besteht überall dort das Potenzial, eine Stadtrendite im Sinne eines Zusatznutzens für das Quartier zu erzielen, wo Marktunvollkommenheiten im Quartier behoben oder ihre Auswirkungen gemildert werden können. Hierbei gibt es im Quartier vier typische Bereiche, um Marktunvollkommenheiten zu überwinden:

- Verbesserung von Versorgungsdefiziten bei Haushalten mit Zugangsschwierigkeiten am Wohnungsmarkt
- Überwindung von Informationsproblemen
- Schaffung positiver externer Effekte/Schaffung öffentlicher Güter
- Vermeidung negativer externer Effekte

In der Lösung dieser Probleme liegt ein Wohlfahrts-ökonomisches Benefit und somit eine potenzielle städtische Zusatzrendite. Hierfür müsste es den Akteuren im Quartier gelingen, diese Probleme zu mindern oder zu beheben. Gelingt es also z. B. mithilfe eines effizient arbeitenden Quartiersmanagements, positive externe Effekte oder öffentliche Güter zu organisieren, die der Markt von sich aus nicht hervorgebracht hätte, so lässt sich von einer Stadtrendite durch das Quartiersmanagement sprechen. Auch die Lösung des Informationsproblems in Problemquartieren im Sinne einer Entblockierung verfahrener Investitionsprozesse – wie zu Beginn des Beitrages geschildert – stellt eine Leistung im Sinne der Stadtrendite dar. Die soziale Wohnraumversorgung, die Einrichtung sinnvoller sozialer und technischer Infrastruktur können als weitere Handlungsbereiche geschildert werden, die mit der Erbringung einer Stadtrendite einhergehen können. Diese Leistungen können – zumindest zum Teil – monetär bewertet werden und ins Verhältnis z. B. zum Kapitalstock des Quartiers gesetzt werden, um eine rechnerische Annäherung an eine Quartiersrendite zu erhalten.

Aus wohlfahrtsökonomischer Sicht sind zwei Voraussetzungen der Bewertung einer Leistung als Stadtrendite notwendig: zum einen, dass diese am Markt von alleine nicht entstanden wäre (Marktversagen) und zum anderen, dass sie von den handelnden Akteuren effizient erbracht wird.

4. Fazit und interdisziplinäre Bezüge

Es ist deutlich geworden, dass das Quartier aus der ökonomischen Forschungsperspektive als räumlicher Nukleus der Stadtwirtschaft zahlreiche Besonderheiten aufweist. Hierbei gibt es verschiedene ökonomische Zugänge zum Quartier. Naheliegend ist zunächst der analytische Zugang zum Quartier aus der Perspektive der jeweiligen Immobilienteilmärkte (Wohnungsmarkt-, Büromarkt-, Einzelhandelsflächen-, Bodenmarktanalyse) sowie des lokalen Arbeitsmarktes und ihrer jeweiligen Funktionsfähigkeit. Auch existiert ein betriebswirtschaftlicher Zugang zum Quartier, wenn es um Fragen der Optimierung und des Managements bei der Quartiersentwicklung geht. Insbesondere die Entwicklung neuer Quartiere mithilfe der städtebaulichen Projektentwicklung, aber auch die Optimierung bestehender Quartiere mithilfe von Portfolio- bzw. Asset-Management-Ansätzen gehört dazu. Methodisch erfassbar werden diese Fragen und Aspekte durch quantitativ-empirische und qualitative Untersuchungen. Auch können hierbei die theoretischen Ansätze der Wohlfahrtstheorie oder der Neuen Institutionen Ökonomik Anwendung finden.

Die Wohlfahrtstheorie als Teilgebiet der Volkswirtschaftslehre untersucht die Auswirkungen wirtschaftlichen Handelns auf die Wohlfahrt bzw. das Gesamteinkommen einer Volkswirtschaft sowie auf die Verteilung von *Einkommen* und *Nutzen* zwischen den Beteiligten.

Aus der Perspektive der Wohlfahrtstheorie lässt sich die Untersuchung der Funktionsfähigkeit von lokalen Märkten (Marktunvollkommenheiten, Marktversagen) mit der Thematik der Stadtrendite verknüpfen. Basis dieser Idee ist, dass eine Stadtrendite überall dort erwirtschaftet werden könnte, wo lokale Märkte im Quartier nur unvollkommen arbeiten und es durch Leistungen bestimmter Akteure (öffentliche Hand, Kommunale Wohnungsunternehmen etc.) gelingt, diese Unvollkommenheiten effizient zu beseitigen oder zu mindern.

Die „Neue Institutionen Ökonomik" ist eine jüngere Theorie der *Volkswirtschaftslehre*, die die Wirkung von *Institutionen* (z. B. Eigentumsrechte, Gesetze, Verträge) auf die Wirtschaftssubjekte analysiert. Da es sich beim Quartier um einen Ort mit hoher Regelungsdichte und großer Bedeutung von Institutionen sowie Information und Koordination handelt, kann die „Neue Institutionen Ökonomik" interessante Ergebnisse liefern.

Mit den Ansätzen der „Neuen Institutionen-Ökonomik" existieren etliche Berührungspunkte zu anderen Disziplinen, insbesondere in den Bereichen der Architektur und Stadtplanung, der Sozial- und Rechtswissenschaften sowie zur Akteursforschung. Auch aus der Perspektive der Projektentwicklung oder der Betriebswirtschaft ergibt sich aufgrund der multifunktionalen und multidisziplinären Voraussetzungen bei der Quartiersentwicklung die Notwendigkeit der Einbeziehung anderer Disziplinen und ihrer Sichtweisen. Bei der mikroökonomischen Marktanalyse von Immobilienteilmärkten oder auch des lokalen Arbeitsmarktes sind zudem Fragen der Psychologie und Soziologie relevant, um die Entstehung von Nachfragepräferenzen und -funktionen, sowie aus der ökonomischen Perspektive irrationale Verhaltensweisen besser erläutern zu können.

Literatur

- BBSR (Hg.) (2007): Neue Stadtquartiere, Bestand und städtebauliche Qualitäten, BBR-Online-Publikation 01/2007, Berlin.
- Beermann, Frank (2006): Kooperativer Wohnungsrückbau. Strategien zur Überwindung des free-rider-Problems bei Stadtumbaumassnahmen, Göttingen.
- Budäus, Dietrich/Hilgers, Dennis (2009): Reform des öffentlichen Haushalts- und Rechnungswesens in Deutschland. Konzepte, Umsetzungsstand und Entwicklungsperspektiven, in: Zeitschrift für Planung und Unternehmenssteuerung (ZP), 19 (2009): 377–396.
- Bulwien, Gesa (2008): Der Markt für Projektentwicklungen in deutschen Großstädten 2007/2008, Berlin.
- Bulwien, Hartmut (2011): Stadtwert München – Erste Ergebnisse, Vortrag, gehalten am 11. 2. 2011 im Arbeitskreis Stadtwert der gif, Berlin.
- Eekhoff, Johann (1987): Wohnungs- und Bodenmarkt, Tübingen.
- Gondring, Hanspeter (2007): Risiko Immobilie, Methoden und Techniken der Risikomessung bei Immobilieninvestitionen, München/Wien.
- Meyer zum Alten Borgloh, Christoph (2011): Transaktionskosten und Projektentwicklung, Vortrag, gehalten am 19. 1. 2011 an der Bergischen Universität Wuppertal.
- Mrosek, Holger (2010): Quartiersentwicklung durch Private, Vortrag, gehalten am 20. 5. 2010 an der Bergischen Universität Wuppertal.
- Raskop, Simone (2011) Ökonomische Betrachtung kommunaler Grundstücke und Gebäude, Vortrag, gehalten am 11. 2. 2011 im Arbeitskreis Stadtwert der gif, Berlin.

- Richter, Rudolf/Furubotn, Eirik (1996): Neue Institutionenökonomik. Eine Einführung und kritische Würdigung. Tübingen.
- Spars, Guido/Heinze, Michael/Mrosek, Holger (2008): Stadtrendite kommunaler Wohnungsunternehmen – Abschlussbericht. BBR-Online-Publikation 01/2008. Bonn.
- Spars, Guido (2001): Die Wohnungs- und Immobilienwirtschaft im Licht der Neuen Institutionenökonomik, in: Gondring, H./Lammel, E. (Hrsg.), Handbuch Immobilienwirtschaft, Stuttgart.
- Spars, Guido/Mrosek, Holger (2010): Perspektiven der Flächenentwicklung durch private Entwickler in den Städten. In: Klemme, M./Selle, K. (Hrsg.): Siedlungsflächen entwickeln. Akteure, Interdependenzen, Optionen, Detmold: 228–242.
- Wiezorek, Elena (2004): Business Improvement Districts – Revitalisierung von Geschäftsvierteln durch das nordamerikanische Modell in Deutschland? ISR Arbeitsheft, Band 65, Berlin.
- Williamson, Oliver E. (1990): Die ökonomischen Institutionen des Kapitalismus. Tübingen. Und (1985): The Economic Institutions of Capitalism. New York.

Sabine Weck

Ökonomische Revitalisierung erneuerungsbedürftiger Stadtquartiere als Politik- und Forschungsfeld

1. Einleitung

Quartiersökonomien rücken meist dann in die mediale und stadtgesellschaftliche Aufmerksamkeit, wenn die Wirtschaftsstrukturen vor Ort nicht (mehr) funktionieren: Wenn die Haupteinkaufsstraße von zunehmendem Leerstand geprägt ist, sich nur noch Spielhallen neben Billigläden halten, wenn durch die niedrigen Mieten verstärkt einkommensschwache Haushalte in das Gebiet ziehen und sich negative Dynamiken dadurch weiter verstärken. Oder auch wenn Quartiere wie der Prenzlauer Berg in Berlin oder das Hamburger Schanzenviertel von jungen und kreativen Pionieren angeeignet werden, zu In-Vierteln werden und durch den Zuzug von einkommensstarken Bevölkerungsgruppen die alteingesessene Bevölkerung verdrängt wird.

Das Funktionieren von Quartiersökonomien wird jenseits von Problemzuschreibungen und Gentrifizierungs-Prozessen selten thematisiert. Dabei sind Läden im Quartier wichtige Anlauf- und Kontaktstellen für die Bewohner und Bewohnerinnen. Wohnortnahe Betriebe und Läden sind ein Faktor, der die soziale Dichte und somit auch Kommunikationsstrukturen in einem Quartier mitbestimmt. Wirtschaft im Quartier bedeutet Arbeitsplätze, Qualifikationsmöglichkeiten und Einkommensmöglichkeiten vor Ort. Die Vielfalt und die Qualität der Versorgungsstrukturen sind ein wichtiger Aspekt der Attraktivität und Lebensqualität eines Quartiers, gerade für die in ihrer Mobilität eingeschränkten Personen.

Die Potentiale von Quartiersökonomien werden aus planerischer wie wissenschaftlicher Sicht meist wenig wahrgenommen. Kommunale Wirtschaftsförderung arbeitet im Regelfall themenbezogen, ohne in ihrer Zielgruppenorientierung und Beratungsinfrastruktur positiv oder negativ bestimmte Stadtquartiere zu unterscheiden. Auch in den Fokus kommunaler Stadtentwicklung und Stadtplanung rücken Quartiere meist erst dann, wenn negative Zustandsbeschreibungen in einzelnen Quartieren das Gesamtimage der Stadt beeinflussen, aber selten im Rahmen einer präventiven, sozialräumlich orientierten Stadtentwicklungsplanung. Die meisten ökonomischen Erklärungsansätze beziehen sich implizit oder explizit auf übergeordnete räumliche Ebenen. Es gibt somit keine singuläre Theorie, auf die für die Analyse von Quartiersökonomien Bezug genommen werden kann. Allerdings bieten eine Reihe von Erklärungsansätzen Anknüpfungspunkte für die Strategieentwicklung in Quartieren. Raumwirtschaftliche Erklärungsansätze um Clusterbildungen, Netzwerke und Sozialkapital sehen ökonomische Prozesse als Ergebnis einer teils pfadabhängigen Entwicklung, die nur aus dem Verständnis der räumlich spezifischen sozialen und institutionellen Strukturen verstanden werden kann (Piore/Sabel 1984; Porter 1990; Putnam 1993; Maillat 1998) und können von der regionalen Ebene auf die Quartiersebene übertragen werden. Bei Gemeinwesen-orientierten Ansätzen eines „anderen Wirtschaftens" spielt der konkrete Raum eine wesentliche Rolle: für kulturelle Identität, demokratische Verfahren und die Integration von Lebenswelt und Ökonomie (Etzioni 1988; Sen 1987; Friedman 1992).

Abb. 1: „Billigökonomie" an der Haupteinkaufsstraße eines Großstadtquartiers. Quelle: Foto der Autorin

Abb. 2: Nachbarschaftsladen. Quelle: Bilderdatenbank des ILS

Zwei Aspekte stehen in diesem Beitrag im Vordergrund. Es wird aufgezeigt, wie sich das planerisch-politische Handlungsfeld der Förderung von Wirtschaft und Beschäftigung in erneuerungsbedürftigen Stadtteilen in Deutschland entwickelt hat und welche Impulse und Lernerfolge seit den ersten Anfängen in den 1980er Jahren damit – vorwiegend im Rahmen des Soziale Stadt Programms – verbunden sind (Kapitel 2). Und es werden, zweitens, theoriebezogene Anknüpfungspunkte für ökonomische Quartierserneuerungsstrategien und die daraus folgenden Rahmensetzungen für planerisch-politisches Handeln diskutiert (Kapitel 3). Dabei wird die Frage, welche Reichweite stadtteilbezogene ökonomische Ansätze haben und in welcher institutionellen Einbettung sie effektiv sein können, immer wieder aufgegriffen. Die aktuellen Herausforderungen der ökonomischen Revitalisierung erneuerungsbedürftiger Stadtquartiere als Politik- und Forschungsfeld werden in Kapitel 4 aus beiden Perspektiven beleuchtet, und in Kapitel 5 ein Resümee für politisch-planerisches Handeln gezogen.

Um Quartiersökonomien zu verstehen, muss das Quartier als gesellschaftlicher Raum begriffen werden, der eine spezifische Geschichte und soziale wie institutionelle Strukturen widerspiegelt, die ihrerseits wiederum die lokale Innovationsfähigkeit, Regeln und Praktiken vor Ort beeinflussen. Wohnungs- und Arbeitsmarktpolitiken oder Sozialpolitiken materialisieren sich genauso wie ökonomische Restrukturierungsprozesse im konkreten Raum, und die darüber entstehenden Strukturen prägen wiederum die künftigen Entwicklungsperspektiven von Regionen, Städten wie Quartieren. Zum Planungsraum wird das Quartier, wenn sich hier gesamtgesellschaftliche Probleme räumlich konzentrieren. Kleinräumige Polarisierungen und generell die Produktion und Reproduktion von räumlich ungleicher Entwicklung im lokalen, regionalen wie auch globalen Maßstab können als systemisches Merkmal gegenwärtiger globaler Umstrukturierungsprozesse gelten (Brenner 2009; Moulaert/ Swyngedouw 1990). Kommunen in Europa stehen seit den 1980er Jahren zunehmend vor der Aufgabe, mit kleinräumigen sozialen Polarisierungen und Quartieren, in denen sich Arbeitslosigkeit, schulische Misserfolge, die Abhängigkeit von Transfereinkommen konzentrieren, umzugehen. In Deutschland wie auch in den europäischen Nachbarländern werden gebietsbezogene Strategien (area-based strategies) als eine Antwort auf sozialräumlich konzentrierte Armut und Ausgrenzung verstanden (Glasze/Weber 2010; van Kempen/Bolt 2009; Weck 2009; Carpenter 2006). Einerseits werden solche gebietsbezogenen Strategien als qualitativ neue Politikansätze gesehen (Musterd/Ostendorf 2008: 89), andererseits gelten sie als chronisch ineffizient, solange sie nicht systematisch in komplementäre nationale oder europäische Politiken eingebunden und darüber in ihrer Effektivität verstärkt werden (Brenner 2004: 274).

Die Frage, wie in strukturschwachen Quartieren Arbeit und Einkommen gefördert werden können, ist mittlerweile zum unverzichtbaren dritten Bestandteil integrierter Stadtteilentwicklung geworden, neben sozialen und städtebaulich orientierten Strategien. Im vorliegenden Beitrag wird argumentiert, dass zunehmende sozialräumliche Disparitäten einerseits und steigende Innovationsanforderungen aus ökonomischen Restrukturierungsprozessen andererseits die Förderung von Quartiersökonomien zum unverzichtbaren Baustein einer regional und lokal spezifischen Wirtschafts- und Beschäftigungsförderung machen. Zugleich ist es notwendig, die unterschiedlichen theoretischen Bezugspunkte und zugrundeliegenden Entwicklungsvorstellungen für Handlungsansätze stadtteilbezogener ökonomischer Ansätze klarer zu definieren.

2. Zur Entwicklung des Politikfeldes quartiersbezogener Wirtschafts- und Beschäftigungsförderung

Im Rahmen integrierter Stadtteilpolitiken finden sich ökonomisch orientierte Politiken auf Quartiersebene ab den 1990er Jahren in Deutschland: so etwa in Bremen-Osterholz (1992) im Rahmen eines Pilotprojektes und 1996 in Duisburg-Marxloh mit der Einrichtung eines Büros für lokale Wirtschaftsentwicklung. Beide gebietsbezogenen ökonomischen Strategien wurden damit im Rahmen von europäischen Förderprogrammen entwickelt und finanziert. Damit wurde die Philosophie integrierter Stadtteilerneuerung, die neben den sozialen und physischen Problemen auch die ökonomischen Netzwerke, Probleme und Potentiale in den Blick nimmt, über die EU-Ebene aus Ländern wie Großbritannien, in denen solche Maßnahmen bereits stärker verbreitet sind, in die deutsche Politik getragen. Mitte der 1990er Jahre gab es in Deutschland auf nationalstaatlicher Ebene noch keinen Armuts- und Reichtumsbericht (der erste wurde 2001 erarbeitet) und auch kein Programm Soziale Stadt (das 1999 beschlossen wurde). Über die 1994 erstmals eingerichtete europäische Gemeinschaftsinitiative „URBAN", die die Entwicklung von integrierten Stadtentwicklungskonzepten in krisenbetroffenen Städten und Stadtteilen unterstützte, und über entsprechende Länderprogramme für Stadtteile mit besonderem Erneuerungsbedarf (z. B. in Nordrhein-Westfalen) experimentierten erste Kommunen im Bereich der lokalökonomischen Förderung, lange bevor auf Bundesebene der Quartiersansatz als Instrument einer sozio-ökonomischen Stadtentwicklung in den Blick kam.

Seitdem hat sich das Thema, wie Einkommens- und Beschäftigungsmöglichkeiten im Rahmen integrierter Quartiersansätze gefördert werden können, einen festen Platz auf der politischen und wissenschaftlichen Agenda erobert: Themenkonferenzen, Evaluationsberichte, Seminare und experimentelle Politikprogramme nehmen das Thema auf. Die inhaltliche Weiterentwicklung Interventions-orientierter sozio-ökonomischer Maßnahmen und Ansätze fand ihren Rahmen und ihr Podium – zumindest bis zu den drastischen Kürzungen 2011 – vor allem im Kontext des Förderprogramms der Sozialen Stadt, das 1999 als Bund-Länder-Initiative startete, und zunehmend im Rahmen des 2008 ins Leben gerufenen ESF-Bundesprogramm „Bildung, Wirtschaft, Arbeit im Quartier (*BIWAQ*)", sowie weiterer Programmlinien wie dem Programm LOS (*Lokales Kapital für soziale Zwecke'*, 2003–2008) und seinem Nachfolgeprogramm „STÄRKEN vor Ort". Im Rahmen von „*Urban Improvement Districts*" werden zudem Erfahrungen mit „*Public-Private-Partnerships*" zur Revitalisierung bislang überwiegend in innerstädtischen Quartieren gesammelt.

In 2007 betonte die Leipzig-Charta zur nachhaltigen europäischen Stadt die Notwendigkeit integrierter Ansätze und die Bedeutung ökonomischer Strategien. Mit dem „*Mainstreaming*" von URBAN in die europäische Strukturfondförderung (ESF-EFRE) wurden die Philosophie und der Ansatz integrierter Stadtteillentwicklungskonzepte in die laufende Förderperiode (2007–2013) eingebracht.

Ökonomische Revitalisierung erneuerungsbedürftiger Stadtquartiere

Abb. 3: Entwicklung des Politikfeldes gebietsbezogener ökonomischer Strategien im Rahmen integrierter Stadtteilentwicklung. Quelle: eigene Darstellung

In einer Reihe von Evaluationsberichten im Rahmen des Soziale Stadt Programms wurde deutlich, dass Interventionen zur ökonomischen Revitalisierung von Quartieren ein herausforderndes Politikfeld darstellen. So folgerte der Evaluationsbericht des Deutschen Instituts für Urbanistik (DIFU) zum Soziale Stadt Programm in 2003, dass die Stärkung der lokalen Ökonomie in rund 60 Prozent der Programmgebiete eine Rolle spielt und damit den dritten Rang bei den Zielnennungen einnimmt. Somit würde dem Thema hohe Bedeutung zugemessen und großer Handlungsbedarf gesehen, „doch scheinen Unsicherheiten über erfolgversprechende Handlungsstrategien zu bestehen" (DIFU 2003: o.S. [Kapitel 5.2]). Die Zwischenevaluierung des Programms Soziale Stadt durch das IfS (Institut für Stadtforschung und Strukturpolitik) (2004) kam zu dem Ergebnis, dass zwischen der Zielformulierung und der tatsächlichen Implementierung von lokalökonomischen Maßnahmen eine große Diskrepanz bestehe. Das IfS verweist für dieses Handlungsfeld auf eine „unüberwindbare Diskrepanz zwischen Handlungsmöglichkeiten und Handlungszielen" (IfS 2004: o.S. [Kap. 7.13]) und die Notwendigkeit realistischer Zielsetzungen. Wenn der Erfolg lokalökonomischer Maßnahmen an der Anzahl neu geschaffener Arbeitsplätze gemessen werde, wird die Reichweite quartiersbezogener Ansätze überschätzt. Die Bundestransferstelle Soziale Stadt (DIFU) stellt im Statusbericht 2008 zum Programm fest: „In der Programmumsetzung zeigt sich, dass Lokale Ökonomie trotz eines Bedeutungszuwachses zu den eher schwierig umzusetzenden Handlungsfeldern der Sozialen Stadt gehört: Probleme, die auf überlokaler Ebene entstanden sind, lassen sich im Quartierskontext kaum lösen, und Wirtschaftsakteure sind bisher im Rahmen der Quartiersentwicklung nur schwer erreichbar." (BMVBS 2008: 8 [Kurzfassung])

Dieser kurze Exkurs durch die Bewertung und Evaluierung von quartiersbezogener Wirtschafts- und Beschäftigungsförderung im Rahmen von Soziale Stadt, dieses bislang wichtigsten Förderprogramms zur integrierten Stadtteilerneuerung in

Deutschland, gibt einen guten Überblick über den Stand der Diskussion und die aktuellen Herausforderungen. Der Exkurs zeigt die Unsicherheiten seitens politischer Akteure, welche Ziele man sich für die quartiersbezogene lokale Wirtschafts- und Beschäftigungsförderung setzen sollte (Die Entstehung neuer Arbeitsplätze? Die Verminderung der Arbeitslosenquote?) und daraus resultierend, wie die Erfolge oder Misserfolge zu evaluieren sind. Es zeigt sich darüber hinaus die Bedeutung des Wechselspiels von quartiersbezogenen Ansätzen mit komplementären stadtweiten und regionalen Politiken. Die Erfolge lokaler Strategien können durch Politikänderungen bzw. Deregulierungen auf nationaler Ebene im Bereich der Wohnungs-, Sozial- und Arbeitsmarktpolitik leicht zunichte gemacht werden.

3. Theoriebezogene Anknüpfungspunkte quartiersbezogener Wirtschafts- und Beschäftigungsförderung

Wer sich mit quartiersbezogener Ökonomie beschäftigt, dem werden die folgenden Argumente bereits begegnet sein:
- Die wenigen Betriebe, die es im Stadtteil noch gibt, sollten nicht gefördert werden, weil Fördermaßnahmen nur kurzfristig die reale Marktposition der Betriebe und ihre mangelnde Wettbewerbsfähigkeit verschleiern.
- Arbeitslose Menschen müssen ihre Mobilität und Motivation beweisen und sollten die zentralen, bereits existierenden Beratungsstellen aufsuchen; eine Neugründung von Beratungs- und Vermittlungsagenturen im Quartier ist somit eine unnötige Doppelung von Institutionen.
- Der Schwund von inhabergeführten Einzelhandelsgeschäften im Quartier ist ein genereller Trend, der durch planerisch-politische Maßnahmen nicht aufgehalten werden kann.

Die Liste von Argumenten gegen eine kleinräumig spezifische Wirtschaftsförderung ließe sich fortsetzen; der exemplarische Verweis darauf soll verdeutlichen, dass alle Definitionen von Ökonomie oder Entwicklung vor einem wertebezogenen Hintergrund stattfinden. Was gilt als Entwicklung? Entwicklung kann sich auf höheres Wachstum, auf gerechtere Zugangs- und Partizipationschancen oder höhere Eigenständigkeit beziehen. Wenn von Ökonomie die Rede ist, sind damit die formalen Transaktionen über den Markt gemeint, oder spielt auch die informelle Ökonomie eine Rolle? Und inwieweit sind Mischformen der ökonomischen Entwicklung, wie z. B. in Kooperativen oder Gemeinwesen-orientierten Betrieben im Denken derjenigen, die Politiken für die Stadtteile entwickeln und umsetzen?

Wenn es um die Frage geht, wie Quartiersökonomie gefördert bzw. unterstützt werden kann, werden sehr unterschiedliche Ansätze diskutiert (Weck 2005). Die

Ökonomische Revitalisierung erneuerungsbedürftiger Stadtquartiere

klassischen Erklärungsansätze zu wirtschaftlichem Wachstum und Standortverhalten, die von rational handelnden Wirtschaftsakteuren ausgehen und wirtschaftliche Entwicklung über rein ökonomische Faktoren wie Angebot und Nachfrage, Quantität und Qualität der Produktionsfaktoren, oder Absatzmärkte zu erklären versuchen, können zur Strategieentwicklung in erneuerungsbedürftigen Quartieren wenig beitragen. Zu den traditionellen Ansätzen zählt eine angebotsorientierte Politik, z. B. Flächen zur Verfügung zu stellen, Gewerbeparks auszuweisen, die Infrastruktur zu verbessern, etc. Gerade in benachteiligten Quartieren läuft ein solcher Ansatz oft ins Leere, wenn mediale und soziale Konstruktionen des Quartiers die ökonomische Nachhaltigkeit einseitig angebotsorientierter Investitionen untergraben.

Gerade in strukturschwachen Quartieren ist es wichtig, sich die soziale Einbettung ökonomischen Handelns bewusst zu machen. Wirtschaftliche Aktivitäten prägen einen Raum, aber genauso wirken die dem Raum eingeschriebenen Nutzungsmuster und soziale wie institutionelle Arrangements auf die wirtschaftlichen Aktivitäten und das Leben der Menschen, auf lokale Strukturen und Institutionen. In der Argumentation von Cluster- und Milieuansätzen gibt es eine lokal spezifische Dynamik zwischen Unternehmerschaft, Innovation und Kreativität an einem bestimmten Ort, der dort entwickelten Ökonomie und dem Innovationsniveau (Scott/Storper 1988; Maillat 1998; Evans/Syrett 2007). Politiken in dieser Tradition müssen lokal spezifisch, aber nicht eng wirtschaftlich fokussiert, an den lokalen Routinen und Akteurs-Konstellationen ansetzen, um Innovation und wirtschaftliche Entwicklung zu fördern.

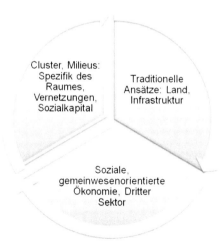

Abb. 4: Theoretische Perspektiven auf die lokale Wirtschaftsentwicklung. Quelle: eigene Darstellung

Die Frage nach den Werten, die der gesellschaftlichen Entwicklung zu Grunde liegen, stellt sich heute angesichts der Dimensionen sozialer, ökonomischer und ökologischer Krisen neu. Wertebezogene Ansätze sehen ökonomische Entwicklung als einen gesellschaftlichen Prozess, der nicht von gesellschaftlichen Normen, sozialen Beziehungen und staatlichen Vorgaben unabhängig ist, sondern vielmehr politisch, institutionell und sozial durchgesetzt wird, und damit auch beeinflusst werden kann (Etzioni 1988; Sen 1987). In der Argumentation einer nachhaltigen und sozial integrativeren Wirtschaftsentwicklung stehen Ansätze, die auf Quartiersebene Gemeinwesen-orientierte Projekte, Kooperativen, oder soziale Unternehmen fördern und Ziele einer sozialen und ökologischen Nachhaltigkeit gleichberechtigt neben Zielen der wirtschaftlichen Entwicklung sehen.

Diese drei unterschiedlichen Perspektiven auf lokale Wirtschaftsentwicklung und die ihnen zu Grunde liegenden theoretischen Anknüpfungspunkte verdeutlichen, dass lokale Wirtschaftsentwicklung sehr unterschiedlich definiert werden kann und für die einen ein Logistikzentrum auf der brachgefallenen Zechenfläche, für die anderen eine kleinteilige Qualifizierungs- und Arbeitsinitiative für Jugendliche ohne Hauptschulabschluss ist. In der lokalen Aushandlung über die gebietsbezogenen sozio-ökonomischen Entwicklungsziele wird greifbar, was sich auf übergeordneten Ebenen im Wettstreit zwischen wachstumsorientierten Politiken und ausgleichsorientierten Kohäsionspolitiken widerspiegelt, zwischen einer auf endogenen Potentialen basierenden „Entwicklung von unten" und der Anschlussfähigkeit des Quartiers für externe Investitionen.

Das Soziale Stadt Programm hat keinen Filter in die eine oder andere Richtung gesetzt, und weniger auf Inhalte (im Sinne von ökonomischen Innovationen) als vielmehr auf Verfahren fokussiert. Es hat stärker auf die gebietsspezifische Koordination der wichtigsten Förderpolitiken, die Überwindung von Kommunikationsdefiziten und neue Elemente des Projektmanagements gesetzt, um einen Wandel in der Gebietsentwicklung herbeizuführen. Dadurch rückten, in Abhängigkeit von lokalen Akteurskonstellationen und lokal spezifischen Bedingungen, oftmals Akteure, Entwicklungsformen und Potentiale in den Vordergrund, die sich zuvor weniger im Blickfeld etablierter Wirtschaftsförderung befanden. Endogene Potentiale, die teils zuvor nicht als solche erkannt wurden, wie beispielsweise die Entwicklung von Migranten-geführten Unternehmen, rückten damit stärker in das Blickfeld der Hauptakteure der Wirtschaftsförderung. Ein quartiersbezogener Ansatz schärft den Blick für lokale Absatzmärkte, spezifische ortsgebundene Potentiale und Leistungen, inklusive der Einbeziehung der Initiative des privaten und bürgerschaftlichen Sektors.

Evans und Syrett (2007: 56) sprechen für den britischen Kontext von einem *„bottom-up, locally specific, long-term and pluralistic approach to local economic development"*. Es geht um Strategien, die die Lebensqualität an einem Ort verbessern und ihn zum Wohnen und Arbeiten attraktiv machen. Notwendig ist es, in die Qualität betriebsnaher Bildung und Ausbildung, individuell zugeschnittener Beratungs- und Infrastrukturangebote, Schulen und Kinderbetreuung, innovationsfördernde und entwicklungsfreundliche Strukturen und das soziokulturelle Umfeld gerade dieser Stadtteile langfristig zu investieren. Damit rücken auch Strukturen und Verbindungen in den Vordergrund, die in der deutschen Diskussion bislang wenig thematisiert werden, wie etwa der Zusammenhang zwischen ökonomischer Entwicklung und sozialem Kapital, wie auch zwischen formeller Ökonomie und informeller Ökonomie (für den britischen Kontext siehe: DCLG 2006).

Die Entwicklung von ökonomischen Peripherien (und neuen ökonomischen Zentren) auf allen Ebenen, von der kleinräumigen bis zur regionalen, zählt für einige Autoren zu den konstituierenden Rahmenbedingungen heutiger globalisierter Wirtschaftsstrukturen (z. B. Brenner 2009; Smith 1995; Moulaert/Swyngedouw 1990). Angesichts regionalisierter Arbeits-, Freizeit- und Versorgungsmärkte und angesichts der Tatsache, dass sich im Quartier widerspiegelt, was auf stadtweiter, regionaler und über-regionaler Ebene verursacht wird, kann der Bezug auf das Lokale nur bedeuten, die Potentiale und Probleme des Quartiers im Wechselspiel und in Verbindung mit überlokalen Politiken und Strukturen zu analysieren. Neben der Förderung der lokalen Selbsthilfe und der Stärkung interner Wirtschaftskreisläufe ist zum anderen der Blick auf die Verbindungen des Quartiers mit überlokalen Politiken, Gelegenheitsstrukturen und Initiativen notwendig. So kann die Re-Orientierung öffentlicher Politiken, und die gezielte Vernetzung mit Akteuren und Potentialen außerhalb des Quartiers als notwendiger, und sich mit dem Blick auf lokale Potentiale ergänzender Pol zur Förderung der Ökonomie in einem Stadtteil gesehen werden. Das Quartier ist somit nicht Containerraum oder „Behälter-Raum", sondern im Sinne einer relationalen Betrachtung der Ort, an dem sich multi-skalare ökonomische, soziale und kulturelle Prozesse materialisieren (Läpple 1991, Läpple 2000; Smith 1995). In dieser Betrachtungsweise verschiebt sich auch der Anspruch an die Erfolge, an denen eine sozialräumlich orientierte Wirtschafts- und Beschäftigungsförderung zu messen ist.

4. Die ökonomische Revitalisierung von Stadtquartieren: Herausforderungen aus wissenschaftlicher und planerisch-politischer Perspektive

Aus wissenschaftlicher Perspektive noch wenig erforscht sind die Verbindungen zwischen formeller und informeller Ökonomie, sozialer Kohäsion und wirtschaftlicher Innovationsdynamik im Quartierskontext. Zur unbezahlten Arbeit im Bereich der informellen Ökonomie zählen Nachbarschaftsdienste, Tauschgeschäfte, Gefälligkeiten im Rahmen von Nachbarschaftsbeziehungen oder anderen sozialen Netzwerken in einem Quartier. Zur bezahlten informellen Arbeit zählen oftmals z. B. haushaltsnahe Dienstleistungen, die an nationalen Steuer- und sozialen Sicherungssystemen vorbei durchgeführt werden. Beide Formen unbezahlter Arbeit sind im Rahmen von Alltagsbewältigungsstrategien für Bewohnerinnen und Bewohner in benachteiligten Stadtteilen wichtig, werden von interventionspolitischer Seite aber natürlich ganz unterschiedlich bewertet. Es fehlen empirische Studien zur Rolle der informellen Ökonomie in benachteiligten Quartieren und inwieweit über die informelle Ökonomie (auch in Industrieländern) Verbindungen entstehen, die Bewohnerinnen und Bewohnern helfen, Ressourcen zu erschließen, die über die Alltagsbewältigung hinaus soziale Mobilitätschancen verbessern (im Sinne von Granovetters (1973) „weak ties" und deren Bedeutung für den Kontakt zu anderen Netzwerken und der „Außenwelt"). Zudem stellt sich die Frage, inwieweit sich die These bestätigt, dass informelle Ökonomie in gut situierten Vierteln eine stärkere Rolle spielt als in strukturschwachen Vierteln. Angesichts der Erosion von Normalarbeitsplatzverhältnissen ist es erstaunlich, wie wenig sich Wissenschaft und Politik mit der Rolle der informellen Ökonomie in Industrieländern und einer sozial innovativen Ökonomie beschäftigen.

Wissenschaftlich stärker erforscht, aber bei Konzepten zur Förderung lokaler Wirtschaftsentwicklung selten als ökonomische Innovationsstrategie ernst genommen, sind die Potentiale eines gemeinwesenorientierten Sektors der sozialen Ökonomie, wie z. B. lokale Kooperativen, gemeinnützige Organisationen, Vereine und Stiftungen oder soziale Ausbildungs- und Beschäftigungsbetriebe. Es geht dabei um Organisationen und Initiativen zwischen Markt und Staat, deren Unternehmensphilosophie und -handeln gesellschaftliche und wirtschaftliche Zielsetzungen als gleichberechtigte Ziele im Unternehmenszweck widerspiegelt. Initiativen und Unternehmen in diesem Handlungsfeld setzen sich bewusst über längere Zeit dem Spagat zwischen sozialem Engagement und Marktaktivität aus (Evers et al. 2000). Solche Ansätze ökonomischer Innovation sind in den letzten Jahren aus dem Blickfeld von Förderpolitiken geraten, wenngleich sich hier und da vereinzelte Studien finden (zum Beispiel zu den Potentialen von Wohnungsgenossenschaften angesichts der Ökonomisierung der Wohnungsmärkte: BMVBS 2010).

Aus politischer Perspektive liegt die Herausforderung zur Förderung der Ökonomie in Stadtteilen mit besonderem Entwicklungsbedarf darin, einen institutionellen Rahmen zu entwickeln, der die Dialektik zwischen sozialen, politischen und ökonomischen Prozessen reflektiert. Jegliches ökonomisches Handeln ist in soziale Prozesse eingebettet, und ökonomische Entwicklung kann nur aus ihrem sozialen und institutionellen Kontext heraus begriffen werden. Wenn kulturelle, soziale und institutionelle Milieus Einflussfaktoren ökonomischer Entwicklung sind, worauf die Diskussionen um Cluster, Milieus und Netzwerke verweisen, muss auch Wirtschaftsförderung zunehmend integrativ verstanden werden. Die Bedeutung von Images, die

Bedeutung von Netzwerken und sozialer Kohäsion muss damit Eingang in die Politiken finden. Ansätze der lokalen Beschäftigungs- und Wirtschaftsförderung werden sich nur dann als erfolgreich und adäquat erweisen, wenn sie in ein breiteres Politikprogramm eingebunden sind, das dem sozio-kulturellen und institutionellen Umfeld wirtschaftlicher Innovationen Rechnung trägt, und zudem Rückkoppelungen auf übergeordnete Politikebenen erfolgen. Projektbezogene (Gründerzentrum, Leuchtturmprojekte) und institutionell-organisatorische Handlungsansätze müssen ineinandergreifen und parallel zur projektbezogenen Förderung muss eine stärker sozialräumlich orientierte, aktivierende und auf die Bedarfe von erneuerungsbedürftigen Quartieren passgenau abgestimmte Wirtschafts- und Beschäftigungsförderung nachhaltig etabliert und gefördert werden. Leider verweisen die jüngst beschlossenen Programmkürzungen im Städtebauförderprogramm der Sozialen Stadt, die gerade Maßnahmen in nicht-investive Projekte in Stadtteilen mit besonderem Entwicklungsbedarf nicht mehr erlauben, in die gegensätzliche Richtung.

Die Notwendigkeit einer stärkeren Vernetzung von Wirtschafts- und Sozialpolitiken ist als Botschaft in nationalen Förderpolitiken wie auch in den lokalen und regionalen Agenturen und Behörden angekommen, und fällt in der Praxis einer stärker sektoral als räumlich orientierten Politik schwer. Nichtsdestotrotz zeigen sich Veränderungen in der institutionellen Herangehensweise kommunaler Verwaltungen. So reorganisieren sich z. B. die Planungsverwaltung und Wirtschaftsförderung der Stadt Gelsenkirchen angesichts der Tatsache, dass gebietsbezogene Stadterneuerung zur Daueraufgabe wird, hin zu einem stärker räumlich orientierten Vorgehen, um das Sonderprojekt einer integrierten Stadtteilentwicklung in Regelstrukturen zu überführen. In der Stadt Duisburg gehört ein stärker räumlich orientierter Ansatz in ausgewählten Stadtteilen mittlerweile zum Profil und Standard der städtischen Entwicklungsgesellschaft Duisburg. Die Wirtschaftsförderung Dortmund ist seit 2002 in die Förderung der lokalen Wirtschaft in der Dortmunder Nordstadt involviert. In Mannheim findet sich eine stadträumlich differenzierende Wirtschafts- und Beschäftigungsförderung. Oftmals angestoßen wurden diese institutionellen Veränderungen von der Philosophie von EU-Programmen wie URBAN. Dennoch, die Überführung eines stadträumlich orientierten Ansatzes in Regelstrukturen der Beschäftigungs- und Wirtschaftsförderung steht erst am Anfang.

5. Fazit

Eine zukunftsgerichtete Stadtentwicklung, so kann man aus der vorangegangenen Argumentation folgern, profitiert aus zwei Perspektiven von einem stärkeren Fokus auf Quartiere. In Zeiten ökonomischer Restrukturierung ist es wichtig, die Innovation und Dynamik auf allen räumlichen Ebenen zu fördern, auf regionaler Ebene, auf städtischer Ebene, wie auch auf der Ebene des Quartiers. Die Aufmerksamkeit für kleinräumige Prozesse kann kommunaler und regionaler Politik dazu verhelfen, innovativ auf von außen herangetragene wirtschaftliche Umbrüche und Prozesse zu reagieren. Genauso wichtig sind, zweitens, aktive Strategien gegen die Abkoppelung strukturschwacher Quartiere. Politische Intervention in Form von Standardprogrammen oder Standardpolitiken erreicht die Adressaten in strukturschwachen Stadtteilen oftmals nicht und kann an den internen Dynamiken nichts verändern. In vielen ökonomisch strukturschwachen Stadtteilen finden sich ausgedünnte Akteursstrukturen und sozialregulative Instanzen. Eine sozialräumlich orientierte Wirtschaftsförderung darf nicht eng ökonomisch fokussiert sein, sondern sollte vielmehr einen Rahmen für das Entstehen neuer Netzwerke und Institutionen, sozialer Interaktionen, Beziehungen und Kommunikationsstrukturen bilden. Das macht die Aufgabe nicht leichter, weder bei der Formulierung von adäquaten multi-skalaren Ansätzen, noch bei der Bewertung von erzielten Effekten einer Politikintervention.

Aus ökonomischer Perspektive können gebietsbezogene Politiken insbesondere dann effektiv sein, wenn sie als Experimentierfeld für ökonomische und prozessuale Innovationen genutzt werden. So können, ausgehend von der Quartiersebene und sich dort darstellenden Problematiken, die von politischer Seite beeinflussbaren Prozesse auf übergeordneten Ebenen identifiziert und verändert werden, und beispielsweise die sektorale Trennung zwischen ökonomischen und sozialen Politiken überwunden werden. Ökonomische Innovationen, wie z. B. der Beitrag von sozialen Unternehmen in erneuerungsbedürftigen Quartieren, oder Finanzierungsfonds für Kleinstbetriebe, werden derzeit oft nur kurzfristig und im Rahmen von finanziell gering ausgestatteten Programmen gefördert. Daraus entstehen dann nur geringe Wirkungen auf traditionelle Strukturen und Praktiken in der Wirtschafts- und Beschäftigungsförderung. Entsprechende soziale Innovationen sollten gezielter und stärker gefördert und in ihren Wirkungen evaluiert werden. Die Gestaltungsmöglichkeiten von Kommunen sollten dabei weder überschätzt noch unterschätzt werden.

Ist eher ein Rückzugsszenario aus der politischen Intervention in Quartiersökonomien oder ein Expansionsszenario realistisch? Auch wenn sich auf nationaler Ebene derzeit ein Rückzug aus der integrierten Quartierserneuerung andeutet, werden Kommunen angesichts des Handlungsdrucks durch fragmentierte Stadtentwicklungsmuster zusehends ihre Wirtschafts- und Beschäftigungsförderung räumlich fokussiert ausrichten. Eine positive Botschaft wird daraus erst, wenn übergeordnete politische Ebenen dies zum Anlass nehmen, um Kohäsions- gegenüber Wachstumspolitiken zu stärken.

Literatur

- BMVBS – Bundesministerium für Verkehr, Bau und Stadtentwicklung (2010): Aktivierung von Potenzialen genossenschaftlichen Wohnens. Evaluierung der Empfehlungen der Expertenkommission Wohnungsgenossenschaften im Forschungsprogramm „Experimenteller Wohnungs- und Städtebau (ExWoSt)" BMVBS-Online-Publikation, Nr. 25/2010.
- Brenner, Neil (2009): A Thousand Leaves: Notes on the Geographies of Uneven Spatial Development. In: Keil, R./Mahon, R. (Hrsg.), The New Political Economy of Scale. Vancouver, B.C.: 27–49.
- Brenner, Neil (2004): New State Spaces. Governance and the Rescaling of Statehood. Oxford/New York.
- Carpenter, Juliet (2006): Addressing Europe's Urban Challenges: Lessons from the EU URBAN Community Initiative. In: Urban Studies 43(12): 2145–2162.
- DCLG – Department for Communities and Local Government (2006): The Economies of Deprived Neighbourhoods. Summary of Research. London. Online verfügbar: http://www.communities.gov.uk (Zugriff am 10. März 2011).
- DIFU – Deutsches Institut für Urbanistik (2003): Strategien für die Soziale Stadt. Erfahrungen und Perspektiven – Umsetzung des Bund-Länder-Programms „Stadtteile mit besonderem Entwicklungsbedarf – die soziale Stadt". Online verfügbar: http://www.sozialestadt.de/veroeffentlichungen/endbericht (Zugriff am 22. Februar 2011).
- BMVBS – Bundesministerium für Verkehr, Bau und Stadtentwicklung (Hrsg.) (2008): Statusbericht 2008 zum Programm Soziale Stadt. Bearbeitung durch DIFU – Deutsches Institut für Urbanistik. Online verfügbar: http://www.difu.de/en/publikationen/2008/statusbericht-2008-zum-programm-soziale-stadt.html (Zugriff am 22. Februar 2011).
- Evans, Mel/Syrett, Stephen (2007): Generating Social Capital? The Social Economy and Local Economic Development. In: European Urban and Regional Studies 14(1): 55–74.
- Evers, Adalbert/Schulze-Böing, Matthias/Weck, Sabine/Zühlke, Werner (2000): Soziales Kapital mobilisieren. Gemeinwesenorientierung als Defizit und Chance lokaler Beschäftigungspolitik. Gutachten für die Enquete-Kommission „Zukunft der Erwerbsarbeit" des Landtags von Nordrhein-Westfalen. Dortmund 2000 (ILS-Schriften Bd. 164).
- Etzioni, Amitai (1988): The Moral Dimension: Toward a New Economics. New York.
- Friedmann, John (1992): Empowerment. The Politics of Alternative Development. Cambridge/Oxford.
- Glasze, Georg/Weber, Florian (2010): Drei Jahrzehnte area-basierte Stadtpolitik in Frankreich: die politique de la ville. Bearbeitung gesellschaftlicher Probleme mit-

tels raumorientierter Ansätze? In: Raumforschung und Raumordnung, Band 68, Heft 6: 459–470.
- Granovetter, Mark (1973): The Strength of Weak Ties. In: American Journal of Sociology, Vol. 78: 1360–1380.
- Ifs – Institut für Stadtforschung und Strukturpolitik GmbH (2004): Die Soziale Stadt. Ergebnisse der Zwischenevaluierung. Bewertung des Bund-Länder-Programms „Stadtteile mit besonderem Entwicklungsbedarf – die soziale Stadt" nach vier Jahren Programmlaufzeit. Online verfügbar: http://www.soziale-stadt.de/veroeffentlichungen/evaluationsberichte/zwischenevaluierung-2004/ (Zugriff am 22. Februar 2011).
- Van Kempen, Ronald/Bolt, Gideon (2009): Social Cohesion, Social Mix, and Urban Politics in the Netherlands. In: J Hous and the Built Environment 24: 357–368.
- Läpple, Dieter (1991): Essay über den Raum. Für ein gesellschaftswissenschaftliches Raumkonzept. In: Häußermann, H. et al., Stadt und Raum, Pfaffenweiler: 157–207.
- Läpple, Dieter (2000): The Global-Local Interplay in the Urban Economy, in: ILS (Hrsg.), Local Socio-Economic Strategies in Disadvantaged Urban Areas. Report on the European Conference: 32–41. Dortmund: ILS-Schriften 168.
- Maillat, Denis (1998): Vom „Industrial District" zum innovativen Milieu: Ein Beitrag zur Analyse der lokalen Produktionssysteme. In: Geographische Zeitschrift, Jg. 86: 1–15.
- Moulaert, Frank/Swyngedouw, Eric (1990): Regionalentwicklung und die Geographie flexible Produktionssysteme. Theoretische Auseinandersetzung und empirische Belege aus Westeuropa und den USA. In: Borst, R. et al.: Das neue Gesicht der Städte. Basel: 89–109.
- Musterd, Sako/Ostendorf, Wim (2008): Integrated Urban Renewal in The Netherlands: A Critical Appraisal, Urban Research & Practice 1(1): 78–92.
- Piore, Michael J./Sabel, Charles F. (1984): The Second Industrial Divide: Possibilities for Prosperity. New York.
- Putnam, Robert D. (1993) *Making Democracy Work: Civic Traditions in Modern Italy*. Princeton.
- Porter, Michael E. (1990): *The Competitive Advantage of Nations*. New York.
- Scott, Allen J./Storper, Michael (Hrsg.) (1988): Production, Work, Territory. The Geographical Anatomy of Industrial Capitalism. Boston/London/Sydney.
- Sen, Amartya (1987): On Ethics and Economics, Oxford.
- Smith, Neil (1995): Remaking Scale: Competition and Cooperation in Prenational and Postnational Europe. In: Eskelinen, H./Snickars, F. (eds). Competitive European Peripheries. Berlin: 59–74.

- Weck, Sabine (2009): Local Economic Development in Area-based Urban Regeneration in Germany. In: Local Economy, 24(6): 523–535.
- Weck, Sabine (2005): Quartiersökonomie im Spiegel unterschiedlicher Diskurse. Standpunkte und theoretische Grundlagen zur Revitalisierung erneuerungsbedürftiger Stadtteile. Dortmunder Beiträge zur Raumplanung 124. Dortmund.

Michael Neitzel

Gebaute Quartiere

Beziehungen zwischen wohnungswirtschaftlichen und städtebaulichen Zugängen

1. Das Quartier: Räumliche Bezugsebene für die Weiterentwicklung von Wohnungsbeständen

Die Rahmenbedingungen für immobilienwirtschaftliche Investitionen haben sich in den letzten Jahren in Deutschland erheblich verändert. Wohnungs- und Immobilienmärkte differenzieren sich immer weiter aus. Hauptursache dafür ist der Wandel der Nachfrageseite, der durch demografische, ökonomische und sozio-kulturelle Entwicklungstrends beschleunigt wird.

Einzelne Regionen Deutschlands sind in unterschiedlichem Ausmaß von diesem Veränderungsdruck betroffen: Die nachfrageseitigen Veränderungen wirken sich in wirtschaftlich prosperierenden Regionen mit zuzugsbedingter Bevölkerungszunahme und angespannten Märkten nur in geringem Maße aus. Aber in Teilen ländlich geprägter Räume und in konsolidierten Regionen mit negativer Bevölkerungsentwicklung und Wohnungsüberhängen haben sich die Rahmenbedingungen für Immobilieninvestitionen z.T. deutlich verschlechtert.

Neubau- und Bestandsmaßnahmen an den Wünschen der zukünftigen Nachfrage vorbei zu entwickeln birgt die Gefahr, dass selbst zeitgemäße Wohnungen schlecht oder gar nicht vermietet werden können.

Professionelle Immobilieneigentümer und -Investoren sichern ihre Investitionsentscheidungen daher in einem strukturierten Planungsprozess ab.

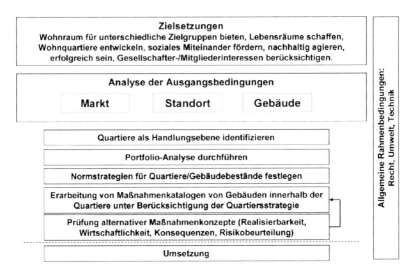

Abb. 1: Planungsprozess bei Investitions- und Modernisierungsentscheidungen. Quelle: eigene Abbildung

Ausgehend von den Zielsetzungen eines Investors – wie z. B. nachhaltige Bestandsentwicklung, marktgerechte Rendite oder Vorrang der Förderung von Mitgliederinteressen wie bei Genossenschaften – wird der Wohnungsbestand detailliert untersucht:

- Eine Marktanalyse prognostiziert die quantitative und qualitative Entwicklung der Nachfrageseite, registriert Veränderungen der Wohnwünsche wichtiger Zielgruppen und ermittelt die Marktmieten, die in Teilwohnungsmärkten für unterschiedliche Wohnstandards erzielt werden können.
- Eine Standortanalyse führt die Lagebegabungen eines konkreten Vermietungsstandortes zusammen und liefert ein Profil, für welche Zielgruppen eine bestimmte Lage besonders gut geeignet ist.
- Eine Analyse der Gebäudesubstanz zeigt, welche Instandsetzungsbedarfe vorhanden sind, für welche Zielgruppen Wohnungen und Gebäude passgenau weiter entwickelt werden können und mit welchem Finanzbedarf zu rechnen ist.

Welcher (räumliche) Ansatzpunkt ist für diesen Planungsprozess am besten geeignet? Immer mehr zeigt sich, dass die zukünftige Vermietbarkeit von Wohnungen nicht allein von deren Merkmalen oder der Ausstattung und Beschaffenheit eines Gebäudes abhängt, sondern einem mehrdimensionalen Ansatz folgt: Ausschlaggebend ist es, welche Potenziale und Chancen sich durch die Wechselbeziehung zwischen Wohnungen, Gebäuden, dem Wohnumfeld, den Bewohnern und der Nachbarschaft in einem räumlichen Zusammenhang ergeben.

Nachhaltige Vermietbarkeit, kurz Zukunftsfähigkeit von Wohnungs- und Gebäudebeständen ergibt sich aus dem Zusammenspiel aller Begabungen, aller Lage- und sonstigen Faktoren, die sich positiv und negativ auf ein Gebäude in einem Gebiet, dem Quartier, auswirken können. In diesem Verständnis wird das Quartier zur zentralen Handlungsebene für immobilienwirtschaftliche Akteure.

Erst in einer quartiersbezogenen Perspektive können die vielfältigen positiven und negativen Wechselbeziehungen, die ein Quartier naturgemäß aufweist – z. B. zwischen Bewohnern unterschiedlicher sozialer Herkunft, zwischen benachbarten Gebäuden mit unterschiedlichem Modernisierungszustand, durch die vorhandene Infrastruktur für verschiedene Zielgruppen – erfasst und für die nachhaltige Weiterentwicklung von Wohnungs- und Gebäudebeständen nutzbar gemacht werden. Während auch in Portfolio-Management-Systemen früher ein gebäudebezogener Ansatz dominierte, wird heute die Ebene Quartiere verstärkt in diese Instrumente eingearbeitet.

Wie sich die Handlungsebene Quartier definieren und wie sie sich beschreiben lässt, wird in den folgenden Kapiteln ebenso dargestellt, wie die Möglichkeiten, die sich für die Weiterentwicklung von Wohnungs- und Gebäudebeständen daraus ergeben.

2. Betrachtung von Quartieren – eine Bestandsaufnahme

2.1 Begriffsbestimmung und Beschreibung

Ein Quartier ist ein Gebilde, das nicht generell eindeutig definiert werden kann. Ein Quartier ist je nach den lokalen Gegebenheiten räumlich und unter sozialen Gesichtspunkten nach unterschiedlichen Kriterien zu definieren. Bewohner besitzen, wenn sie von ihrem Viertel, dem Kiez, der Nachbarschaft oder Vergleichbarem sprechen, eine ungefähre Vorstellung davon, welche Haushalte, welche Gebäude und welche Einrichtungen dazu gehören, ohne dass es für sie auf eine klare Grenze ankommen würde. Insofern werden Quartiere gebildet aus einem Gefühl der Zugehörigkeit, eines zusammen Gehörens und zusammen Wirkens heraus. Damit leiden sie oft darunter, dass Grenzziehungen willkürlich und subjektiv geprägt sein können.

Schnur stellt fest, dass ein schlüssiges Konzept der Abgrenzung von Quartieren nicht existiert. Die Praxis folgt bei der Abgrenzung von Quartieren einem gewissen Pragmatismus (Schnur 2008). Denn erst die exakte räumliche Beschreibung eines Quartiers stellt die Handlungsfähigkeit der maßgeblichen Akteure, wie Immobilieneigentümer, sicher. Sie können sich bei der Analyse, der Formulierung von Entwicklungsstrategien von Quartieren und der Umsetzung von konkreten Verbesserungsmaßnahmen in Quartieren auf einen eindeutig abgegrenzten Raum beziehen.

Quartiere können von unterschiedlicher Größe sein. Eine Großsiedlung mit 30.000 Einwohnern kann ebenso ein Quartier bilden wie eine Einfamilienhaus-Siedlung mit weniger als 500 Bewohnern. Oft grenzen Mehrfamilienhausbestände unmittelbar an einen gewachsenen Bestand aus Einfamilienhäusern an: Trotz der Heterogenität dieser Bauformen können diese unterschiedlichen Typen gemeinsam ein Quartier bilden, wenn damit ein zusammenhängender Lebensraum beschrieben wird und sich diese Typen wechselseitig beeinflussen.

Quartiere sind als Betrachtungsebene auch deshalb so interessant, weil sie einen Resonanzboden wirtschaftlicher und gesellschaftlicher Entwicklungen darstellen (VdW Südwest 2010: 3). Hier werden bauliche, demografische, gesellschaftliche, soziale und wirtschaftliche Veränderungsprozesse sichtbar und erlebbar. Wer diese Prozesse verstehen und beeinflussen möchte, muss eine Quartiersperspektive einnehmen.

Aus dem Blickwinkel der Wohnungs- und Immobilienwirtschaft steht im Vordergrund, wie sich quartiersbezogene Wohnungsmärkte beschreiben lassen und wie sie beschaffen sind. Welche Zielgruppen kommen für ein Quartier infrage, für welche Zielgruppen ist die Infrastruktur und sind die Wohnungsbestände besonders gut geeignet? Es ist aus der Perspektive der Wohnungs- und Immobilienwirtschaft ein wichtiger Teilaspekt, das Quartiere letztlich der „unique selling point" für die Vermietung von Wohnungsbeständen sind und darauf Marketingstrategien aufgebaut werden können (Schnur 2009).

Quartiere sind nur in ihrer Komplexität erfassbar und steuerbar; wenn sie es überhaupt sind. Quartiere müssen in ihrer Multidimensionalität und in ihrer Interdisziplinarität betrachtet werden. Deutlich wird dieser Aspekt daran, dass das Image eines Quartiers von wachsender Bedeutung ist. Mit Image ist stets ein Gesamteindruck gemeint, den man von etwas – hier von einem Quartier – besitzt. Doch wie entsteht ein Image, welche Konsequenzen hat ein bestimmtes Image für die Entwicklungsperspektiven eines Quartiers und wie lässt sich z. B. ein ungünstiges Image verbessern? Lässt es sich von außen verändern oder kann dies nur unter Mitwirkung der im Quartier lebenden und agierenden Bewohner geschehen? Diese Fragen sind für die Weiterentwicklung von Quartieren existenziell. Die Sozialwissenschaften fragen deshalb auch danach, welches Sozialkapital in einem Quartier vorhanden ist, wie dieses Kapital genutzt und aktiviert werden kann, um im günstigen Fall sozial ausgewogene Strukturen zu erzeugen oder aber sozial stabile Strukturen sicher zu stellen.

Der Bedeutungszuwachs der Handlungsebene Quartier ist auch messbar: beispielsweise zeigen Kundenbindungsanalysen, dass die Bewertungskategorie Wohnumfeld – exemplarisch mit Quartier übersetzt – für Bewohner immer wichtiger geworden ist. Mit 38 Prozent liegt das Gewicht des Wohnumfeldes als Bestimmungsfaktor der Zufriedenheit von Bewohnern höher als das Gewicht der Wohnung und des Gebäudes (30 Prozent) und auch höher als die Kundenorientierung des Vermieters (32 Prozent). Wenige Jahre zuvor waren Service und Kundenorientierung noch wesentlicher Bestimmungsfaktor für die Zufriedenheit der Bewohner (Neitzel 2011: 11). Grundlage für die Beobachtung ist eine Querschnitts-Auswertung aus mehreren Kundenbindungs- und Wohnzufriedenheitsanalysen der letzten Jahre.

2.2 Bewertung von Quartierseigenschaften

Da Quartiere komplexe Gebilde sind, fällt es naturgemäß schwer, alle zur Beurteilung der Ist-Situation relevanten Aspekte vollständig zu erfassen und zu beschreiben. Zudem ist es notwendig, eine gemeinsame Sprachebene für die verschiedenen Disziplinen und Betrachtungsebenen zu finden, und die Beschreibung von Quartieren zu objektivieren. Am InWIS – Institut für Wohnungswesen, Immobilienwirtschaft, Stadt- und Regionalentwicklung an der EBZ Business School und der Ruhr-Universität Bochum ist für die Bewertung von Standorten und größeren Quartieren das Instrument des sogenannten „InWIS-Standortrankings" entwickelt worden. Quartiere werden danach anhand eines einheitlichen, standardisierten Bewertungskataloges mit fünf Haupt- und siebenundzwanzig Einzelkriterien bewertet.

Die fünf Hauptkategorien umfassen folgende Teilbereiche:
- städtebauliche Analyse des Wohnumfeldes,
- Einschätzung wichtiger sozialstruktureller Merkmale,
- Beurteilung der verkehrlichen Anbindung,
- Erfassung der infrastrukturellen Ausstattung und
- Beurteilung möglicher Belastungen und Beeinträchtigungen.

Die Tabelle 1 gibt einen Überblick über die Bewertungskriterien.

Städtebauliche Analyse	Sozialstruktur
• Siedlungsstruktur, Bebauungsdichte (hoch verdichtet, aufgelockert) • Baualter • Modernisierungsgrad • stadtbildprägendes Element • Sicherheitseindruck • Landschaftliche Lage, Aussicht	• sozialer Status (Einkommen, Erwerbsstatus – Transfereinkommensbezieher) • soziale Dynamik (Entwicklung Arbeitsloser und bestimmter Bevölkerungsgruppen) • Migration/Integration • Altersstruktur

Verkehrliche Anbindung	Infrastruktur
• MIV, überregionales Verkehrsnetz • ÖPNV, innerstädtisch • ÖPNV, überregional	• Öffentliche und halböffentliche Infrastruktur • Schulen • Kindergärten, Kindertagesstätten • Spielplätze • Kirchengemeinde, Jugendzentren, Begegnungsstätten • medizinische Infrastruktur (Niedergelassene Ärzte, Apotheken) • Nahversorgung (Einzelhandel für periodisch unterschiedlichen Bedarf; Qualität dieses Angebotes) • kulturelle Infrastruktur (Theater, Opernhaus o. ä. aber auch kleinteilige Angebote wie Programmkinos, Galerien etc.; Qualität des Angebotes) • sportorientierte Infrastruktur (Sportplätze, Sporthallen, Sportvereine – für jeweils ein breites Spektrum an Sportarten) • freizeitorientierte Infrastruktur (Freizeit- und Erlebniszentren, Gastronomie, Kino, Parks sowie Grün- und Erholungsflächen (Wälder), Zoo, Tiergarten)
Belastungen und Beeinträchtigungen	
• Lärm, Geruch, Staub • optische Beeinträchtigungen • Risiken der Baufläche (Altlastenverdachtsflächen), Vorhandensein von Problemflächen im Umfeld	

Tabelle 1: Überblick über Haupt- und Einzelkriterien des „InWIS-Standort/Quartiersrankings"
Quelle: eigene Erhebung und Abbildung

Gebaute Quartiere 185

Die Ergebnisse einzelner Kriterien werden mit dem Instrument der Nutzwertanalyse auf Hauptkategorien und zu einem Gesamtergebnis verdichtet. Gewichtungskriterien wurden aus der Erfahrung bei der Bewertung einer Vielzahl von konkreten Wohnbaustandorten und empirischen Tests abgeleitet.

Jedes Quartier erhält als Spitzenkennzahl ein Bewertungsergebnis, um Standorte überblickartig zu vergleichen. Diese Betrachtungsebene hat sich aber als zu grob herausgestellt, um aus dem Standortranking Anhaltspunkte für die Weiterentwicklung von Quartieren zu erhalten. Zweckmäßiger sind Bewertungsprofile, die für bestimmte Zielgruppen aus der Quartiersbewertung abgeleitet werden. In diesem Vorgehen kommt die Komplexität der Beurteilungssituation zum Vorschein: Quartiere müssen aus dem Blickwinkel unterschiedlicher Zielgruppen betrachtet werden. Viele Eigenschaften werden von unterschiedlichen Altersgruppen, Haushaltstypen oder Lebensstilgruppen grundlegend anders beurteilt.

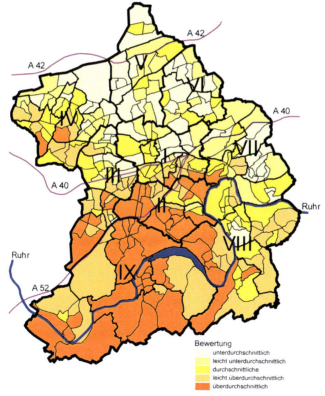

Abb. 2: Bewertung von Stadtbezirken in der Stadt Essen 2004. Quelle: eigene Erhebung und Darstellung

3. Prozess der strategischen Quartiers- und Bestandsentwicklung

3.1 Grundlagen für den Planungsprozess

Die Weiterentwicklung der eigenen Gebäude- und Wohnungsbestände in Wohnquartieren ist wesentliche Aufgabe der Eigentümer im Quartier. Neben den Aufgaben der Instandsetzung und Instandhaltung sind Modernisierung, Umbau und gegebenenfalls Nachverdichtung bis hin zu Abriss und Ersatz-Neubau Instrumente, um Wohnungsbestände marktgerecht an die heutigen Wohnstandards anzupassen.

Welchen Strategieansatz Immobilieneigentümer für die Entwicklung ihrer Bestände wählen und welche Ziele sie dabei verfolgen, hängt auch von ihrer unternehmerischen Verfasstheit ab. Grob können folgende Typen unterschieden werden (GdW 2009: 21).
- Wohnungsbaugenossenschaften,
- kommunale und kommunalnahe Unternehmen,
- öffentliche Wohnungsunternehmen,
- privatwirtschaftliche professionell-gewerbliche Eigentümer,
- kirchliche und sonstige Wohnungsunternehmen,
- private Kleinanbieter und Amateurvermieter.

Sie haben gemeinsam, dass sie Wohnraum am Markt anbieten und zugleich die vom Gesellschafter vorgegebenen Unternehmensziele verfolgen, sofern ein Gesellschafter existiert und er solche Ziele vorgegeben hat.

Der GdW – Bundesverband deutscher Wohnungs- und Immobilienunternehmen erläutert beispielsweise dazu, dass der überwiegende Teil der von ihm vertretenen Unternehmen die Zielkategorien Ökologie, Ökonomie, soziale Ziele verfolgt. Die Priorität der Zielsetzungen und die Gewichtung untereinander können für die Unternehmen unterschiedlicher Kategorie anders ausfallen. Auch kann sich deren Bedeutung im Zeitablauf ändern.

Ein Wohnungsanbieter muss sich mit folgender Frage beschäftigen und diese ständig neu beantworten: „Wie kann ein Immobilieneigentümer/eine Wohnungsbaugesellschaft unter Berücksichtigung rechtlicher, wirtschaftlicher, technischer, sozialer, Energie- und klimapolitischer Rahmenbedingungen in einem bestimmten räumlichen Teilmarkt, bspw. einem Quartier, zielgerichtet, nachhaltig und dauerhaft erfolgreich agieren?"

Bezieht man sich im Wesentlichen auf Wohnungsunternehmen, dann läuft zur Beantwortung dieser Frage der eingangs skizzierte strukturierte Planungsprozess ab.

Im Rahmen einer aktiv-vorausschauenden Strategie hat das Unternehmen idealerweise für jedes Quartier eine Entwicklungsstrategie formuliert und für die darin befindlichen Gebäude und Wohnungen aus der Portfolio-Segmentierung des

Bestandes Normstrategien definiert. Jede Normstrategie offeriert einen definierten Katalog von zulässigen Maßnahmen. Auf Gebäudeebene existieren demnach individuelle, auf die Gebäudesituation – z. B. die technischen Voraussetzungen, den Zustand des Gebäudes einschließlich des Modernisierungsstandes einzelner Wohnungen – abgestimmte Maßnahmenkataloge.

Effektiv sind wohnungswirtschaftliche Strategien, die sich auf eine Weiterentwicklung eines gesamten Quartiers beziehen, da dadurch nach innen und außen wahrnehmbar eine Veränderung, z. B. eine Aufwertung, ausgelöst werden kann. Eine städtebauliche und architektonische Aufwertung eines Quartiers kann z. B. durch gezielte Modernisierungsmaßnahmen mit einer Erhöhung des Gesamtwertes des in einem Quartier gebundenen Immobilienbestandes erreicht werden. Oft geht damit auch eine Veränderung in der Sozialstruktur der Bewohner einher, indem neue Bewohnerinnen und Bewohner ins Quartier ziehen.

Ausschlaggebend ist in diesem Kontext, dass die in einem Quartier aktiv handelnden institutionellen Akteure zu dem Schluss gelangen müssen, dass sie einen ausreichend großen Immobilienbestand in einem Quartier besitzen, um einen Veränderungsprozess auslösen zu können. Erfahrungen aus Stadtumbau-Gebieten in Deutschland-Ost und -West haben gezeigt, dass die Bündelung von Interessen bei dispersen Eigentümerstrukturen, z. B. mit einer großen Zahl von privaten Eigentümern mit individuellen Präferenzmustern, eine große Herausforderung für die Weiterentwicklung von Quartieren darstellt und dass Investitionsentscheidungen in solchen Konstellationen oft nicht getroffen werden.

3.2 Portfolio-Analyse als Instrument zur Strukturierung des Vorgehens

In dem Planungsprozess ist eine Portfolio-Analyse heute als Standardinstrument anzusehen, um den Wohnungsbestand in verschiedenen Quartieren in „Cluster" zu unterteilen und

- Wohnungsbestände zu identifizieren, die langfristig Marktchancen besitzen und daher aufgewertet werden sollen,
- solche Bestände zu erkennen, die lediglich mit geringen Investitionen am Markt gehalten werden können und
- solche, die nicht die Voraussetzungen besitzen, um sie dauerhaft am Markt zu vermieten.

Die letztgenannten Bestände werden nach heutigen Maßstäben von Vermietern nicht mehr entwickelt bzw. modernisiert werden. Das beschränkt auch die Entwicklungspotenziale der Quartiere, in denen sich diese Wohnungsbestände befinden.

Investitionsentscheidungen über Modernisierungen sind für professionell agierende Vermieter Portfolio-Entscheidungen, die unter Rendite-, Risiko- und Nachhaltigkeitsgesichtspunkten vor dem Hintergrund des eigenen Wohnungsbestandes, der zur Verfügung stehenden Handlungsalternativen und der jeweiligen Marktkonstellation getroffen werden.

Die Portfolio-Segmentierung findet auf der Grundlage einer Portfolio-Matrix statt. Für die Wohnungswirtschaft haben sich mehrere Ordnungskriterien herauskristallisiert:
- Attraktivität des Standortes, in diesem Falle des Quartiers,
- Attraktivität der Objekte, das heißt der Gebäude,
- Markt- oder Vermietungserfolg.

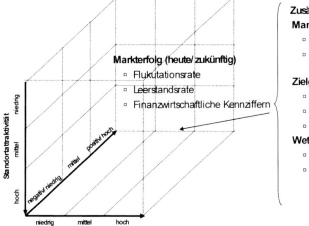

Energetische Beschaffenheit: Bestandteil der Objektattraktivität – dynamisches Kriterium.

Abb. 3: Überblick über ein Portfolio-Management-Konzept. Quelle: eigene Recherche und Abbildung

Die Eignung der Wohnungsbestände für unterschiedliche Zielgruppen wird in gängigen Portfolio-Management-Systemen oft noch vernachlässigt. Für eine zukünftige Einschätzung des Markterfolges ist dieser Beurteilungsaspekt angesichts der demografischen Entwicklung und der Ausdifferenzierung der Nachfrage in Lebensstile von größerer Bedeutung.

Ebenso verhält es sich mit der Wettbewerbssituation. Bislang war es weniger üblich, auf die Aktivitäten der Mit-Wettbewerber zu achten. Gerade in entspannten Märkten mit hohem Konkurrenzdruck hängt der Erfolg der eigenen Strategie aber immer stärker von den Maßnahmen der Wettbewerber ab. Dies betrifft auch das Handeln in Bezug auf energetische Modernisierungen.

3.3 Normstrategien betrachten und Maßnahmenkataloge erarbeiten

Je nach Lage in einem Quadranten der Portfolio-Matrix werden die Wohnungsbestände in den Quartieren mit einer Normstrategie belegt. Bei guter Lage und schlechter Bestandsqualität, z. B. bei in die Jahre gekommenen Wohnungsbeständen, bietet sich eine Modernisierung an. An ungünstigen Standorten bieten sich mehrere Alternativen an, die im Rahmen einer nachhaltigen Bewirtschaftungsstrategie zweckmäßig sein können. Auch der Abriss von Wohnungsbeständen kann sinnvoll sein.

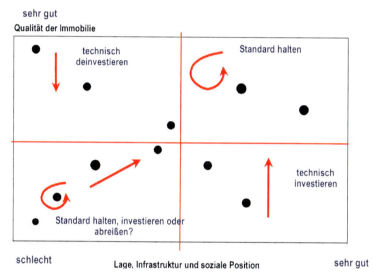

Abb. 4: Normstrategien anhand einer vereinfachten Portfolio-Darstellung. Quelle: eigene Abbildung

Die Normstrategien geben eine Grundausrichtung vor, wie mit dem Gebäude in den kommenden Jahren bis zur nächsten Revision der Portfolio-Strategie verfahren werden soll. Letztlich muss sich die Portfolio-Strategie auch danach richten, welche Budgets zur Verfügung stehen. Es ist eher die Regel, dass eine größere Zahl von Gebäuden für Investitionen als geeignet erscheint, die Budgets für die Realisierung aller Maßnahmen aber kurz- und mittelfristig nicht ausreichen. So kommt es dazu, dass Maßnahmen nach Dringlichkeit priorisiert werden.

Mit der Formulierung von Normstrategien werden die Voraussetzungen geschaffen, ob und in welchem Umfang Instandhaltungsmaßnahmen und Modernisierungsinvestitionen durchgeführt werden und welchen Stellenwert z. B. energetische Modernisierungen haben. Typische Normstrategien sind in der Tabelle 2 dargestellt.

Nr.	Strategiebezeichnung	Ausprägung
1	Desinvestitionsstrategie	Abriss (ggf. mit oder ohne spätere Nachnutzung der Fläche), nur sinnvoll bei hohem Leerstand, Unvermietbarkeit (nachdem sämtliche anderen Maßnahmen durchgeführt wurden), negativem Cashflow, geringen Verbindlichkeiten auf dem Bestand. Zusätzlicher Einsatz von Fördermitteln sinnvoll, je nach Marktsituation notwendig.
2	Abwarten und beobachten	Instandhaltung hinauszögern, nur notwendige Arbeiten durchführen, keine Maßnahmen zur Aufwertung und Gestaltung. Vermietbarkeit mit geringst möglichem Einsatz herstellen. Ggf. nach Zeit der Beobachtung überlegen, ob Maßnahmen nachgelagert werden (Experimentierphase)
3	Bestand halten und beobachten	Instandhaltung aktiv durchführen, keine Maßnahmen zur Aufwertung. Ggf. nach intensiver Marktbeobachtung andere Handlungsalternative überlegen. Vermietbarkeit mit geringen Mitteln sicherstellen.
4	Minimalinvestitionen	Über Instandhaltung hinaus in Maßnahmen investieren, die den Bestand aufwerten. Diese Maßnahmen konzentrieren sich auf Qualitätsmerkmale, die den größten positiven Einfluss auf Mieterbindung und Kundenzufriedenheit haben (Eingangsbereiche, Treppenhäuser, ggf. Wohnumfeld). Es müssen gute Standorteigenschaften vorliegen, das Objekt sollte keine überwiegend problematische Mieterstruktur aufweisen. Einzelmodernisierung von Wohnungen nur, wenn diese nicht sonst zu vermieten sind. Altengerechte Wohnanpassung auf Wunsch.

Nr.	Strategiebezeichnung	Ausprägung
5	Investitionsstrategie (selektive Aufwertung)	Einzelmodernisierung von Wohnungen im Bestand (bei Umzug und moderat auch im bewohnten Zustand) sowie Maßnahmenkatalog der Minimalinvestition sowie ggf. selektiv energetische Modernisierungen (bspw. Wärmedämmverbundsystem, Dach- und Kellerdeckendämmung, Fensteraustausch, sofern erforderlich; Problematik: ggf. keine KfW-Mittel aufnehmbar), Balkonanbau. Bei Einzelmodernisierung deutlich höherer Mietzins (auch über das jetzige Niveau für modernisierte Wohnungen hinaus) Ergänzende Investitionen ins Wohnumfeld sinnvoll. Frage des Schallschutzes gesondert klären. Bei Standardaufwertung (mehrere Maßnahmen) sollte man davon ausgehen, dass die Bestände ca. 40 Jahre am Markt gehalten werden müssen.
6	Premiumstrategie	Vollmodernisierung (für einzelne, ausgewählte Gebäude sinnvoll, auch um in Quartieren ein Signal für den beginnenden Aufwertungsprozess zu setzen)
7	Neubaustrategie	Neubau von Geschosswohnungen (altengerecht, barrierefrei) Neubau von Mietreiheneigenheimen: kann je nach Kostenniveau und Größe sinnvoll sein, bietet sich aber eher ergänzend an in solchen Quartieren, die für den Geschosswohnungsbau keine besondere Eignung besitzen. Sinnvoll vor allem dort, wo positive Effekte für nahegelegene Wohnungsbestände oder das Unternehmen insgesamt zu erwarten sind.

Tabelle 2: Überblick über Normstrategien. eigene Recherche und Abbildung

3.4 Überprüfung der Quartiersstrategien auf Wirtschaftlichkeit

Die Normstrategien und Maßnahmenkataloge für die Wohnquartiere werden detailliert auf Realisierbarkeit und wirtschaftliches Ergebnis geprüft. Eine Maßnahme wird oft nur dann ergriffen, wenn der derzeitige Markterfolg im Verhältnis zum Erreichbaren als nicht ausreichend hoch, oder kurz- bis mittelfristig als gefährdet angesehen wird.

Nach diesen Grobprüfungen werden detaillierte Entscheidungsrechnungen angestellt. Dazu zählt es auch, die Vorteilhaftigkeit unterschiedlicher Handlungsalternativen und deren Wirtschaftlichkeit zu prüfen. Je nach Marktsituation und Wohnkaufkraft der Mieter sind gerade aufwändige Modernisierungen, auch unter Berücksichtigung gesellschaftlich und politisch gewünschter energetischer Modernisierungen, oft nicht wirtschaftlich darstellbar.

Bei der Beurteilung der Wirtschaftlichkeit zeigt sich, dass ein gebäudebezogener Ansatz – betriebswirtschaftliche Analyse eines Hausbewirtschaftungsbuches für ein konkretes Gebäude – zu kurz greift. Angesichts der Entwicklungspotenziale, die ein Quartier birgt, sind quartiersbezogene Deckungsbeitragsrechnungen zielführender. Hier können neuere Ansätze zur Stadt- und Sozialrendite über die rein betriebswirtschaftliche Betrachtung hinaus den Blick dafür schärfen, welches Sozialkapital in Quartieren gebunden ist und welche positiven Effekte von einer Weiterentwicklung von Quartieren für den städtischen Raum ausgehen (vgl. exemplarisch hierzu: Neusser Bauverein 2009).

4. Besonderheiten bei der Weiterentwicklung von Quartieren

4.1 Demografische und bauliche Alterung in Quartieren

Betrachtet man die aktuellen sozialen und demografischen Rahmenbedingungen für die heutige Stadtentwicklung, so wird deutlich: Es ist eine wichtige Aufgabe nachhaltiger Stadtplanung, urbane Quartiere zu schaffen und generationenübergreifend attraktiv zu gestalten. Heute müssen wir erkennen, dass der demografische Wandel ein zentraler Auslöser für Umbruchsituationen und Veränderungsprozesse in den Stadtquartieren ist.

Die deutliche Alterung der Bevölkerung in Deutschland führt dazu, dass sich die Alterszusammensetzung in den Quartieren verändert. Mit dieser Entwicklung gehen Veränderungen der Bedürfnisse, der Anforderungen und Wünsche der Bevölkerung an Wohnen, Wohnumfeld, Freizeit und Infrastruktureinrichtungen einher.

Alterung hat zudem eine ausgeprägte räumliche Komponente: z. B. hat der ländliche Raum mit geringem Arbeitsplatzangebot in bestimmten Regionen eine hohe Abwanderung junger erwerbsfähiger Menschen zu verzeichnen. Das führt in diesen Bereichen zu einem Rückgang der Bevölkerungszahl und einem Anstieg des Durchschnittsalters. Die verbleibende Bevölkerung hat anderer Bedürfnisse und Wünsche. Dadurch verändert sich die Inanspruchnahme der Infrastruktur, z. B. des Einzelhandels und der öffentlichen Infrastrukturen. Letztlich verändert sich dadurch das Angebot an öffentlicher und privater Infrastruktur, wodurch wiederum die Entscheidungen von Haushalten über ihren Wohnstandort beeinflusst werden. Dadurch kommen sich selbst verstärkende Prozesse in Gang.

Für die Quartiersentwicklung der Zukunft führt dies zu der Forderung, altersgemischte Quartiere zu entwickeln, die sich selbst durch das generative Verhalten der Bevölkerung regenerieren. Heute verlaufen demografische Alterung und baulicher Alterung in den Quartieren parallel. Bestimmte Quartierstypen sind verstärkt von Alterungsprozessen betroffen: innerstädtische Altbaugebiete, Eigenheimsiedlungen und Wohnsiedlungen der 1950er bis 1970er Jahre. Dies kann dazu führen, dass Problemlagen – je nachdem, wie homogen solche Siedlungen strukturiert sind – gehäuft auftreten können. Dies sind beispielsweise homogene Eigentümerstrukturen, Überalterung der Bewohner, Vermarktungsschwierigkeiten und Verfall von Immobilienwerten, Modernisierungsdefizite und Wegzug jüngerer Generationen. So ist es wichtig, nicht nur den Generationenwechsel zu realisieren, sondern auch die Bausubstanz in den Quartieren an die geänderten Wohn- und Lebensverhältnisse anzupassen.

Dagegen sind typische Problemlagen in Wohnsiedlungen oft Modernisierungsdefizite, nicht mehr zeitgemäße Ausstattung, Standardgrundrisse und hoher Anteil ungenutzter Flächen.

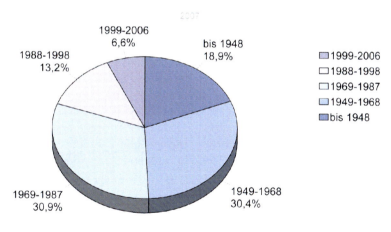

Abb. 5: Altersstruktur des Wohnungsbestandes im Rheinisch-Bergischen Kreis im Jahr 2007 nach Jahrgängen. Quelle: eigene Recherche und Abbildung

Quartiere an die demografische Entwicklung anzupassen bedeutet auch, das Wohnumfeld und den Zugang zu Gebäuden zu verändern und den Erfordernissen unterschiedlicher Altersgruppen entsprechend zu gestalten. 90 Prozent der Befragten einer bundesweiten Haushaltsbefragung (GdW 2008: 99) äußern, dass sie sich einen

Barriere-armen Zugang zu Wohnung und Gebäude wünschen. Etwa gleich viele Befragte halten eine Barriere-arme Wohnung für wichtig. 87 Prozent der Befragten legen Wert auf ein seniorengerechtes WC.

4.2 Die bunte Welt der Lebensstile

In der Wohnungs- und Immobilienwirtschaft werden in den letzten Jahren zur Beschreibung der Nachfrage vermehrt lebensstilorientierte Ansätze angewendet. Es reicht nicht mehr aus, sich nur mit der Größe der Haushalte und deren Wohnkaufkraft auseinanderzusetzen. Wohnwünsche der Mitglieder eines Haushaltes unterliegen differenzierten Wertvorstellungen und folgen ihren Lebensstilvorstellungen. Hinzu kommt, dass sich die bundesdeutsche Gesellschaft im Hinblick auf Lebensstile ausdifferenziert und pluralisiert.

So wie sich der gesellschaftliche Wandel, wie z. B. der Wandel in der Arbeitswelt und ein geändertes Verhältnis von Wohnen und Arbeiten, in den Lebensstilen der Haushalte widerspiegelt, so ändern die Lebensstile die Anforderungen an das Wohnen. Für die Quartiere lässt sich ein steigender Anspruch an die Qualität des Wohnumfeldes und die Flexibilität von Wohnungen konstatieren. Es reicht nicht mehr, die durch die Wohnungsbauförderrichtlinien definierte standardisierte Wohnung anzubieten, sondern es sind hinsichtlich Art, Größe und Ausstattungsstandard unterschiedliche Konzepte gefragt.

Das Modell der sogenannten Wohnkonzepte, das vom InWIS für den Bundesverband deutscher Wohnungs- und Immobilienunternehmen e.V. (GdW) mitentwickelt wurde, segmentiert die bundesdeutsche Gesellschaft in sechs wesentliche Stilgruppen. Stark vertreten ist derzeit die Gruppe der solide-bescheidenen Haushalte (Anteil 25 Prozent), die aber demografisch bedingt stark abnehmen. Solche Haushalte sind überdurchschnittlich in Siedlungsbeständen der 1950er Jahre anzutreffen.

Dagegen bevorzugt die wachsende Gruppe der kommunikativ-dynamischen Haushalte überdurchschnittlich oft urbane Stadtquartiere, in denen das Leben pulsiert und eine Fülle von Einkaufsmöglichkeiten und Gastronomie vorhanden ist. Je nach Typologie – Entstehungsgeschichte, städtebaulicher Figur, Wohnungsbestand – weisen Wohn- und Stadtquartiere ein eigenes Profil der Wohnkonzepte auf. Die Quartiere können anhand solcher Profile zielgerichtet und zukunftsfähig weiter entwickelt werden.

Gebaute Quartiere

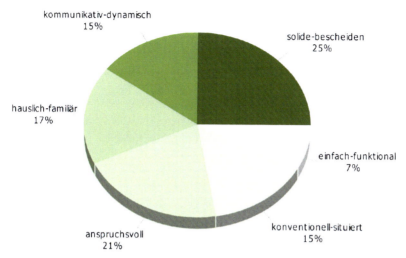

Abb. 6: Wohnkonzepte und ihr prozentualer Anteil innerhalb der bundesdeutschen Gesellschaft. Quelle: GdW 2008: 45 ff. und 53

4.3 Energetische Stadt- und Quartiersentwicklung

Die Bundesregierung hat hohe Klimaschutzziele formuliert und beabsichtigt, den CO_2-Ausstoß des Wohnungs- und Gebäudebestandes, der für etwa 40 Prozent der CO_2-Emissionen verantwortlich sein soll, bis zum Jahr 2020 um 40 Prozent und bis zum Jahr 2050 nach der Zielformulierung der Industriestaaten um mindestens 80 Prozent gegenüber 1990 zu reduzieren (BMU/BMWI 2010: 5). Dieses Ziel soll durch eine Verringerung des Energieverbrauchs, eine höhere Energieeffizienz und den verstärkten Einsatz erneuerbarer Energien für die Beheizung von Wohngebäuden erreicht werden.

Zwar sind viele der typischen Maßnahmen, wie Dämmung der Fassaden und Austausch der Fenster, auf das einzelne Gebäude bezogen, zusätzliche Potenziale sind aber zu generieren, wenn man sich bei der Wärmeversorgung der Wohnungen von einem gebäudebezogenen Ansatz löst und ein ganzes Quartier als Bezugspunkt betrachtet. So können effiziente Blockheizkraftwerke mit Kraft-Wärme-Koppelung Wärme effizienter für zusammenhängende, größere Gebäudebestände errichtet werden. So lassen sich in der Kombination von gebäude- und quartiersbezogenen Maßnahmen unter Beteiligung vieler oder aller Eigentümer größere Einspareffekte erzielen. Dieser Vorstellung folgend wird derzeit über ein neues KfW-Förderprogramm zur „Energetischen Stadtsanierung" beraten. Zielsetzung ist es, integrierte kommunale bzw. quartiersbezogene Energie- und Klimaschutzkonzepte zu entwickeln und die darin erarbeiteten Maßnahmen unter Begleitung eines Sanierungsträgers umzusetzen.

5. Fazit

In den letzten Jahren hat sich das Quartier als Handlungsebene für immobilienwirtschaftliche Akteure zu einer festen Größe entwickelt. Chancen und Risiken werden auf Quartiersebene betrachtet und daraus abgeleitet, welche Alternativen sich für deren strategische Weiterentwicklung ergeben.

In der Praxis ist man zu pragmatischen Ansätzen der Quartiersdefinition und -Bewertung übergegangen. Für die Analyse von Quartieren und die Erarbeitung von Maßnahmen steht mittlerweile ein differenziertes Planungsinstrumentarium zur Verfügung.

Es ist eine Herausforderung für alle Akteure, langfristig überlebensfähige, das heißt zukunftsfähige Quartiere zu schaffen und zu erhalten.

Literatur

- BMU – Bundesumweltministerium/BMWI – Bundesministerium für Wirtschaft und Technologie (Hrsg.) (2010): Energiekonzept für eine umweltschonende, zuverlässige und bezahlbare Energieversorgung. Berlin.
- GdW – Bundesverband deutscher Wohnungs- und Immobilienunternehmen (Hrsg.) (2008): Wohntrends 2020. GdW Branchentrendbericht Nr. 3. Berlin.
- GdW – Bundesverband deutscher Wohnungs- und Immobilienunternehmen (Hrsg.) (2009): Wohnungswirtschaftliche Daten und Trends 2009/2010 – Zahlen und Analysen aus der Jahresstatistik des GdW. Berlin.
- Neitzel, Michael (2011): Nachhaltige Quartiersentwicklung als Unternehmensstrategie. Vortragsunterlage zur Veranstaltung der Arbeitsgemeinschaft großer Wohnungsunternehmen (AGW), Arbeitskreis „Wohnungsmarkt": Nachhaltigkeit aus Unternehmens- und Kundensicht, am 17. Mai 2011 in Jena.
- Neusser Bauverein AG (2009): Stadt- und Sozialrendite 2009. Bericht über eine von InWIS erstellte Analyse der Stadt- und Sozialrendite. Neuss.
- Schnur, Olaf (2008): Quartiersforschung. Zwischen Theorie und Praxis. Wiesbaden.
- Schnur, Olaf (2009): Editorial Quartiersforschung, Newsletter des Georg-Simmel-Zentrums für Metropolenforschung, November 2009.
- VdW Südwest Verband der südwestdeutschen Wohnungswirtschaft e.V. (2010): Wohnungswirtschaft: Wirtschaftliche und gesellschaftliche Kraft. Jahresbericht 2009/2010.

Christa Reicher

Das (Stadt)Quartier

Vom Umgang mit dem gebauten Raum und seinen dynamischen Parametern

Das Quartier gilt als Maßstabsebene, auf der sich im Städtebau und in der Stadtplanung sowohl räumliche und gesellschaftliche Veränderungen konkret abzeichnen als auch Handlungsstrategien und Konzepte überprüfen lassen. In der baulich-räumlichen Organisation des Quartiers lässt sich ablesen, in welcher Art und Weise Gebäude, technische Infrastrukturen und Freiräume zueinander in Verbindung stehen. Neben dem gebauten Raum existieren Parameter, die wesentlich dynamischer sind und die Qualität des Quartiers mitbestimmen: Nutzungen, soziale Strukturen, Nachbarschaften, Aneignungs- und Aktivierungsprozesse. Auch die atmosphärische Wirkung von Raum, die aus dem Zusammenwirken unterschiedlicher Einflussfaktoren resultiert, ist im Kontext der Quartiersebene in besonderem Maße erlebbar. Vor dem Hintergrund dieser Vielschichtigkeit von Raum und Prozess werden die physische Struktur und die Einflussnahme durch die dynamischen Parameter auf die Qualität des Quartiers näher beleuchtet.

1. Verständnis von (Stadt)Quartier

Das Quartier definiert sich über seinen räumlichen Kontext, der als Lebensraum für seine Bewohner und Bewohnerinnen fungiert. Dabei stehen die gebauten Räume des Quartiers in einem städtebaulichen Zusammenhang zueinander, der sich im Laufe der Zeit mehr oder weniger stark verändern kann. Die Baustruktur und die bauliche Dichte, die Anordnung der Baukörper, die Gestaltung der Fassaden, die Auswahl der Materialien, die Gestaltung des Freiraums aber auch die physische Größe gehören zu den materiellen und langlebigen Merkmalen eines Quartiers, während Nutzungen und Aktivitäten stärker temporären Veränderungen unterliegen.

Dem Quartier im innerstädtischen Kontext, also dem Stadt-Quartier, werden vielfältige Eigenschaften abverlangt: Als „Mikrowelt, in der vieles zu Fuß in der eigenen Straße oder um die Ecke erledigt werden kann" (Feldkeller 2001) soll das Quartier kurze Wege und eine gute Erreichbarkeit von Einrichtungen des täglichen Bedarfs gewährleisten. Zudem ist das Stadt-Quartier meist geprägt durch Nutzungsmischung, eine gehobene bauliche Dichte sowie eine robuste Stadtstruktur. Auch Eigenschaften wie ein individuelles Erscheinungsbild, eine funktionierende Nahversorgungsinfrastruktur mit einem oder mehreren gemeinsamen Bezugs- bzw. Orientierungspunkten im öffentlichen Raum und einer guten Verknüpfung mit der Stadt als Ganzes werden dem Quartier zugeschrieben (vgl. Feldmann 2009). Sind diese Interpretationen von und diese Erwartungen an das Quartier" nicht zu idealistisch, insbesondere vor dem Hintergrund der Phänomene, die heute den Wandel von städtischen Strukturen bestimmen?

2. Von veränderten Parametern und Phänomenen

Welche veränderten Parameter und Phänomene von Wandel lassen sich auf der Ebene des Quartiers identifizieren? Fünf Phänomenen kommt aus städtebaulicher und planerischer Sicht eine besondere Bedeutung zu:

2.1 Die demographischen Veränderungen

Sich wandelnde demografische, soziale und ökonomische Rahmenbedingungen, sei es die zunehmende Überalterung der Gesellschaft, seien es sinkende Bevölkerungszahlen oder auch das Auseinanderdriften gesellschaftlicher Gruppen im Sinne von Segregation werden verstärkt in unseren Städten sichtbar. Dabei sind zwar übergeordnete Trends erkennbar, aber die räumlichen Folgen sind sehr unterschiedlich und werden dementsprechend kontrovers diskutiert. Mit Blick auf das Phänomen der Segregation lässt sich feststellen, dass dieses mehr oder weniger ausgeprägt in den verschiedenen Stadt- und Quartierstypen zu beobachten ist. Eine gewisse Segregation in den städtischen Quartieren kann nicht gänzlich vermieden werden, da die Menschen immer bestrebt sein werden, unter ihresgleichen zu leben, in einer Nachbarschaft, die ihnen vertraut ist. Eine homogene Quartiersnachbarschaft darf aber nicht zum Integrationshemmnis für andere werden.

Der Soziologie Walter Siebel hat in diesem Zusammenhang festgestellt, dass den Quartieren in der Stadt eine „Hotelfunktion" zukommt, die sich in der sog. „transitorischen Migration" und einer durchschnittlichen Wohndauer an einem Standort von ca. vier Jahren wiederspiegelt (vgl. Siebel 2010). Einerseits ist demnach dem Wunsch nach Abgrenzung bis zu einem gewissen Grade zu entsprechen; zugleich sind Anlässe und Hilfestellung zur Integration zu leisten.

Richten wir den Blick auf das Phänomen der Überalterung der Gesellschaft und die hieraus resultierenden planerischen Herausforderungen für die Stadtentwicklung: Mit der Rückkehr älterer Menschen aus den eher suburbanen Einfamilienhausgebieten in die Innenstädte steigt die Nachfrage nach Wohnraum in den Innenstädten. Die Funktion des Wohnens kehrt verstärkt in das Zentrum der Städte zurück. Allerdings beklagen bereits einige Städte wie beispielweise die niederländische Stadt Maastricht die einseitige Entwicklung ihrer Innenstadt zur sog. „Rollator-City". Zahlungskräftige Haushalte von älteren Menschen dominieren den innerstädtischen Wohnungsmarkt und treiben die Miet- und Immobilienpreise nach oben. Auch wenn diese Entwicklung sich in einem derart extremen Ausmaße eher seltener äußert, wirft sie dennoch Fragen auf: Wie können wir die Rahmenbedingungen und Strukturen eines Quartiers beeinflussen, um eine stärkere Übereinkunft unterschiedlicher sozialer Bedürfnisse herzustellen?

2.2 Die „Verdorfung" der Stadt

Verstärkt werden sich Quartiere mit vielfältigen sozialen Milieus bilden, deren Wohnwünsche es zu befriedigen gilt. Neben sozialen Merkmalen wie Bildung, Einkommen und Beruf werden diese Quartiere zunehmend von den dort vorherrschenden Lebensstiltypen geprägt sein, was zu einer Verstärkung homogener Milieus führen wird. Heute verteilen sich Haushalte einerseits nach ähnlichen Normen, Werten, Habitus und Geschmäckern und andererseits nach Raumtypen. Die Stadtstruktur wird sich mehr und mehr zu einem Patchwork kleiner „Welten" wandeln. Wenn das Phänomen der Aus- und Abgrenzung jedoch enorm zunimmt, wie sich dies im Augenblick durch die steigende Zahl von gated-community-ähnlichen Wohnsiedlungen vielerorts ankündigt, droht eine Segregation von bestimmten Bevölkerungsgruppen innerhalb der Stadt. Es entstehen „Dörfer" (um den weitreichenderen Begriff der „Gated Community" zu vermeiden), in denen sich Bevölkerungsgruppen mit ähnlichen Problemen und Ansprüchen gemeinsam entsprechend ihren Bedürfnissen organisieren und zugleich abgrenzen. Der „Verdorfung" der Stadt – auch „Villagizing the City" genannt (vgl. Reicher 2008) – gilt Aufmerksamkeit, weil diese Erscheinung eine Konsequenz aus nicht befriedigten sozialen und räumlichen Bedürfnissen innerhalb der Stadt ist. Wie kann also dem Phänomen der „Verdorfung" mit nicht zu unterschätzenden Gefahrenpotenzialen strategisch und planerisch begegnet werden?

2.3 Internationalisierung im Bau- und Planungssektor

Eine zunehmende globale Vernetzung von Lebens- und Wirtschaftsbereichen durch die Eröffnung immer neuer Informations- und Kommunikationsmöglichkeiten führt zu einem stetig wachsenden Einfluss internationaler Entwicklungen auf Planungs-, Entscheidungs- und Bauprozesse. Betrachtet man die Entwicklung auf dem Immobilienmarkt, dann bestätigen die Trendlandkarten, dass die Bedeutung des internationalen Kapitalmarktes für die deutsche Immobilienwirtschaft in den letzten Jahren stetig gewachsen ist. Alleine die gewerblichen Immobilientransaktionen (ohne Wohnen) ausländischer Investoren haben in den letzten Jahren (seit 2005) eine jährliche Steigerung um fast 300 Prozent erfahren. (vgl. Spars/Reicher 2008) Diese internationale Einflussnahme wirft die Frage auf: Wie wird sich die Gestalt des gebauten Raums durch die Internationalisierung von Bau- und Planungsprozessen verändern und welche Konsequenzen hat dies für den Planungsprozess insgesamt?

2.4 Image- und Brandingstrategien in der Planung

Im Zuge des derzeitigen sozioökonomischen Strukturwandels und der Veränderungen des Planungsverständnisses wird es für die Kommunen immer wichtiger, sich mit Strategien zu profilieren, die eine systematische Weiterentwicklung des Stadtimages oder gar die Entwicklung einer Art „Marke" für die Stadt oder für einzelne Quartiere beinhalten. Das Vorgehen der Kommunen ist dabei von einem unternehmerischen Selbstverständnis geprägt: Stadt und Quartier werden aktiv als Produkt vermarktet. In diesem Vermarktungsprozess gelten die Verbesserung des Stadtimages und die Herausbildung eines markenartigen Profils für die Kommune als zentrale stadtpolitische und planerische Aufgaben. Dahinter steht das Bemühen, die Attraktivität und das Image für Touristen, Dienstleistungsunternehmen und deren Beschäftigte sowie für die Bewohner zu verbessern.

Bei der Kommunikation solcher Images spielen Brandingstrategien, insbesondere auch das „Neighbourhood Branding" auf der Quartiersebene, und symbolisch aufgeladene Einzelbauten, die als schnelle, wieder erkennbare Imageträger dienen, eine herausragende Rolle. Was bedeutet dieses Phänomen von Branding und Markenentwicklung insbesondere für die raumbezogene Quartiersplanung?

2.5 Energieeffizienz und Klimawandel

Die Diskussion über Perspektiven für Städte und Quartiere kann nicht ohne den Aspekt der Energieeffizienz und die Anpassung an den Klimawandel geführt werden. Denn räumliche Leitbilder sind in hohem Maße abhängig von den verfügbaren Ressourcen. Die Problematik des nachhaltigen Umgangs mit Ressourcen und der damit eng verknüpften Automobilität verschärft sich im Augenblick durch die steigenden Energiekosten. Nehmen wir die Prognosen ernst und denken wir diese Entwicklung weiter, dann wird unsere Gesellschaft sich spalten in eine Gruppe derjenigen, die sich die Fortbewegung mit dem privaten PKW leisten kann, und eine Gruppe, die auf den bezahlbaren öffentlichen Personennahverkehr angewiesen ist. Neben Konzepten, wie ein nachhaltiger und gerechterer Umgang mit den steigenden Energiekosten aussehen kann, lautet die zentrale Frage:

Welche kurz- und langfristigen Veränderungen gebauter Strukturen sind erforderlich, um Ressourcen zu sparen, Emissionen zu reduzieren und sich den klimatischen Veränderungen anzupassen?

Was bedeuten diese Phänomene nun für den Umgang mit den Strukturen eines Quartiers? Diese veränderten Parameter fordern zu einem Umdenken in der Planung auf. Dabei haben die Disziplinen Stadtplanung und Städtebau die ureigenste Aufgabe, die aktuellen Trends und Prognosen – vom „Lifestyle" bis zu „Technologie", von der „Bevölkerungsentwicklung" bis zum „Wohnideal von morgen" – auszuwerten, diese in räumliche Strategien zu überführen und damit die Gestaltung der Stadträume und Stadtquartiere zu steuern.

3. Herausforderungen und Widersprüche

Die Strategien der In-Wert-Setzung städtischer Quartiere müssen vielfältigsten Anforderungen gerecht werden. Oft sind die Erwartungen im Umgang mit den Quartieren sogar von einer Vielzahl von Widersprüchen geprägt:

- *Aneignungsmöglichkeiten versus ästhetische Qualität*
  Der Anspruch an eine hohe ästhetische Gestaltqualität, sei es die anspruchsvolle Architektur der Gebäude oder auch die landschaftsarchitektonische Prägung der Freiräume, scheint im Widerspruch zu dem Wunsch nach Aneignung durch die Nutzer und Bewohner zu stehen. Lassen sich Individualität einerseits und ästhetische Ansprüche andererseits ohne weiteres überein bringen? Insbesondere auf der Ebene des Quartiers ist eine solche Übereinkunft eine ungemein große Herausforderung.
- *Soziale Nachbarschaften versus abgeschottete Idylle*
  In einer anonymer agierenden Gesellschaft, die von Verhäuslichung, Medialisierung und sozialer Segregation geprägt ist, wird der Wunsch nach der räumlichen Abgrenzung, also unter seinesgleichen zu wohnen, zunehmend sichtbarer. Räumliche Barrieren wie Zäune oder Tore schränken die Zugänglichkeit von Gebäuden ein. Sie manifestieren Grenzen und trennen die scheinbar „heile Welt" von der Problemwelt. Können nicht gerade nachbarschaftsfördernde Strukturen und Konstellationen auf der Ebene des Quartiers die Funktion des „sozialen Kitts" übernehmen und zur Integration beitragen?
- *Dauerhaftes versus Temporäres*
  Trotz veränderter Rahmenbedingungen, die sich meist jenseits der Wachstumsprognosen bewegen, setzen viele Konzepte in der Stadtentwicklung nach wie vor auf ganzheitliche Lösungsansätze, auf den überzeugenden Masterplan, der eine wünschenswerte Zukunft darstellt. Dass sich Rahmenbedingungen vor dem Hintergrund von Stagnation und Schrumpfung jedoch schnell ändern können

und damit eine aktivierende Zwischennutzung genau die richtige Lösung zum richtigen Zeitpunkt darstellen kann, wird vielfach ausgeblendet. Dauerhaftes und Temporäres scheint im Widerspruch zu stehen. Können nicht beide Ansätze im Abgleich mit den Rahmenbedingungen die jeweils beste Lösung sein – zumindest für einen bestimmte Zeitraum?

- *Alltagsqualität versus Leuchtturmprojekt*
Leuchttürme im Sinne von Stararchitekturen scheinen in der Diskussion um Stadtentwicklung immer wichtiger zu werden. Dabei wird die Lebensqualität in einem Quartier nicht entscheidend durch die Leuchtturmprojekte beeinflusst, sondern vielmehr durch die Qualität der alltäglich genutzten Stadträume. So haben beispielsweise die Bauten des Architekten Frank O. Gehry im Düsseldorfer Hafen ohne Zweifel ihre Bedeutung als Imageträger und möglicherweise auch als Leuchtturmprojekt über Düsseldorf hinaus, aber sie beeinflussen die Alltagsqualität der Quartiersbewohner nur in geringem Maße. Die spektakulären Architekturen können zwar in vielfacher Hinsicht Impulse für Baukultur liefern, aber benötigt die Alltagsarchitektur und die Qualität von alltäglichen Quartiersräumen nicht in gleichem Maße Beachtung?

Abb. 1 + 2: Leuchttürme: Bauten des Architekten Frank O. Gehry im Düsseldorfer Hafen.
Quelle: eigene Abbildung

- *Urbanität versus Wohnanspruch*
Die Erwartung einer qualifizierten urbanen Dichte über die Merkmale der physischen gebauten und sozialen Dichte, der Nutzungsmischung und der urbanen Gestalt steht vielfach im Widerspruch zu dem Wunsch nach Ruhe im Wohnumfeld. Denn gerade dort, wo die Idealvorstellung einer baulichen Urbanität umgesetzt ist, geht diese zugleich einher mit hohen Leerständen und planerischen Szenarien des Rückbaus. Lässt sich also die von dem Architekturkritiker Hanno Rautenberg bemerkte „neue Lust auf Dichte" an vielen Orten mit dem Wunsch nach der ruhigen Wohnlage in Einklang bringen?

Das (Stadt)Quartier

Abb. 3: Physische Dichte mit hohem Leerstand von Gebäuden in der Bochumer Straße in Gelsenkirchen. Quelle: eigene Abbildung

Auf diese Herausforderungen gilt es, Antworten zu finden in den unterschiedlichen Handlungsfeldern. Dabei müssen wir uns fragen, was letzten Endes die erlebbare Attraktivität eines Quartiers im Sinne von Lebensqualität ausmacht und mit welchen Konzepten, Verfahren und Instrumenten wir den Prozess einer Qualifizierung des Stadtquartiers steuern können.

4. Forschungsansätze und Handlungsfelder

Die nachfolgend beschriebenen aktuellen Handlungsfelder zeigen beispielhaft, wie veränderte Schwerpunkte im planerischen Kontext neue Herausforderungen für die Quartiersforschung formulieren können.

4.1 Urbane Qualifizierung und Planbarkeit von Urbanität

Urbanität ist ein wichtiger Schlüsselbegriff im Städtebau und in der Stadtplanung geworden. Das Missverständnis, Urbanität sei durch eine kompakte, dichte Baustruktur zu erzeugen, ist verbreitet. Die von Thomas Sieverts vorgenommene Unterscheidung in „gebaute" und „gelebte" Urbanität ist dabei eine hilfreiche Differenzierung, um städtische Räume zu verstehen und zu entwerfen (vgl. Sieverts 2010).

Der Begriff der urbanen Stadt, des urbanen Quartiers lässt sich nicht allein durch die kompakte Baustruktur und die numerische Bevölkerungsdichte definieren, sondern schließt eine Menge kultureller Aspekte mit ein. Das Verständnis von und die Diskussion über Urbanität ist eine wichtige Basis für den planerischen Umgang mit dem Quartier. Beides kann auf verschiedene Kriterien zurückgeführt werden:

- *Bauliche Dichte*
  Die bauliche Dichte gehört zu den grundlegenden Eigenschaften der Stadt und ist damit eine wesentliche Bedingung für Urbanität. Dichte ist der Quotient aus der physikalischen Größe, im Falle der baulichen Dichte das Bauvolumen, und dem Raum bzw. der Fläche. Bauliche Dichte ist jedoch nur eine der Voraussetzungen von Urbanität. Dichte alleine reicht aber nicht aus, um Urbanität zu erzeugen.
- *Soziale Dichte*
  Neben der baulichen Dichte existiert eine soziale Dichte, welche sich auf die Anzahl der Menschen und ihre Aktivitäten in einem Quartier bezieht.
  Neben der Einwohnerdichte gibt es weitere Dichtetypen wie die Beschäftigtendichte und die Interaktionsdichte. Die soziale Dichte, insbesondere in Verbindung mit der Einwohnerdichte, ist ein wichtiges Kriterium für Urbanität.
- *Nutzungsmischung*
  Die Heterogenität und damit die Lebendigkeit von urbanen Strukturen wird entscheidend durch das Gefüge und die Zusammensetzung seiner Nutzungen mit geprägt. Die Mischung von verträglichen Nutzungen bestimmt entscheidend den urbanen Charakter eines Quartiers. Die unterschiedlichen Nutzungen können auf verschiedene Art und Weise miteinander verflochten werden: in einem einzigen Gebäude ebenso wie innerhalb eines Quartiers.
- *Urbane Gestalt*
  Ein zentraler Aspekt der Urbanität ist die urbane Gestalt von Gebäuden und öffentlichen Räumen. Dieser subjektiv sehr unterschiedlich wahrgenommene Aspekt trägt aber entschieden dazu bei, ob eine Bebauung bzw. ein Quartier eher großstädtisch, kleinstädtisch oder dörflich wirkt. So bestimmt die Architektur der Gebäude, sowohl ihr Baustil als auch ihr Grad an Repräsentation, stark die urbane Wirkung der gebauten Struktur.

Eine zentrale Aufgabe besteht darin, ein differenziertes Verständnis von Urbanität zu entwickeln, das sich nicht nur auf den gebauten Raum bezieht, sondern sich mit seiner Vielzahl von dynamischen Parametern auseinandersetzt.

4.2 Generationen- und Altersgerechte Quartiersentwicklung

Der demografische Wandel ruft die Frage auf, wie die räumliche Umwelt die Lebensqualität der Menschen fördern bzw. mögliche Einschränkungen (gesundheitlich bedingte, altersbedingte Einschränkungen) kompensieren kann.

Im Blickfeld dieser Diskussion stehen vor allem zwei Zielgruppen: junge Menschen (Kinder und Jugendliche) sowie ältere Menschen (nach dem Ausscheiden aus dem Erwerbsleben). Die Gestaltung der Städte und Quartiere wird immer der Abwägung und Aushandlung unterschiedlicher Ansprüche unterliegen. Entscheidend für eine erfolgreiche Einflussnahme in die altersgerechte Gestaltung ist, dass die Kriterien, welche die räumliche und soziale Qualität beeinflussen, klar identifiziert werden und die Stellschrauben (Akteure, Rahmenbedingungen,...) zur Steuerung benannt sind (vgl. Kreuzer/Scholz 2011).

So erforscht die ökologische Gerontologie das Verhalten, Erleben und Wohlbefinden älterer Menschen in der Beziehung zur konkreten räumlichen-sozialen Umwelt (vgl. Saup 1993). Sie bedient sich sogenannter „Person-Umwelt-Modelle", um die Wechselbeziehung zwischen einer Person und ihrer Umwelt, zwischen dem Lebens- und Entwicklungsprozess des Menschen und der Verknüpfung mit der ihn umgebenden Umwelt zu erforschen. In Ergänzung hierzu liefert die sozialwissenschaftliche Gerontologie Erkenntnisse zur Differenzierung der Lebensphasen und des Altersbegriffs sowie über den Zusammenhang zwischen Erwerbstätigkeit und Altern. Diese vielschichtige Grundlagenforschung der Gerontologie schafft mit diesen zentralen Erkenntnissen die Basis für die Stadtplanung, von den „einfachen Grundbedürfnissen" wie Gehen, Tasten, Sehen bis hin zu „höheren Grundbedürfnissen" wie dem Wunsch nach Privatheit und Gemeinschaft, die meist äußerst anspruchsvoll in der konkreten Umsetzung sind.

Sowohl aus der Heterogenität der unterschiedlichen Lebensphasen eines alternden Menschen als auch aus den Pflege- und Hilfsbedürfnissen von Altersgruppen lassen sich differenzierte Gestaltungsaufgaben für die Stadtplanung und die Quartiersentwicklung ableiten. Um das unbestrittene gesellschaftliche Ziel der Gewährleistung eines möglichst selbständigen, selbstbestimmten und persönlich zufriedenstellenden Lebens im Alter zu erreichen bzw. zumindest zu befördern, kommt der Ausgestaltung der Quartiere eine zentrale Rolle zu.

Die zentrale Gestaltungsaufgabe liegt dabei in der Schaffung eines differenzierten altersgerechten Wohnungsangebotes im Quartier, das den Wohnwünschen der Menschen gerecht wird und damit Lebensstile und Lebenslagen mit einbezieht.

Für das selbstbestimmte Leben im Alter gilt es, unterschiedliche Wohnangebote, von der Senioren-WG, der Hausgemeinschaften, dem selbst organisierten Wohnprojekt bis zum Generationenübergreifenden Wohnen bereitzustellen, welche das gemeinschaftliche Miteinander fördern und die Grundlage für gute nachbarschaftliche Beziehungen darstellen. Mit zunehmendem Alter wird für die selbständige

Bewältigung die Versorgungssicherheit, also die Verzahnung von Wohnen und Pflege wichtiger. Die Art und Weise, wie soziale Dienstleister mit Beratungsangeboten (Sozialberatung, Wohnberatung), mit medizinischer Versorgung oder auch einfach mit Veranstaltungen und Mittagstischen eingebunden werden, trägt zur Alltagsqualität bei.

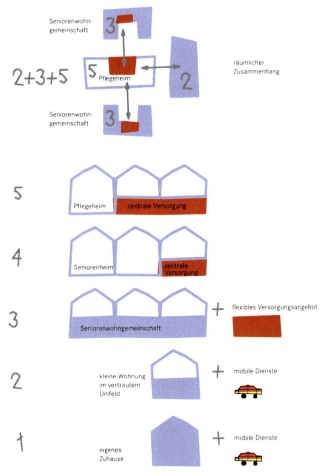

Abb. 4: Stufen der Versorgungsintensität von Wohnraum. Quelle: eigene Abbildung

Der öffentliche Raum spielt als Ort der Kommunikation, aber auch als Kontaktstelle zwischen dem privaten und dem öffentlichen Leben eine zentrale Rolle. Seine barrierearme Gestaltung ist die Voraussetzung dafür, dass der Raum uneingeschränkt nutzbar ist. Zudem bestimmen die Angebote zur *Mobilität* und zur Nahvorsorgung entscheidend die alltägliche Lebensqualität älterer Menschen.

Um die richtigen räumlichen Antworten zu finden, erfordert dies eine quartiersbezogene Analyse der Rahmenbedingungen und Nachfragesituation, deren Abgleich mit den Erkenntnissen aus der Gerontologieforschung und das Übersetzen in planerische Konzepte, die auf die spezifische Adressatengruppe ausgerichtet sind, sei es die Wohnungswirtschaft, die Politik oder sonstige Akteure.

4.3 Energieeffiziente Quartiersentwicklung

Die Diskussion über „Green Building" ist in aller Munde, mit den Begriffen „Green City" oder „Green Quarter" tun wir uns entschieden schwerer, insbesondere dann, wenn es um die energieeffiziente Entwicklung von Bestandsstrukturen geht. Dennoch ist ein wesentlicher Parameter zukunftsfähiger Quartiersentwicklung der effiziente Umgang mit Energie und die Anpassung der baulichen Strukturen an den Klimawandel.

Beispielhaft für den energieeffizienten Umgang auf der Quartiers- und Stadtteilebene steht das Projekt InnovationCity im Ruhrgebiet, initiiert vom Initiativkreis RUHR. Es verfolgt den Ansatz, einen Stadtteil, geprägt durch eine ruhrgebietstypische Bestandsstruktur, umzubauen mit dem Ziel einer 50-prozentigen Reduzierung der CO_2-Emissionen. Die Bestandsstrukturen stellen sich jeweils äußerst komplex dar: Gebäude aus den unterschiedlichen Epochen mit verschiedenster architektonischer und städtebaulicher Qualität, Landschaft in Form von Industrienatur, von Kulturlandschaft, spezifische Thema der Mobilität in einem polyzentralen Raum und vieles andere.

Ein Labor für zukunftsfähige Innovation setzt voraus, sich einzulassen auf die spezifischen Eigenarten an den jeweiligen Orten und hieraus eine Aufwertungsstrategie zu entwickeln. Das Ergebnis muss – neben der Ressourceneffizienz – vor allem auch Diversität, Flexibilität und Identifikation ermöglichen. Wollen wir Innovation, dann brauchen wir ein offenes Laboratorium, in dem diese entstehen kann. Denn heute wissen wir noch nicht, wie die Innovationen von morgen aussehen werden.

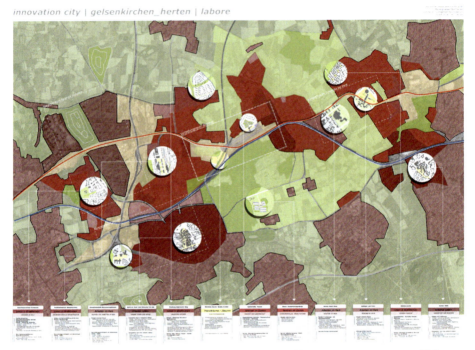

Abb. 5: Wettbewerbsbeitrag für InnovationCity: Vorschläge zum Ressourcen-effizienten Stadtumbau in Gelsenkirchen-Herten. Quelle: eigene Abbildung

Ein vorläufiges Fazit
Die dargestellten Herausforderungen, Handlungsansätze und Konzepte haben vieles gemeinsam:
- Die Inhalte der Quartiersentwicklung berühren immer mehrere Disziplinen. Der Blick auf einen Einzelaspekt kann lediglich eine unvollständige Erfassung des äußerst komplexen Forschungsgegenstandes „Stadt-Quartier" leisten.
- Ein ganzheitlicher und integrativer Umgang mit den räumlichen, inhaltlichen und atmosphärischen Ebenen des Quartiers scheint geboten. So kann die Erforschung des gebauten Raums nur zielführend sein, wenn neben den baulich-räumlichen auch die dynamischen Parameter mit betrachtet werden, und umgekehrt.
- Die Disziplinen der Stadtplanung und des Städtebaus sind dazu verpflichtet, Innovationen zu befördern. Dieser Anspruch erfordert auf der Quartiersebene offene Laborsituationen, bei denen nicht von Beginn an Rezepturen und Konzepte festgelegt sind, sondern eine große Offenheit gewährleistet ist.

Denn gerade für die Gestaltung von weit reichenden Schrumpfungsprozessen, für die Erprobung neuer Nutzungsmodelle jenseits des Besitzens oder auch neuer Infrastrukturtechnologien, für all das braucht es womöglich andere Routinen, Konzepte und Akteure als wir sie bislang aus dem Modell der nur wachsenden Stadt kennen. Auf solchen Experimentierfeldern können letztlich auch andere Stadtatmosphären des Quartierslebens entstehen. Die bisherige Erforschung von derartigen Prozessen hat gezeigt, dass wichtige Innovationen häufig erst im Experiment (verbunden mit der Gefahr des Scheiterns) entstehen. Diese Erfahrung wird auch für zukünftiges Handeln und Forschen gelten.

Literatur

- Feldmann, Philipp (2009): Die strategische Entwicklung neuer Stadtquartiere, Schriftenreihen zur Immobilienökonomie.
- Feldtkeller, Andreas (2001): Städtebau: Vielfalt und Integration: Neue Konzepte für den Umgang mit Stadtbrachen.
- Kreuzer, Volker/Scholz, Tobias (2011): Altersgerechte Stadtentwicklung: Eine aufgaben- und akteursbezogene Untersuchung am Beispiel Bielefeld, Dortmund.
- Reicher, Christa (2008): Villagizing the City – oder wie das Dorf in der Stadt Einzug hält. In: StadtPerspektiven. Positionen und Projekte zur Zukunft von Stadt und Raum, Stuttgart.
- Saup, Winfried (1993): Alter und Umwelt. Eine Einführung in die Ökologische Gerontologie, Stuttgart.
- Spars, Guido/Reicher, Christa (2008): Relevanz internationaler Entwicklungen in Architektur und Immobilieninvestment für Bauwirtschaft und Baukultur in Deutschland, unveröffentlichter Forschungsbericht.
- Sieverts, Thomas (2010): Urbanität gestalten. Stadtbaukultur in Essen und im Ruhrgebiet, Essen.
- Siebel, Walter (2010): Vortrag im Rahmen des Städtebaulichen Kolloquiums an der TU Dortmund, Mai 2010.

Günther Fischer

Quartiersentwicklung und Architekturtheorie
Überlegungen zu theoretischen und methodischen Schnittstellen

Quartier und Quartiersentwicklung gehören in der Regel nicht zu den bevorzugten Themen der Architekturtheorie. Man muss tatsächlich argumentativ einen weiten Weg zurücklegen, um von der traditionellen oder auch aktuell praktizierten Architekturtheorie zu Fragen der Gestaltung unserer konkreten baulichen Umwelt, wie sie sich besonders auch in der Quartiersforschung stellen, zu gelangen.

Die Frage, der in diesem Beitrag nachgegangen werden soll, ist nun, ob dieser extreme Abstand zwischen den beiden Disziplinen tatsächlich in den unterschiedlichen Inhalten begründet ist und mögliche Verbindungen nur mühsam gesucht werden müssten, oder ob die Ferne der Architekturtheorie zu den konkreten Fragen der baulichen Gestaltung unserer Quartiere nicht eher auf eine falsche Orientierung dieser Disziplin verweist, die dringend korrigiert werden müsste. Dazu zunächst ein kurzer – und etwas zugespitzter – Überblick über die Entwicklung der traditionellen Architekturtheorie.

1. Architekturtheorie in der Sackgasse

Als akademische Disziplin ist Architekturtheorie eigentlich ein Teilbereich der Kunsttheorie, der sich schwerpunktmäßig ab Mitte des 19. Jahrhunderts parallel zu den Bereichen der Baugeschichte und der Kunstgeschichte entwickelt hat, und als solche ordnet sie H.W. Kruft, der das Grundlagenwerk über die Geschichte der Architekturtheorie geschrieben hat (Kruft 1991), auch ein. Das heißt nicht, dass es nicht schon vorher zahlreiche schriftliche Äußerungen oder Bücher zur Architektur gegeben hätte (die dann später Gegenstand der Architekturtheorie wurden), so z. B. die erste und folgenreichste Schrift „Zehn Bücher über Architektur" (Vitruv 1991) des römischen Architekten Vitruv aus der Zeit um 25 vor Christus. Alle noch früher verfassten Schriften – und das waren nicht wenige, vor allem griechische, und Vitruv hat viele von ihnen benutzt – sind allerdings verloren gegangen.

Daher beherrschte Vitruv als einzig überlieferte Quelle des klassischen Altertums alle theoretischen Diskussionen bis hin zum Klassizismus, sodass der schon erwähnte Kruft konstatierte, „ohne Kenntnis Vitruvs sei die gesamte architektonische Diskussion der Neuzeit, zumindest bis ins 19. Jahrhundert, nicht verständlich"(Kruft 2004: 20). Daran konnte auch der Versuch Leon Battista Albertis in der Mitte des 15. Jahrhunderts, seine eigenen zehn Bücher über das Bauwesen, *De re aedificatoria*, an die Stelle Vitruvs zu setzen, nichts ändern.

Abb. 1–5: Vitruvianismus 16.–18. Jahrhundert, Säulenordnungen. Quelle: Kruft 1991, Abb. 57, 83, 170, 149/150

Vitruv hat sich aber nur für die großen repräsentativen Bauaufgaben interessiert, vorrangig für den Tempelbau, dessen formales Vokabular dann später Grundlage aller repräsentativen Baukunst wurde. Unter Architektur, die der theoretischen Erörterung als wert empfunden wurde, verstand man also bis ins 19. Jahrhundert hinein im wesentlichen Sakral-, Herrschafts- und Repräsentationsarchitektur, und die Diskussionen in der Architekturtheorie handelten hauptsächlich von der Ausgestaltung dieser Repräsentationskunst und ihrer Entfaltung durch den Wechsel der Stile hindurch.

Die Zäsur bildete hier tatsächlich die Französische Revolution und das Aufkommen des Bürgertums, das dann im Laufe des 19. Jahrhunderts mit der Industrialisierung und der Entwicklung des modernen Kapitalismus einherging. Jetzt wurden auch bürgerliche Bauaufgaben wichtig und in die Erörterung einbezogen wie Theater, Museen, Akademien, Verwaltungsbauten. Jean-Nicolas-Louis Durand (1760–1834) entwickelte an der École Polytechnique in Paris eine umfassende Gebäudetypologie – allerdings immer noch auf der Basis des klassischen Vokabulars.

Gegen Ende des 19. Jahrhunderts rückte dann mit der katastrophalen Entwicklung und Ausbreitung der Massenunterkünfte und Slums in den explodierenden Großstädten auch der Wohnungsbau allmählich ins Bewusstsein der Architekten. Architektonisch und städtebaulich entstanden die ersten Gegenbewegungen in Form der Gartenstädte von Ebenezar Howard oder auch des Reformsiedlungsbaus in Deutschland.

Quartiersentwicklung und Architekturtheorie

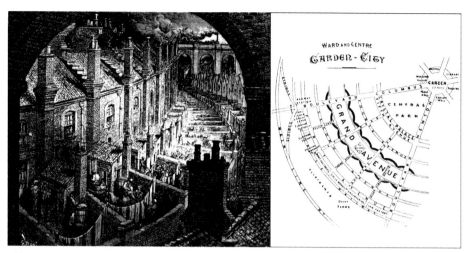

Abb. 6 + 7: Slums in London Ebenezar Howard, Garden City. Quelle: Benevolo, Die Geschichte der Stadt. Campus, Frankfurt, 8. Aufl. 2000, Abb. 1155, S. 792; Abb. 1484, S. 976

Eingang in den Kernbereich architekturtheoretischer Diskussionen fand das Thema Wohnungsbau aber erst in den 1920er Jahren. Es ist das große Verdienst der Väter der modernen Architektur, diesen radikalen Paradigmenwechsel – weg von der Herrschafts- und Repräsentationsarchitektur und hin zur Versorgung der Massen mit preiswertem Wohnraum – vollzogen zu haben, damals unter dem Stichwort „Wohnungen für das Existenzminimum".

Städtebaulich waren allerdings die Prämissen dieses funktionalistischen Wohnungsbaus in höchstem Maße problematisch. Alle Erblasten eines jegliche Urbanität negierenden Wohnsiedlungsbaus bis hin zu den industriell errichteten Großsiedlungen sind ja aus den architekturtheoretischen Überlegungen der 1920er Jahre mit ihren Wortführern Le Corbusier, Gropius, Hilberseimer und anderen entstanden: Funktionstrennung, Primat der Gebäude-Orientierung, Normierung, Standardisierung, Typisierung. Zwar gab es auch eine nachdenklichere Fraktion im Umfeld von Bruno Taut, Otto Salvisberg und anderen, die sich kritisch mit dieser unbarmherzig funktionsorientierten Architektur auseinandersetzte und in dieser Zeit sehr schöne und qualitativ hochwertige Siedlungen baute, aber die Theorie wurde weiterhin von Gropius, Le Corbusier und in der Folge dann durch die Charta von Athen geprägt.

Gegen deren funktionalistischen Großsiedlungsbau richtete sich in Deutschland auch die – allerdings eher aus völkischen Motiven gespeiste – Propagierung der Kleinsiedlungsgebiete und Nachbarschaften während der Zeit des Dritten Reichs, denen immerhin schon ähnliche Größenordnungen wie bei der heutigen Quartiersbetrachtung zu Grunde lagen. Und nach dem Zweiten Weltkrieg erlebte die Idee der

Nachbarschaften zunächst eine erstaunliche Fortsetzung in den Konzepten der „*Gegliederten und aufgelockerten Stadt*" (Göderitz/Rainer/Hoffmann 1957). Die nach diesen Prinzipien geplanten Nachbarschaften als kleinste Untereinheit neu geplanter Stadtstrukturen hatten ca. 5.000 Einwohner.

Gemeinsam aber war allen diesen städtebaulichen Überlegungen seit den 1920er Jahren die grundsätzliche Abkehr von einer in 3.500 Jahren historisch gewachsenen Stadtstruktur der öffentlichen Räume, Straßen und Plätze zugunsten einer an funktionalen Parametern orientierten Verteilung von Einzelgebäuden im Raum, verbunden durch für den Autoverkehr optimierte Erschließungssysteme. Und in dem Maße, wie diese Abkehr von den bis dahin geltenden Grundregeln des Städtebaus mit der fortschreitenden wirtschaftlichen Erholung an Boden gewann, fielen ihr immer mehr auch jene Bereiche der historischen Städte zum Opfer, die die Bomben des Zweiten Weltkriegs noch verschont hatten.

Abb. 8 + 9: Friedrichstraße Berlin, Ludwig Hilberseimer 1929 Märkisches Viertel Berlin. Quelle: Stadt der Architektur/Architektur der Stadt, Berlin 1900-2000. Katalog. Nicolaische Verlagsbuchhandlung Berlin 2000. Abb. 198, S. 165; Abb. 415, S. 306

Es hat dann bis in die 1970er Jahre hinein gedauert, bis die erbittert gegen diesen funktionalistischen Städtebau anschreibenden Theoretiker die Meinungsführerschaft zurückerobern und ein Umdenken einleiten konnten. Genannt seien hier vor allem Kevin Lynch (1960), Jane Jacobs (1963), Alexander Mitscherlich (1965) und Hans Paul Bahrdt (1968). Wie man an den Autoren sehen kann, waren es allerdings weniger die Architekturtheoretiker als vielmehr Soziologen, Psychologen und Städtebauer, die hier aktiv wurden.

Unter den Architekten sind vorrangig Aldo Rossi (1973) und Robert Venturi (1979) zu nennen, die wichtige theoretische Anstöße gaben, später aber unter den

Einfluss der Postmoderne gerieten. Denn die Architekturtheoretiker selbst wandten sich eher der Vergangenheit zu und fingen an, theoretische Debatten um die Revision der Moderne, um die Zweite oder Reflexive Moderne etc. zu führen und glitten später vollends in strukturalistische und post-strukturalistische Diskurse ab, die nur noch wenig mit konkreten architektonischen Fragestellungen zu tun hatten. Philosophen wie Virillio, Beaudrillard, Deleuse und Derrida bestimmten auf einmal die Themen und Dekonstruktion wurde zu einem der beliebtesten Leitbegriffe und dann auch Namensgeber für die architektonische Modeströmung der späten 1980er Jahre.

Seitdem ist ein gewisser Stillstand eingetreten. Es fehlen die großen „Erzählungen", und die meisten Architekturtheoretiker haben sich auf die Herausgabe von immer neuen Anthologien und Sammelbänden zurückgezogen oder sich auf fachliche Randbereiche spezialisiert, deren Relevanz nur noch für eine kleine Zahl „Eingeweihter" nachvollziehbar ist. Von einer Beschäftigung mit den wichtigen Themen, die sich im Rahmen der Gestaltung unserer baulichen Umwelt – oder besser, der Verhinderung ihrer weiteren Zerstörung – stellen, ist wenig zu spüren.

Ein Grund für den derzeit problematischen Stand der Architekturtheorie könnte darin liegen, dass sie nicht einmal mehr selbst in der Lage ist, den zentralen Gegenstand ihres Faches, die Architektur, zu definieren, also die Frage zu beantworten: Was ist Architektur?

Noch um 1900 war die Antwort eindeutig und hing unmittelbar mit der Vormachtstellung der alten Repräsentationsarchitektur zusammen: Architektur ist Baukunst! Aber schon 28 Jahre später, gegen Ende der Bauhaus-Ära 1928 unter dem Direktorat von Hannes Meyer wurde die Losung ausgegeben: *„Architektur ‚als Affektleistung des Künstlers' ist ohne Daseinsberechtigung. Bauen ist nur Organisation: soziale, technische, ökonomische, psychische Organisation."* (Meyer 2001: 110 ff.)

Zwischen diesen beiden Polen, dem technisch-rationalen Verständnis von Architektur, das sich nach dem Zweiten Weltkrieg mit der Industrialisierung des Bauwesens weltweit sehr schnell durchsetzte, und der überkommenen Definition als Baukunst, die merkwürdigerweise immer noch die Lexika beherrscht, laufen seitdem verschiedenste Definitionen und Auffassungen unverbunden nebeneinander her.

Manfred Germann zog daher in seiner *„Einführung in die Geschichte der Architekturtheorie"* die Konsequenz und schrieb: *„Die wechselnde Abgrenzung dessen, was Architektur sei, bildet einen Hauptgegenstand der Architekturtheorie. Eine Begriffsbestimmung muss deshalb ausbleiben."* (Germann 1993: 3) So erzeugt die grundlegende Unklarheit über das Wesen der Architektur (zumindest der modernen) ein tiefgreifendes Kommunikationsproblem und Missverständnisse sind an der Tagesordnung. Anderseits hat die Vieldeutigkeit natürlich auch einen Vorteil: es lässt sich dann sehr leichtfüßig oder tiefsinnig oder gelehrt über Architektur plaudern, ohne sich näher festlegen zu müssen, ob man gerade über Kunst, Ästhetik, Technik, Funktion, über Gebäude allgemein oder Baukunst im Besonderen redet.

2. Gestaltung menschlicher Lebenspraxis

Angesichts dieser Situation scheint es legitim, eine Definition von Architektur in Erinnerung zu rufen, die in den 1970er Jahren eine wichtige Rolle spielte, als die gesellschaftliche Funktion von Architektur noch wesentlich lebhafter diskutiert wurde als heute, nämlich Architektur als *„Gestaltung von Orten menschlicher Lebenspraxis"*, wie es Alfred Lorenzer in seinem Aufsatz *„Architektonische Symbole und subjektive Struktur"* formulierte (Lorenzer 1977: 144). In dieser Definition sind nicht nur viele der divergierenden Architektur-Auffassungen zu einer schlüssigen Gesamtaussage zusammengefasst, sondern von dieser Warte aus lässt sich unter Umständen auch eine Brücke zu den ganz konkreten Aspekten der Quartiersplanung schlagen. Daher sollen die einzelnen Facetten, die in dieser Architekturdefinition enthalten sind, im Einzelnen etwas genauer betrachtet werden.

2.1 Gestaltung

Lorenzer spricht in seiner Definition nicht von der „Herstellung" von Orten menschlicher Lebenspraxis, sondern von der „Gestaltung". Damit grenzt er sich eindeutig von einer rein soziologischen Betrachtungsweise von Architektur ab und verweist auf das ästhetische Element, das schon immer die Masse des Gebauten von der Architektur unterschieden hat.

Denn nicht alles, was gebaut wird, ist Architektur. Im Gegenteil: 90–95 Prozent all dessen, was heute gebaut wird, ist *keine* Architektur: die monotonen Fertighaussiedlungen auf der grünen Wiese, die industriellen Streubereiche an den Stadträndern und Ausfallstraßen mit ihren Tankstellen, Möbelmärkten, Werkhallen, Lagerschuppen; die profitorientierten Investorenprojekte, Hotel- und Bürokomplexe, Entertainmentcenter, Einkaufsmärkte – wo man auch hinschaut ist das Kennzeichen der modernen Bautätigkeit – von den repräsentativen Vorzeigeobjekte einmal abgesehen – eher Banalität und Gestaltungsarmut.

Das war nicht immer so. Handwerkliche Qualität und ein Mindestmaß an Gestaltung waren bis zum Zweiten Weltkrieg unabdingbarer Bestandteil des Bauens. Erst mit der Reduktion auf die reine Funktion als Architekturprinzip ist hier die Grenze nach unten durchbrochen worden. Als Lorenzer daher in einer Zeit, in der gerade die riesigen Satellitenstädte in industrieller Großtafelbauweise für z. B. 30.000 bis 100.000 Einwohner Hochkonjunktur hatten, seine Definition von Architektur formulierte, enthielt der Anspruch auf Gestaltung bereits jenes kritische, gegen die herrschende Tendenz der Funktionalisierung gerichtete Element, das auch heute diesen eigentlich selbstverständlichen Bestandteil jeder Architekturdefinition zu einer fast schon utopischen Forderung macht.

2.2 Orte und Räume

Wenn Lorenzer von Orten spricht, sind damit immer *Räume* gemeint, in denen man sich aufhalten kann. Architektur ist in diesem Sinne immer Gestaltung von Raum, nicht von Baukörpern, denn die Menschen leben nicht in den Wänden, sondern entweder davor oder dahinter. Insofern hat der Architekt, wenn er Orte für menschliche Lebenspraxis schaffen will *„die doppelte Aufgabe, Innenräume zu umhüllen und Außenräume zu definieren"* (Franck 2010: 13). Und die Schwierigkeit besteht immer darin, diese doppelte Aufgabe mit dem gleichen Gebäude zu lösen.

Trotzdem ist die Architektur dieser Aufgabe während der längsten Zeit ihrer Geschichte in hohem Maße gerecht geworden und wir verdanken dieser Tatsache nicht nur herrliche Innenräume, sondern auch die teilweise überbordende Pracht der historischen Plätze und Straßenzüge, in denen der öffentliche Raum als Ausdruck des politischen, ökonomischen, gesellschaftlichen und kulturellen Lebens sozusagen zelebriert wurde.

Die Avantgarde der 1920er Jahre, die noch in solchen Städten mit funktionierendem öffentlichen Raum lebte, sah allerdings nur deren Nachteile – die es natürlich mit den völlig überbauten Innenbereichen der Grundstücke auch gab – und plante die neuen Städte daher als riesige Agglomerationen freistehender Objekte. Der Raum selbst wurde als eigenständige Qualität ausgeschieden und auf die dienende Funktion der Bereitstellung von Verkehrsflächen, Abstandsflächen und Grünflächen reduziert – seine räumliche Dimension insgesamt wurde zugunsten der Fläche eliminiert.

Umso stärker wurden im Gegenzug die einzelnen Gebäude als Objekte stilisiert. Jedes Gebäude – und war seine Funktion auch noch so banal – musste jetzt ein singuläres Kunstobjekt werden, das jede Beziehung zu seiner Umgebung verweigerte oder einfach negierte. Architektur als Objektkunst hat sich seitdem so tief in das Bewusstsein der Zunft eingegraben, dass die Zeitschriften heute kaum noch etwas anderes ablichten als Einzelobjekte, bei denen sorgfältig darauf geachtet wird, dass deren Reinheit nicht durch eine belanglose oder unattraktive Umgebung gestört wird oder dass umgekehrt nicht die Zerstörung sichtbar wird, die ein solches Objekt ohne maßstäbliche Einbindung in eine ehemals intakte Umgebung anrichten kann. Auch das Bestehen auf einer Architektur als Gestaltung öffentlicher und privater Räume kommt damit schon fast einer revolutionären Forderung gleich.

2.3 Ganzheitliche Wahrnehmung

Solange Architekturtheorie auf der Ebene der Kunsttheorie verbleibt, also Häuser betrachtet wie Kunstwerke, und Gebäude auf die gleiche Stufe stellt wie ästhetische Objekte in einem Ausstellungskatalog, wird sie dem spezifischen Charakter der Architektur nicht gerecht werden. Denn es wird nicht gebaut, um Kunst zu erzeugen, sondern im Mittelpunkt der Architektur steht nach wie vor der Mensch mit seinem elementaren Bedürfnis nach geschützten Räumen, aber auch mit seiner alle Sinne umfassenden Wahrnehmung, die über die kontemplative Betrachtung von Kunstobjekten weit hinaus geht.

Gebäude und Räume werden *erlebt*: die beißende Kälte einer Kathedrale im Winter, aber auch die schattige Kühle im Hochsommer; die durch die dicken Mauern gedämpften Geräusche der Außenwelt, aber auch das blendende Sonnenlicht, das die farbigen Glasfenster erstrahlen lässt; die raue Oberfläche eines Ziegelsteins oder die glänzend-geäderte Rundung einer Marmorsäule; der altersgraue Geruch eines Holzaltars oder der weihrauchvermischte Duft der Kerzen.

Gleiches gilt natürlich auch für die Außenräume, für die Empfindsamkeit der Menschen in Bezug auf Maßstab, Gliederung und Vielfalt der umgebenden Gebäudestruktur; für harmonische Maße und Proportionen; für kleinteilige und zusammenstimmende Materialien; für die Differenzierung von Sonnen- und Schattenflächen, Farben und Helligkeiten, für die Vielfalt von Grüntönen in der Umgebung. Unter dem Gesichtspunkt einer ganzheitlichen Wahrnehmung steht man daher immer noch fassungslos vor der alle Sinne negierenden Brutalität, Sterilität und Informationsarmut wesentlicher Teile der Nachkriegsarchitektur.

Aber auch ganz aktuell nehmen menschlicher Maßstab und menschliche Bedürfnisse weder in der Architekturtheorie noch in der gebauten Praxis einen besonders hohen Stellenwert ein. Die neuesten Stilentwicklungen und die inzwischen fast unbegrenzten Möglichkeiten digital erzeugter Raum- und Formkonzepte sind da allemal interessanter und absorbieren fast die gesamte Aufmerksamkeit der Theoretiker und der Architektenschaft.

2.4 Aneignung und Praxis

Am deutlichsten wird die Richtung, in die sich die Einstellung zur Architektur entwickelt hat, wenn man die Vorliebe der modernen Architekten bedenkt, ihre fertigen Gebäude und Innenräume ohne Menschen fotografieren zu lassen. Eigentlich gebaut, um benutzt, bewohnt und belebt zu werden, zeigen die Bilder in der Regel ein unberührtes und von Gebrauchsspuren gereinigtes Interieur, in dem Menschen eher stören und Unordnung das sorgfältig arrangierte Bild „reiner" Architektur sogar zerstört.

…
Quartiersentwicklung und Architekturtheorie

Es rächt sich hier die Herkunft der ästhetischen Vorbilder der Moderne aus der abstrakten Malerei von Purismus bis „de Stijl", deren reduziertes Vokabular die Architekten der 1920er Jahre dann auf die Architektur zu übertragen versuchten. Das mochte für einige Ikonen funktionieren – auch wenn selbst diese meist nicht bewohnbar waren, sondern reine Ausstellungsobjekte –, aber mit der realen Lebenspraxis der Menschen hatte diese puristische Architektur nichts zu tun. Interessant ist, dass die ästhetischen Konzepte der alten Architektur da wesentlich robuster waren und kein menschliches Gewimmel in der Lage war, die Qualität oder gar Majestät eines solchen Gebäudes zu vermindern.

Für die Menschen selbst gibt es in Bezug auf das Wohnen kaum einen höheren Wert, als sich ein Gebäude oder eine Wohnung *aneignen* zu können, ihm den eigenen Stempel aufprägen und dort auch Spuren hinterlassen zu können. Begriffe wie „Identifikation" und „Zuhause" sind unmittelbar an diese Möglichkeit geknüpft. Das gilt auch für den Außenraum, sei es ein kleiner privater Garten, ein gemeinschaftlicher Hofbereich, eine Nachbarschaft oder gar ein ganzes Quartier. Reine Unterbringung, und sei sie noch so komfortabel und auch ästhetisch gelungen, kann diese Art der Aneignung durch eigene Praxis nicht ersetzen.

2.5 Lebensräume

Gebäude sind ein *besonderer Planungsgegenstand*. Sie sind keine einfachen Objekte wie Stühle, Handys, Waschmaschinen – damit beschäftigen sich die Designer. Sie sind aber auch keine nur für die äußere Betrachtung konzipierten Kunstgegenstände – damit beschäftigen sich die Kunsthistoriker. Gebäude sind schützende, gestaltete, ganzheitlich wahrgenommene Hüllen für die Vielfalt menschlicher Lebensvollzüge – Architektur ist tatsächlich die Gestaltung von Orten menschlicher Lebenspraxis.

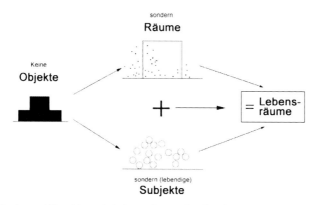

Abb. 10: Gebäude und Quartiere als Lebensräume. Quelle: Autor

Erstaunlicherweise ist die ältere Architektur bis zum Beginn des 20. Jahrhunderts diesem Anspruch meist gerecht geworden, ohne dabei Einbußen an ästhetischem Reiz oder Gestaltqualität hinnehmen zu müssen. Sie hat es mühelos verstanden, die beiden Ebenen „Gebrauch" und „Gestaltung" miteinander zu vereinen.

Das ist der modernen Architektur sehr viel weniger oder nur sehr begrenzt gelungen. Oft erzwang entweder die puristische Ästhetik oder die technisch-rationale Logik Lösungen, die wechselseitig entweder für die Nutzer oder die Betrachter eine Zumutung waren – oft auch für beide zusammen. Es hat der modernen Architektur nicht gut getan, sich so weit von den selbstverständlichen Grundlagen des Bauens und des Lebens entfernt zu haben und es ist kein Ruhmesblatt der Architekturtheorie, hier nicht energisch und konsequent gegengesteuert zu haben.

Architekturtheorie, wenn sie nicht in Selbstbespiegelung verharren oder sich mit der Rolle des Stichwortlieferanten für neue Modetrends zufrieden geben will, muss einen *Perspektivwechsel* vollziehen. Sie muss sich von der Betrachtungsweise der Kunsttheorie emanzipieren und der besonderen Komplexität ihres Gegenstandes, nämlich nicht nur ästhetisches Ereignis, sondern gleichzeitig Erlebnisraum zu sein, Rechnung tragen.

Andererseits läge sie dann auf einmal sehr nahe an der Quartiersforschung. Zumindest, wenn auch diese sich nicht auf soziologische, ökonomische, (infra)strukturelle oder demographische Parameter beschränkt, sondern gleichermaßen den Lebensraum als Ganzes ins Visier nimmt. Nachbarschaft und Quartier sind dann nur die nächste, über das einzelne Gebäude und die unmittelbare Umgebung hinaus gehende Maßstabsebene der Betrachtung, die für die Aufenthaltsqualität der Menschen den gleichen Stellenwert besitzt wie die Wohnung selbst.

3. Quartiere als Lebens- und Erlebnisräume

Es gibt für eine solche ganzheitliche Betrachtungsweise – sei es im Rahmen der Architekturtheorie, sei es im Rahmen von Quartiersplanung und sozialwissenschaftlicher Quartiersforschung – eher wenige Beispiele.

Für die Quartiers- oder Stadtplanung wäre hier als Wegbereiter Kevin Lynch zu nennen. Wie in seinem zentralen Werk vom „Bild der Stadt" (Lynch 1960) deutlich wurde, standen dort nicht technische und strukturelle Einzelheiten wie Dichte, Leistungsfähigkeit der Erschließungssysteme, Bevölkerungsentwicklung oder Ähnliches im Vordergrund, sondern der Mensch und sein Blick auf die Stadt, sein *Erleben* der Stadt: Wie werden die unterschiedlichen städtebaulichen Situationen wahrgenommen, wie wirken sie auf den Betrachter?

Nur unter diesem Blickwinkel erklären sich Lynchs berühmte Begrifflichkeiten wie Ablesbarkeit, Orientierung, Struktur, Ordnung und Elemente des Stadtbildes wie Wege, Merkzeichen, Grenzlinien, Brennpunkte, Bereiche. Lynch schreibt:

„Wir brauchen ohne Zweifel eine Umwelt, die nicht nur gut geordnet, sondern auch mit Poesie und Symbolgehalten gefüllt ist. Sie sollte etwas aussagen über die Menschen und ihre vielschichtige Gesellschaft, über ihre Ziele, ihre Tradition, über die natürlichen Grundlagen des Ortes sowie über die komplizierten Funktionen und Bewegungen in dieser städtischen Welt." (Lynch 1960: 141)

Leider hat sich die Stadtplanung in den auf Lynchs Publikation folgenden Jahrzehnten diese aus seinen umfangreichen Forschungen in Stadtquartieren resultierende Auffassung kaum zu Eigen gemacht. Erst in den 1980er Jahren setzte, zumindest in Europa, ein Umdenkungsprozess ein und es kam zu einer Renaissance des Leitbildes der europäischen Stadt. In dieser Zeit beschäftigte sich auch ein junger Wiener Architekt und Architekturtheoretiker mit dieser Art des Perspektivwechsels, bezogen aber auf das einzelne Gebäude und seine unmittelbare Umgebung: Christopher Alexander mit seiner „Muster-Sprache" (Alexander 1995).

Auch Alexander ging unmittelbar vom menschlichen Empfinden und Erleben bestimmter „Umwelt"- Situationen aus: in der Wohnung, vor dem Haus, in der Straße, im Quartier. Und auch sein Ausgangspunkt war nicht die Funktion, sondern immer die verallgemeinerbare, sozusagen – und das ist seine These – auf anthropologischen Konstanten beruhende Wahrnehmung komplexer räumlicher Situationen.

Er kommt dann von der Betrachtung solcher räumlichen Situationen z. B. zu Forderungen wie „max. 9 % Parkplätze im Stadtraum" (ebd.: 127), die zunächst völlig aus der Luft gegriffen und kaum durchführbar erscheinen. Denn in der Regel gibt es verpflichtende Stellplatz-Verordnungen, die sich auf eine bestimmte Anzahl von Wohnungen beziehen und auf deren Basis dann entsprechende Stellplatznachweise geführt werden.

Und trotzdem ist das, was Alexander sagt, von der Wahrnehmung her gut nachvollziehbar und er formuliert seine These auch nicht dogmatisch: „Unsere Beobachtungen sind nur ein Ansatz, sie stützen sich auf subjektive Einschätzungen von Fällen mit ‚zu vielen Autos' und von Fällen, wo ‚Autos kein Problem' sind. Diese Beobachtungen zeigen aber, dass verschiedene Leute in diesen Einschätzungen in bemerkenswertem Maße übereinstimmen. Deshalb vermuten wir, dass wir es hier mit einem zwar unklaren, aber sehr wichtigen Phänomen zu tun haben." (ebd.: 128)

In der Tat sind Menschen ja keineswegs prinzipiell gegen Autos in ihrer Umgebung – weder auf dem eigenen Grundstück noch im öffentlichen Raum –, solange eben ihre Anzahl so gering ist, dass sie diese Umgebung nicht dominieren. Erst ab einer bestimmten Grenze – mag sie nun bei 8, 9 oder 11 Prozent liegen – schlägt die problemlose Anwesenheit von Kraftfahrzeugen auf einmal um in Okkupation und verwandelt ein Stück positiv erlebte Umwelt in einen negativ besetzten, unwirtlichen Bereich.

Abb. 11: Kapitolsplatz, Rom   Abb. 12: Parkplatz in Warschau
Quelle: Die Waage, Zeitschrift, Nr. 1/1997, Aachen, S. 12 und 32/33

Wenn man Alexanders Zusammenstellung von „Pattern" durchblättert – tatsächlich sind es 256 Stück – ist es schon verblüffend, wie diese Art des Denkens, dieser Perspektivwechsel von der Funktion zur Wahrnehmung hin, immer wieder zu erstaunlichen Schlussfolgerungen führt. Da gibt es z. B. das Pattern „Der Platz am Pfeiler". Alexander schreibt dazu:

> „Früher stimmten die konstruktiven Überlegungen zu Pfeilern in ihren Auswirkungen mit sozialen Überlegungen überein. Die (aus Stein oder Ziegeln hergestellten) Pfeiler waren immer breit und dick..... Mit Stahl und Stahlbeton kann man jedoch sehr schlanke Stützen bauen; so schlank, dass sie ihre sozialen Eigenschaften völlig verlieren. Der Pfeiler kann keinen hinreichend eigenständigen Ort mehr bilden." (ebd.: 1149 f.)

Er stört nur noch. Bei vielen Bauvorhaben ist der Architekt heute mit ähnlichen Phänomenen konfrontiert (siehe auch Abb.14). Statisch würden für das Tragen der Terrasse über der zweigeschossigen Loggia Stahlstützen in den Abmessungen des darüberliegenden Rankgitters ausreichen. Aber die fehlende materielle Prägnanz solcher dünnen Stützen hätte zu einem gravierenden Verlust an Gestalt- und Aufenthaltsqualität geführt. So sind die Säulen tatsächlich dreimal so dick wie statisch notwendig, nur weil sie es „vom Gefühl her" sein müssen.

Quartiersentwicklung und Architekturtheorie 223

Abb. 13: „Der Platz am Pfeiler"
Quelle: Alexander 1995,
Pattern 226, S. 1149

Abb: 14: Wohn- und Geschäftshaus
Berlin-Wedding 1990
Quelle: Autor

Ein anderes Beispiel: Bei einem Wohnzimmer in einem Einfamilienhaus, das im Kontrast zu einem von Licht durchfluteten Wintergarten vielleicht eher als gemütlicher Rückzugsbereich mit Kamin gedacht ist, werden in der Regel die Fensterbrüstungen 80–90 cm über Terrain liegen. Aber auch in diesem Fall wäre es sinnvoll, vor der Ausführung noch einmal das Pattern 222 „Niedrige Fensterbrüstung" (ebd.: 1133) oder das Pattern 128 „Sonnenlicht im Inneren" (ebd.: 663) zu Rate zu ziehen. Alexander schreibt zu diesem Thema:

„Eine der wichtigsten Funktionen eines Fensters ist, einen mit der Außenwelt in Berührung zu bringen. Wenn die Brüstung zu hoch ist, schneidet sie einen ab. Die richtige Höhe einer Fensterbrüstung im Erdgeschoss ist erstaunlich gering. Unsere Versuche zeigen, dass Brüstungen, die 33–36 cm über dem Boden liegen, genau richtig sind." (ebd.: 1134)

Abb. 15 + 16: Pattern 222 „Niedrige Fensterbrüstung" und Pattern 128 „Sonnenlicht im Inneren" Quelle: Alexander 1995, S. 1133 und S. 663

Man könnte derartige Beispiele von ganzheitlicher Wahrnehmung innen- und außenräumlicher Situationen, wie sie bei Christopher Alexander aufgeführt sind, beliebig fortsetzen, z. B. mit: „Kleine Plätze" (ebd.: 332), „Sitzmauern und Aktivitätsnischen" (ebd.: 1213), „Fußgängerdichte" (ebd.: 646), „Sitzstufen" (ebd.: 642), „Ruhige Hinterseiten" (ebd.: 650), „Zone vor dem Eingang" (ebd.: 321), „Plätze zum Sitzen" (ebd.: 591).

Abb. 17: Pattern zu unterschiedlichen Situationen im Quartier Quelle: Alexander 1995, S. 650, 642, 321, 1213, 332, 591, 1206, 646

Aber es geht bei diesem Thema natürlich nicht um Christopher Alexander. Er steht hier nur als Beispiel für die andere Art des Denkens, des Herangehens an die Probleme, für den Perspektivwechsel, der für einen neuen Ansatz in der Architekturtheorie notwendig wäre.

Er steht für die notwendige Einsicht, dass ein Eingang mehr ist als ein Loch in der Wand, eine Schwelle mehr ist als eine Stolperstelle, die man im Rahmen des barrierefreien Bauens tunlichst zu vermeiden hat. Er steht stellvertretend für die Forderung, dass jedes Phänomen in seiner Vielschichtigkeit aus funktionalen, emotionalen, ästhetischen und wahrnehmungspsychologischen Schichten erkannt, erfasst und berücksichtigt werden muss, dass man über die wichtigen fachspezifischen Dimensionen hinaus auch die Dimension der *ganzheitlichen Wahrnehmung* in den Blick nehmen muss, um eine adäquate Lebens- und Erlebnisumwelt zu erschaffen, um adäquat auf den besonderen Planungsgegenstand der Architektinnen und Architekten, nämlich die *Schaffung von Lebens- und Erlebnisräumen*, angemessen zu reagieren.

Spätestens an diesem Punkt aber löst sich dann der scheinbare Widerspruch oder der immer wieder sorgsam gepflegte Streit zwischen Planern und Architekten, zwischen Gebäude- und Quartiersplanung auf oder reduziert sich auf eine bloße Maßstabsfrage – hier das Haus, dort das Quartier und die Stadt – weil beide in Wirklichkeit das gleiche Ziel verfolgen: die Schaffung einer den Bewohnerinnen und Bewohnern angemessenen, vitalen, alle Sinne ansprechenden Lebens-Umwelt.

Literatur

- Alexander, Christopher (1995): Eine Muster-Sprache, Löcker Verlag. Titel der Originalausgabe: A Pattern Language. Wien.
- Bahrdt, Hans Paul (1968): Humaner Städtebau. Hamburg.
- Franck, Georg (2010): Urban Commons, Ein Vorschlag zur Neuordnung des Städtebaus. Unveröffentlichter Aufsatz.
- Germann, Georg (1993): Einführung in die Geschichte der Architekturtheorie, 3. Auflage. Darmstadt.
- Göderitz, Johannes/Rainer, Roland/Hoffmann, Hubert (1957): Die gegliederte und aufgelockerte Stadt. Tübingen.
- Jacobs, Jane (1963): Tod und Leben großer amerikanischer Städte. Bauwelt-Fundamente Nr. 4. Berlin.
- Kruft, Hanno-Walter (1991): Geschichte der Architekturtheorie, 3. Auflage. München.
- Lorenzer, Alfred (1977): Architektonische Symbole und subjektive Struktur. In: Das Prinzip Reihung in der Architektur. Dortmund.

- Lynch, Kevin (1960): Das Bild der Stadt, 2. Auflage. Bauwelt-Fundamente Nr. 16. Basel 2001/Cambridge, Massachusetts.
- Meyer, Hannes (2001): Bauen. In: Conrads, U.: Programme und Manifeste zur Architektur des 20. Jahrhunderts. Basel.
- Mitscherlich, Alexander (1965): Die Unwirtlichkeit unserer Städte. Frankfurt a. M.
- Rossi, Aldo (1973): Die Architektur der Stadt. Skizzen zu einer grundlegenden Theorie des Urbanen. Bauwelt-Fundamente Nr. 41. Düsseldorf.
- Venturi, Robert (1979): Lernen von Las Vegas. Bauwelt-Fundamente Nr. 53. Braunschweig.
- Vitruv (1991): Zehn Bücher über Architektur. Übersetzt von Curt Fensterbusch. 5. Auflage. Darmstadt.

Carmella Pfaffenbach/Ralf Zimmer-Hegmann

Quartiere in der Stadt im Spannungsfeld von sozialen Interessen, wissenschaftlichen Ansprüchen und planungspolitischer Praxis

Um die Quintessenz aus dem gemeinsam durchgeführten Symposium und den Arbeiten an dieser Beitragssammlung zum Thema Quartiersforschung zu ziehen, erscheint es sinnvoll, sich nochmals das Ziel der gemeinsamen Vorhaben vor Augen zu führen. Dieses bestand darin, die Vielfältigkeit der Quartiersbegriffe und die damit einhergehenden verschiedenen Auseinandersetzungen mit dem Quartier als Forschungsgegenstand zu dokumentieren. Der vorliegende Band kann tatsächlich als Beleg gesehen werden, dass viele Vertreterinnen und Vertreter unterschiedlicher Disziplinen sich von der Thematik angesprochen fühlen, sich in ihrer Forschung auf Quartiere beziehen, mit dem Quartiersbegriff auseinandersetzen oder sich gar mit „der" Quartiersforschung identifizieren. Und er ist auch Beleg dafür, dass universale, aber dennoch hinreichend differenzierte und zufriedenstellende Antworten auf die vier Leitfragen, die den Autorinnen und Autoren mit auf den Weg gegeben wurden (Was ist das Quartier? Inwieweit ist das Quartier Gegenstand der Forschung? Welche methodischen Zugänge werden gewählt? Welche Berührungspunkte bestehen zu anderen Disziplinen?), aufgrund der unterschiedlichen disziplinären Zugänge nur teilweise möglich sind: Die ersten drei Fragen werden je nach Disziplin unterschiedlich beantwortet und spiegeln damit die jeweiligen Erkenntnisinteressen, Paradigmen und methodischen Zugänge wider. Zu der Frage nach den Schnittstellen zwischen den Disziplinen liefert der vorliegende Sammelband allerdings eine weiterführende Zusammenschau. Wie sich zeigt, ist vor der Formulierung eines gemeinsamen analytischen Verständnisses bzw. gar Konzeptes für die Betrachtung von Quartieren wichtig, Interesse für den interdisziplinären Austausch für den Untersuchungsgegenstand zu wecken und hierfür eine Kommunikationsbasis zu ermöglichen. Als solche kann der Band zweifelsfrei identifiziert werden. Für ein weiterführendes interdisziplinäres Verstehen in Bezug auf das „Quartier" können die nachfolgenden Aspekte als ein vorläufiges Resümee angeführt werden.

- **Das Quartier als „Treffpunkt" interdisziplinärer Forschung**

Das Quartier als Ort ist für jegliche interdisziplinäre Forschung von fundamentaler Bedeutung, weil sich dort die Interessen verschiedener Disziplinen und Perspektiven treffen können. Insbesondere für disziplinär sehr heterogene Forschungsverbünde sind konkrete Orte, auf die sich das Interesse aller fokussiert, unverzichtbar, weil sich oft nur dort die Perspektiven überschneiden und das Zusammenspiel der konkreten fachlichen Interessen nur an dem gemeinsamen Ort der Forschung Synergien erzeugen kann. Unter Umständen entsteht auch erst in der gleichzeitigen Beschäftigung mit Strukturen und Prozessen in demselben Quartier ein Interesse an anderen disziplinären Auseinandersetzungen und ihren Erkenntnispotentialen und führt zu einer Erweiterung des eigenen Blickwinkels. Dabei ist zu berücksichtigen, dass das Quartier zunächst lediglich ein Treffpunkt ist, das Interesse am gegenseitigen Austausch jedoch in erster Linie von einer ähnlich gelagerten Problem- oder Fragestellung abhängig ist (z.B. Implikationen des demographischen Wandels für Architektur, Stadtplanung, Soziologie, Ökonomie etc.).

Die interdisziplinäre Zusammenarbeit der quartiersaffinen Disziplinen wurde durch das wiederentdeckte Interesse am Raum („spatial turn") auf den ersten Blick erleichtert. Während sich aber viele Disziplinen dem „Raum" zugewandt haben und ihren disziplinären Gegenstand damit vermeintlich stärker verräumlicht betrachten, hat sich die „Raumwissenschaft" Geographie von Räumen in ihrer Materialität als Forschungsgegenstand eher abgewandt. Die Auffassung von Räumen als gesellschaftliche Konstruktionsleistungen bewirkte dabei, dass das Physisch-Materielle stärker in den Hintergrund trat. In den Vordergrund rückten stattdessen gesellschaftliche Prozesse, die Räume und räumliche Strukturen hervorbringen und verändern. Damit entwickelte sich die „Raumwissenschaft" Geographie stärker zu einer raumbezogenen Gesellschaftswissenschaft. Die interdisziplinäre Verständigung über konkrete Räume zwischen Geographen, Architekten, Ökonomen und Soziologen wurde dadurch nicht unbedingt erleichtert. Gerade wegen dieser Konvergenzen und Divergenzen von Forschungsinteressen an und im Raum birgt die interdisziplinäre Zusammenarbeit Chancen, aber auch Potentiale für Missverständnisse.

- **Quartiersforschung ist Stadtforschung**

Dennoch ist der Maßstab des Ortes, mit dem sich die verschiedenen Disziplinen beschäftigten, die allesamt Interesse an Quartieren bekundeten, sehr unterschiedlich. Während manche auf Gebäude als Orte fokussieren, nehmen andere größere räumliche Kontexte wie z.B. die Stadt in den Blick. Das Quartier als Ort ist manchen damit eher zu groß geraten und anderen eher zu begrenzt. Auch die Perspektiven sind nicht mühelos vereinbar: ein Ort kann sowohl Investitionsobjekt, Projektstandort, aber auch Alltagsraum und Spiegel gesellschaftlicher Prozesse sein. Dies führt zu einer dritten Hürde, denn aufgrund unterschiedlicher Maßstäbe und thematischer Zugänge sind auch Versuche einer einheitlichen räumlichen Begrenzung vom Quartier als Untersuchungsgegenstand nahezu unmöglich.

Quartiersforschung bleibt letztlich immer auch Stadtforschung, denn das Quartier ist ohne die gesamte Stadt nicht denkbar. Quartiersforschung und Stadtforschung teilen dieselben Interessen, Fragestellungen, theoretischen Bezüge und methodischen Herangehensweisen. Mit jedem Einlassen auf eine Erweiterung des Blickwinkels geht einher, dass das Quartier gewissermaßen in der Stadt aufgeht, d.h. seine Grenzen verwischen. Strukturen und Prozesse im Quartier werden durch gesamtstädtische und gesellschaftliche Strukturen und Prozesse beeinflusst. Zugleich wirken die Quartiersrealitäten stets auch strukturierend für die gesamte Stadt.

Aus der Perspektive einer interdisziplinären gesellschaftswissenschaftlichen Stadtforschung ist die konkrete Definition des Quartiers von eher nachgeordneter Relevanz. Wie die Beiträge zeigen ist es zum Teil selbst innerdisziplinär kaum möglich, sich auf eine universale Definition dieses Raumausschnittes festzulegen. Dies ist weniger problematisch, als es sich zunächst liest, da vielmehr entscheidend ist, ein Thema aus unterschiedlichen Perspektiven zu analysieren. Eine Vielfalt der Blickwinkel kann vor diesem Hintergrund die Realität des Alltagslebens besser abbilden als eine Disziplin alleine dies könnte.

- **Quartiere als methodischer Zugang zu einer raumbezogenen Prozessforschung**

Quartierforschung kann auch als methodischer Zugang einer sozialwissenschaftlichen Stadtforschung verstanden werden. Wird das Quartier als Untersuchungsraum und Forschungskontext ausgewählt, geschieht dies mit dem Ziel, die Komplexität gesellschaftlicher und städtischer Strukturen greifbarer zu machen und damit Zusammenhänge deutlicher hervortreten zu lassen. Dennoch rückt damit nicht das Quartier ins Zentrum des Forschungsinteresses, sondern es werden weiterhin raumbezogene Prozesse und Probleme als forschungsrelevant angesehen. Das Quartier als konkreter Raumausschnitt wird vor diesem Hintergrund jedoch nicht irrelevant, da dort alltägliche Lebenswelten unmittelbar in Berührung kommen mit gesellschaftlichen Phänomenen und die je spezifischen Konstellationen dadurch aufgedeckt werden können. Quartiersforschung kann vor diesem Hintergrund als „methodische Lupe" bezeichnet werden, die durch ein genaueres Hinsehen sichtbare und verborgene Zusammenhänge und Strukturen sowie deren Bedeutungen und Konsequenzen zu erkennen und zu verstehen hilft.

- **Quartiersforschung zur Unterstützung politisch-planerischer Praxis**

Stadtquartiere werden aber in diesem Buch nicht nur als ein wissenschaftliches Phänomen betrachtet. Es wird vielmehr eine dreigliedrige Struktur von für Stadtquartiere relevanten Ebenen vorgeschlagen, auch um die Ausrichtung der einzelnen Beiträge zu verdeutlichen: Quartiere als Untersuchungsgegenstand der Wissenschaft, Quartiere als Handlungsebene ihrer Bewohnerinnen und Bewohner und Quartiere als Gegenstand der Aktivitäten von Institutionen und Organisationen. Eine gesellschaftsorientierte und kritisch-engagierte Stadt- und Quartiersforschung bezieht sich neben eher akademischen Fragestellungen vor allem auch auf außerwissenschaftliche Problemstellungen und setzt es sich zum Ziel, mit ihren Erkenntnissen praktische Lösungsvorschläge anzubieten und damit die politisch-planerische Praxis zu unterstützen.

- **Quartiere als Herausforderung für Politik und Planung**

Das Quartier als städtischer Nahraum entspricht offenbar dem Bedürfnis vieler Menschen nach Übersichtlichkeit, Vertrautheit und sozialer Nähe in einer ansonsten eher unübersichtlichen und komplexer werdenden Welt. Gleich ob dieser Wunsch nach „Heimat in der (Groß-)Stadt" nun eher nostalgisch überhöht denn wirklich als „heile Welt" in einer „feindlichen Umwelt" realisierbar scheint, so ist er bei Politik und Planung zu berücksichtigen. Dies bedeutet für viele Städte auch einen Paradigmenwechsel, denn viele haben sich in den vergangenen Jahren – auch unter dem Zwang der Standortkonkurrenz – auf die Aufwertung und Gestaltung ihrer Innenstädte konzentriert. Dabei sind die „normalen" Quartiere und Nebenzentren außerhalb dieser Innenstadtaufwertungen angesichts der immer enger werdenden kommunalen Finanzspielräume vielfach zu kurz gekommen. Erhebliche Verluste von Lebensqualität breiter Bevölkerungsgruppen, die Vernachlässigung von öffentlichen und auch privaten Infrastrukturen, Unansehnlichkeit vieler ehemals attraktiver Stadtteilzentren oder aber auch akute Nahversorgungsprobleme einer immer älter werdenden Bevölkerung sind mögliche Folgen. Die Gefahr, dass einige Quartiere sogar ganz von der städtischen Entwicklung abgehängt werden, ist aufgrund der Zunahme sozialer Segregation und auch von Umwälzungen auf den Wohnungsmärkten gestiegen. Staatliche Interventionen wie z.B. mit dem Programm „Soziale Stadt" können dabei positive Wirkungen auf die Quartiere haben, die negativen Effekte der beschriebenen gesellschaftlichen Entwicklungen aber bislang nur begrenzt kompensieren, wie viele Untersuchungen und Evaluationen zeigen.

- **Integrierte Konzepte und sozial ausgewogene Stadt- und Quartiersentwicklung**

Die durch politische Förderprogramme wie insbesondere „Soziale Stadt" (seit 1999) oder zum Teil auch „Stadtumbau-Ost/West" (seit 2002/2004) bislang eingeführten integrierten Konzepte der Quartiersentwicklung bilden eine wichtige Erfahrungsgrundlage, um von der Ausnahme- und Modellförderung in die umfassende Implementierung eines gemeinsamen integrierten und dezentralen Quartiersansatzes als „Regelsystem" zu gelangen. Die Forderung nach einer „Stadt für Alle" zielt in diesem Sinne auch auf eine ausgewogene räumliche Entwicklung von und zwischen Quartieren in der Stadt, die jedoch zum Teil an der strukturellen Unterfinanzierung der kommunalen Ebene scheitert. Eine Dezentralisierung von Entscheidungsprozessen und auch Ressourcenumverteilungen für sozialraumbezogene Budgets sind für diese Kommunen oft weitere Herausforderungen. Allerdings könnten hier in einer fachübergreifenden Perspektive und Zusammenarbeit auch gerade Potenziale für finanzielle Synergien liegen. Daher erscheint eine sozialraumorientierte Ausrichtung kommunaler Fachverwaltungen ebenso sinnvoll, wie auf Quartiersentwicklung ausgerichtete, integrierte Förderstrukturen auf den übergeordneten staatlichen Ebenen dafür erforderlich wären.

- **Differenzierte Quartiersanalysen zur Erforschung von Interventionsbedarfen**
Quartiere sind sehr unterschiedlich. Während in manchen Quartieren genügend Freiraum für die eigenständige bürgerschaftliche und auch vom Markt getragene soziale, kulturelle, ökonomische und bauliche Entwicklung ausreicht, erscheint in anderen Quartieren die Korrektur von Negativeffekten reiner Marktmechanismen oder gesellschaftlicher Fehlentwicklungen in Form staatlicher Interventionen notwendig. Diese Differenziertheit und Komplexität der Problemlagen und Handlungsbedarfe lässt zu ihrer Erfassung eine multidisziplinäre analytische Stadtforschung in besonderer Weise notwendig erscheinen. Aus einem multiperspektivischen Verständnis von Quartieren ließen sich mit transdisziplinärer, kritischer Stadtforschung Probleme und Potenziale umfassend analysieren und auch erforderliche Interventionsbedarfe bestimmen. Multiperspektivische Stadtforschung hätte hier ein breites Betätigungsfeld.

- **Quartiersgovernance als Instrument gemeinsamer Interessensartikulation und Konfliktbewältigung**
Wie bisherige Forschungen und die Praxis zeigen, kann Quartiersentwicklung nicht als Gegenstand eines überkommenen Planungs- und Politikverständnisses von „oben" funktionieren. Gerade angesichts eines breiten und zunehmenden Partizipationsbedürfnisses in den Städten, was u.a. durch vermehrte Bürgerbegehren und Bürgerentscheide zum Ausdruck kommt, wird Quartiersentwicklung immer mehr als gemeinsamer Prozess von „unten" verstanden. Neben einer fachübergreifenden Perspektive auf das Quartier ist dieses partizipative und bewohnergetragene Verständnis von Quartiersentwicklung elementar. Ebenso wird deutlich, dass der Staat auch

finanziell nicht mehr alleine in der Lage ist notwendige Interventionen zu tragen. Das Engagement von Bürgerinnen und Bürgern und auch von privatwirtschaftlichen Akteuren ist ebenso unverzichtbar und gewinnt an Bedeutung. Insofern kann Quartiersentwicklung nur als gemeinsamer partnerschaftlicher Governanceprozess der verschiedenen staatlichen, privat-wirtschaftlichen und zivilgesellschaftlichen Akteure begriffen werden. Neue Kooperations- und Organisationsformen wie Quartiersforen oder Quartiersvereine sind als institutioneller Ausdruck solcher gemeinsamen Interessen an einer positiven Quartiersentwicklung zu verstehen.

Es ist aber auch Vorsicht an einem allzu harmonischen und konfliktfreien Verständnis von gemeinsamer Quartiersentwicklung angebracht. Das Quartier ist auch immer Aushandlungsort und Gegenstand unterschiedlicher Interessenlagen. Wenn es z.B. um die Ansiedlung oder den (Aus-)Bau von infrastrukturellen Großeinrichtungen (Bahnhöfe, Flughäfen, Straßenbauvor-haben, Forensiken etc.) oder auch die Unterbringung von Asylbewerbern geht, geraten ge-samtstädtische bzw. gesamtstaatliche und bürgerschaftliche Interessen häufig aneinander. Und auch das Interesse von Immobilieninvestoren nach möglichst hohen Renditen ihrer Bauprojekte ist häufig weder mit städtischen noch mit bürgerschaftlichen Bedarfen und Interessen kompatibel. Solche Interessenkonflikte bedürfen daher der konstruktiven Bearbeitung. Gemeinsame Arbeits- und Kooperationsstrukturen können den erforderlichen Interessenausgleich daher erleichtern. Sie können aber damit auch schnell überfordert sein. Dann bedarf es anderer Formen des Ausgleiches oder auch notwendiger Entscheidungsprozesse, die nicht mehr auf Konsens beruhen, sondern durch (Mehrheits-)Entscheidung durch die demokratisch legitimierten Vertretungskörperschaften (Räte, Parlamente) oder durch Bürgerentscheide entstehen.

- **Multiperspektivische Quartiersforschung ist Forschung für die Planungspraxis**

Von einigen Stadtforschern wird eingewandt, dass die Rückbesinnung auf das Quartier nicht den Realitäten der zunehmenden Mobilität moderner Stadtgesellschaften entspricht, und dass eine „Verdörflichung" der Dynamik urbaner Lebensweisen nicht gerecht werden kann. Bereits Alexander Mitscherlich kritisierte 1965 die seinerzeit durch Politik und Planung erzeugte „Unwirtlichkeit unserer Städte"[1]. Er beschrieb als Gegenkonzept den Wunsch der Menschen nach heimatlicher Identifikation, dem Zusammenleben im Quartier, einem Nachbarschaftsverständnis, das auf gegenseitiger Hilfe, aber gleichzeitiger wechselseitiger Toleranz und einer notwendigen sozialen Distanziertheit gründet. Ein solches modernes Konzept vom Zusammenleben in

---

1 Mitscherlich, Alexander (1965): Die Unwirtlichkeit unserer Städte. Anstiftung zum Unfrieden. Frankfurt/M.

Quartieren kann die Grundlage für ein neues Verständnis von Urbanität bilden, welches das Bedürfnis nach Heimat und Weltoffenheit miteinander verbindet. Stadtforschung und Stadtplanung als gemeinsames fach- und fächerübergreifendes Projekt könnten hier einen wichtigen Beitrag für die Erforschung und Entwicklung solcher lebenswerten Quartiere in urbanen Städten liefern. Multiperspektivische Quartiersforschung bedeutet so verstanden dann immer auch Forschung für die Praxis.

Verzeichnis der Autorinnen und Autoren

Monika Alisch, Prof. Dr. (habil.)
ist Stadt- und Regionalsoziologin und habilitierte 2001 an der Humboldt Universität zu Berlin. Seit 2004 ist sie Professorin für sozialraumorientierte Sozialarbeit/GWA, Sozialplanung und Soziologie an der Hochschule Fulda, Fachbereich Sozialwesen. Sie ist Sprecherin des Centre of Research for Society and Sustainability an der Hochschule Fulda (CeSSt) und leitet das berufsbegleitende Masterprogramm „maps – Sozialraumentwicklung und -organisation". Sie forscht zu Fragen der Integration von Zuwanderern, Selbstorganisation und Partizipation und sozialräumlichen Disparitäten. Sie gibt seit 2008 zusammen mit Michael May die „Beiträge zur Sozialraumforschung" heraus.

Veronika Deffner, Dr. (phil.)
ist Stadt- und Sozialgeographin und seit 2009 Assistentin am Lehr- und Forschungsgebiet Kulturgeographie der RWTH Aachen. Ihr Schwerpunkt in Forschung und Lehre ist die Verknüpfung sozialtheoretischer Ansätze mit empirischer Forschungspraxis in den Bereichen urbane Lebenswelten, Raumproduktion und Stadtentwicklung vor dem Hintergrund von Migration, Integration und Exklusion. Ihre regionalen Forschungsschwerpunkte liegen in Muscat (Oman) und Salvador (Brasilien), sowie für die Lehre im Bereich der angewandten Stadtgeographie in deutschen Städten.

Andreas Farwick, Prof. Dr. (habil.)
ist Professor für Humangeographie und Leiter der Arbeitsgruppe „Mobilität und demographischer Wandel" am Geographischen Institut der Ruhr-Universität Bochum. Er ist Sprecher des DGfG-Arbeitskreises „Geographische Migrationsforschung". Seine aktuellen Forschungsschwerpunkte sind Fragen der räumlichen Polarisierung sozialer Ungleichheit in den Städten, ethnische Segregation und Eingliederung von Migranten, Binnenmigration und demographischer Wandel, Wohnungsmarkt.

Günther Fischer, Prof. Dr.-Ing.
studierte Germanistik, Kunstgeschichte, Politologie in Göttingen und Berlin, ab 1973 Architektur an der TU-Berlin. Promotion über das Thema „Architektur und Sprache". Seit 1981 freier Architekt in Berlin, Büropartnerschaft mit Prof. Dr.-Ing. Ludwig Fromm, später Fischer, Fromm und Partner, zahlreiche Bauten und Projekte. Seit 1991 Professor für Entwerfen, Städtebau und Architekturtheorie an der Fachhochschule Erfurt, seit 2008 Dekan der Fakultät für Architektur und Stadtplanung. Forschungen im Bereich Städtebau und Architekturtheorie. Veröffentlichungen:

Abschied von der Postmoderne (1987), Architektur und Sprache (1991), Vitruv NEU oder: Was ist Architektur? (2009).

Ulli Meisel, Prof. Dipl.-Ing.
studierte Architektur und Städtebau, Forschungen und Modellprojekte zu Bestandsentwicklung, Baudenkmalpflege, Nachhaltigkeit, Baukosten und Baukompetenz, Leiter der Clearingstelle für Bauschadensforschung der Länderbauminister, Auslandsprojekte in Russland, China, Polen und Tschechien, seit 1993 Lehre an den Fakultäten für Architektur der FH – eigenständige Fachvertretung bis 1998 – und an der RWTH in Aachen, 2005 Honorarprofessur an der RWTH, seit 2008 Senior Researcher und stellvertretender Forschungsfeldleiter „Gebaute Stadt" im ILS. Seine aktuellen Forschungsthemen sind „Multiperspektivische Quartiersforschung" und „Grenzen der Bestandserhaltung".

Tobias Mettenberger, M.A.
studierte Soziologie und Politikwissenschaften an der Universität Konstanz und an der Humboldt-Universität zu Berlin. Derzeit ist er Doktorand am Lehrbereich Stadt- und Regionalsoziologie der Humboldt-Universität zu Berlin und Promotionsstipendiat des Instituts für Landes- und Stadtentwicklungsforschung (ILS) in Dortmund. Außerdem ist er Mitarbeiter im Arbeitsbereich Mobilität und Infrastruktur des Deutschen Instituts für Urbanistik (Difu) in Berlin. In seiner Doktorarbeit beschäftigt er sich mit den Zukunftsorientierungen von jugendlichen Hauptschülern in ländlichen Mittelstädten und den dabei wirksam werdenden Effekten des sozialräumlichen Kontexts.

Michael Neitzel, Dipl.-Ökonom
Ausbildung zum Bankkaufmann, Studium der Wirtschaftswissenschaft an der Ruhr-Universität Bochum. Seit 1996 zunächst wissenschaftlicher Mitarbeiter und heute Geschäftsführer der InWIS – Institut für Wohnungswesen, Immobilienwirtschaft, Stadt- und Regionalentwicklung GmbH an der Ruhr-Universität Bochum und der InWIS Forschung & Beratung GmbH. Forschungen und Vorträge zu wohnungswirtschaftlichen, energetischen und kommunikations-theoretischen Themen.

Carmella Pfaffenbach, Prof. Dr. (habil.)
ist seit 2007 Professorin für Kulturgeographie am Geographischen Institut der RWTH Aachen. In aktuellen Forschungsprojekten beschäftigt sie sich mit Auswirkungen des Demographischen Wandels auf Raumstrukturen von Großstadtregionen, mit der Identitäts- und Alltagsrelevanz von Migration sowie mit Folgen internationaler Migration für städtische Gesellschaften. Regional konzentrieren sich ihre For-

schungstätigkeiten auf Deutschland sowie auf verschiedene Länder Nordafrikas und des Nahen Ostens.

Christa Reicher, Prof. Dipl.-Ing.
studierte Architektur und Städtebau an der RWTH Aachen und der ETH Zürich. Sie leitet seit 2002 das Fachgebiet Städtebau, Stadtgestaltung und Bauleitplanung der Fakultät Raumplanung an der Technischen Universität Dortmund. Seit 2010 ist sie Dekanin der Fakultät Raumplanung. Zuvor war sie von 1998–2002 Professorin für Städtebau und Entwerfen am Fachbereich für Architektur an der Hochschule Bochum. Seit 2010 ist sie Vorsitzende des wissenschaftlichen Beirats des BBSR. Sie ist Mitgründerin und Partnerin des Aachener Planungsbüros RHA – reicher haase architekten + stadtplaner. Dazu ist sie als Preisrichterin sowie in mehreren Gestaltungsbeiräten (u.a. in Dortmund und Zürich) tätig.

Olaf Schnur, PD Dr. (habil.)
ist Vertretungsprofessor und Leiter der Arbeitsgruppe Stadt- und Quartiersforschung am Geographischen Institut der Universität Tübingen, Sprecher des DGfG-Arbeitskreises „Quartiersforschung" sowie Mitherausgeber der gleichnamigen wissenschaftlichen Reihe. Zu seinen aktuellen Forschungsschwerpunkten zählen die Themenbereiche Quartiersforschung, demographischer Wandel sowie soziale und nachhaltige Stadtentwicklung.

Guido Spars, Prof. Dr. (habil.)
studierte Volkswirtschaftslehre an der Universität Köln, promovierte 2000 zum Doktor der Ingenieurwissenschaften am ISR der TU Berlin, wo er sich später auch habilitierte. Seit 2006 leitet er das Fachgebiet „Ökonomie des Planens und Bauens" an der Bergischen Universität Wuppertal (Abteilung Architektur). Er bearbeitete zahlreiche Forschungsprojekte in den Themenfeldern der Stadt- und Immobilienökonomie, häufig in interdisziplinären Kooperationen, sowohl für die Privatwirtschaft, für Landes- und Bundesministerien als auch für Kommunen, so z.B. zur Stadtrendite für das Bundes-Bauministerium (BMVBS) und zur klimagerechten Stadtentwicklung von Casablanca für das Bundes-Forschungsministerium (BMBF).

Anne Vogelpohl, Dr. (rer.nat.)
ist wissenschaftliche Mitarbeiterin am Institut für Humangeographie der Goethe-Universität Frankfurt am Main, wo sie nach dem Geographie- und Soziologiestudium in Hamburg sowie nach der Promotionszeit am Transatlantischen Graduiertenkolleg in Berlin und New York im Projekt „Neuordnungen des Städtischen im neoliberalen Zeitalter" tätig ist. Ihre Forschungsschwerpunkte im Feld der Stadt- und Quartiersfor-

schung sind Flexibilisierung des Alltagslebens, Wege der lokalen Konfliktbearbeitung sowie stadtpolitische Leitbildentwicklung.

Sabine Weck, Dr. (rer.pol.)
studierte Raumplanung und ist wissenschaftliche Mitarbeiterin am ILS – Institut für Landes- und Stadtentwicklungsforschung im Forschungsfeld Sozialraum Stadt. Die Schwerpunkte ihrer Tätigkeit lagen lange Zeit im Bereich der integrierten Quartierserneuerung, und insbesondere ökonomischer Revitalisierungsstrategien. Zu diesem Thema hat sie auch ihre Doktorarbeit geschrieben. Aktuell forscht sie in Projekten zur Entwicklung von Mittelstädten jenseits der Ballungsräume und der Migration und Integration im ländlichen Raum.

Ralf Zimmer-Hegmann, Dipl. Soz. Wiss.
studierte Sozialwissenschaften in Duisburg. Leitet am ILS das Forschungsfeld Sozialraum Stadt. Forscht zu verschiedenen Themen sozialräumlicher Disparitäten in der Stadt und integrierter Konzepte der Stadt- und Quartiersentwicklung. Begleitet und evaluiert z.B. das Programm „Soziale Stadt" seit Anbeginn auf den verschiedenen Handlungsebenen. So war er u.a. Mitglied der Steuerungsgruppe zur Zwischenevaluation des integrierten Handlungsprogramms auf Bundesebene und hat das Evaluationskonzept für das Programm in NRW mitentwickelt.